酒井泰弘［著］

ケインズ対フランク・ナイト

経済学の巨人は「不確実性の時代」をどう捉えたのか

J.M.Keynes VS. Frank Knight

ミネルヴァ書房

はしがき

「天災は忘れられたる頃来る」

これは著名な科学者・随筆家であった寺田寅彦の名言として余りにも有名である。それは高知市の旧寺田邸址にある碑文であるが、一般には「天災は忘れた頃にやって来る」という文句の方がよく知られているようだ。

寅彦によると、大抵の人間は過去の地震、火事、津波、火山爆発など「不都合な真実」を忘れがちであるそうだ。その理由は、「嫌なことは忘れたほうが楽だ」というような人間の身勝手さであろう。ところが、自然のほうは、その身勝手さをあたかもあざ笑うかのように、人間が忘れかけた頃にその激しい威力を示すのだ。しかも、「哀れな人間よ、決して忘れては駄目ですよ」と念を押すかのように、自然の猛威は止まることなく、執拗に必ずやって来るのである。

人間が忘れがちになるのは、何も自然現象だけに限ることではない。大不況、大量失業、貧富拡大、ハイパーインフレなど、不都合な社会経済現象もややもすれば忘却される傾向にある。実際のところ、戦後七〇年の今日、私は日本の若者たちの多くが太平洋戦争及び「占領日本」の悲惨な歴史から目を背けがちであることを心配している。

「どうして経済危機が起こることを誰も分からなかったのですか。経済学者は一体何をしているのですか」

時は、かの「リーマン・ショック」直後の二〇〇八年一一月。ロンドン大学の式典に出席したイギリス女王は、居並ぶ経済学者たちを前にこのような質問を発したということである。出席者の多くは並み居るエコノミストたちであったと聞くが、日本人の私としては、女王のご質問に答えることができず困惑した人々の顔色を推量しては、「経済学の現状はやはりこんな程度なのだろうか」とただ溜息をつくばかりである。それと同時に、「もし仮に天才ケインズが存命ならば、一体全体どのような解答を提出するだろうか？」ということを勝手に想像しては、私の知的興奮はますます増大する。

そして、二〇一一年三月一一日に発生した「東日本大震災」。大地震と大津波と原発事故という「三重の悲劇」が日本を襲ったのだ。「フクシマ」というカタカナ英語がたちまちにして、「ヒロシマ」、「ナガサキ」という言葉の群れに加わった。

「どうして原発事故が起こることを誰も予想できなかったのですか。学者たちは一体何をしているのですか」

アカデミックな集団の端くれにいる私としては、このような設問に対する最初の反応は当惑と不明の気持ちであった。だが、「ちょっと待って下さいよ。原発事故などの《想定外の現象》を想定した学者もいたことはいたのですよ。暫くの間、彼らの存在を忘れていただけです」と、思い直した。かの苦学力行の人・ナイトこそ、そういう不確実性事象を精力的に研究した経済学者であった。したがって、寺田寅彦ならぬ私としては、次の章句を信じたい気持ちで一杯なのだ。

「なるほど、自然のテンサイ（天災）は忘れられた頃に来るかもしれない。しかし、人間のテンサイ（天才）のほうは忘れられない前に必ずやって来る」

本書のテーマはある意味で、明解単純である。それはリスクや蓋然性・不確実性を本格的に研究対象とした二人の巨人——J・M・ケインズとフランク・ナイト——を比較対照的に取り上げ、彼らの業績と課題を詳らかに検討することである。この二人は最近二〇年前までは——決して忘れられてはいないが——ややもすれば軽視されがちな経済学者であった。ところが、リーマン・ショックや原発事故という、一見「想定外」の出来事の出現は、現代経済学の「風景」を一変させたのである。「温故知新」という通り、これら二人の巨人の思想のどの点が、果たして現代でも「なお生きている」のか。また、改良点があるとすれば、それは果たしてどこにあるのだろうか。このような問題に対してできる限り広く深く答えようとするのが、本書の狙いなのである。

ここで、本書の構成について述べておこう。まず、導入部分の序において、本書の執筆の動機と意図が論じられる。問題はずばり、「いまなぜケインズとナイトなのか」である。我々は現在、社会経済の危機と経済学の危機という「二重の危機」に直面している。上述のように、バブル崩壊や原発事故というような「想定外の事象」が出現している。いまこそ、「ケインズ対ナイト」のテーマはすぐれて今日的価値があると信じる。しかも、外国語の文献を含めて——私の知る限り——類書はほとんどない現状なのである。

次の第1章においては、「『想定外』を想定する」ことは一体どういうことなのかを総論的に概説する。その際、ケインズやナイトの生きた時代を再検討し、マーシャル、ポアンカレ、ウェーバー、夏目漱石、寺田寅彦、アインシュタインなど、「激動と混迷の時代」を生きた同時代人たちの「人と思想」について言及する。第2章においては、ケインズの『蓋然性論』とナイトの『リスク、不確実性および利潤』の両者の刊行が、全く同じ年――「奇跡の一九二一年」――であったことに注目する。そこでは、特に「蓋然性論と不確実性論」に焦点を絞って、ケインズの所説をまず詳説し、後にナイトの所説との異同についても言及する。一九二一年前後の二〇余年間こそが、両巨星の考え方が最も接近した期間であったと言える。

続いて第3章では、ナイトの中心命題に議論を移したい。その章では、「ナイトのトリアーデ」としての「リスク・不確実性・利潤」相互間の関係について深く省察する。ナイトによれば、リスクは測定可能であるが、不確実性は決してそうではない。かかる不確実性に勇をもって挑む人間こそ「企業家」であり、その対価として「利潤」を受け取るものとされる。

第4章では話題を再びケインズのほうに戻して、「時代の子ケインズと新しいヴィジョン」に関して深く掘り下げる。ケインズは一九三六年に難解な論争書『貨幣、利子および雇用の一般理論』を発表することによって、当時の経済学者たちを震撼させた。古い考え方からの脱却には苦痛を伴うのが普通であり、ナイトを含めて新しいヴィジョンに馴染むことのできない人々からの（時に不必要なほどの）激しい反発が生まれた。第5章は第4章と双子の関係にあり、「ケインズの新理論――『一般理論』の衝撃」として、理論的立場から不確実性、失業、貨幣、利子に関係する諸問題をできるだけ体系的に論じる。この第二の主著（一九三六年）が不確実性概念を通じて、第一の主著（一九二一年）と密接に絡まっていることが明らかにされる。

第6章において論じる問題は、「市場均衡の美学とナイトの異論――競争の論理と倫理」である。かつての「一般均衡理論」は、高級数学を用いて市場均衡解の存在と、パレート最適との同値性を示す点で「まことに美しい理論」であった。ナイトなら、こうした「空理空論の美学」を激しく糾弾し、現実の荒々しい資本主義を正しい倫理の枠組みの中へ閉じ込める必要性を説教したことであろう。

第7章で分析の俎上に載せる問題は、「ベルヌーイからケインズ＝ナイトまで――原発のリスク経済分析」である。注目すべきことに、この問題はチェルノブイリからフクシマ原発危機に至るまで不当に軽視ないし無視されてきた。私はこの章において、ケインズやナイトによって強調された「心理ファクター」の効果を導入することによって、従来のベルヌーイ流の期待効用理論の枠組みを少しでも超えようと試みる。

最後の第8章のタイトルは「同時代人たちを超えて――不確実性の時代を生きる」である。リーマン・ショックや原発事故の恐ろしさを経験した我々は、新世紀に相応しい新しい社会科学を構築する責務があると思う。いまや「第二のケインズ、第二のナイト」が待望されている。今日の閉塞状況を打破する一つの道筋は、故森嶋通夫氏流の学際的・総合的「交響楽的社会科学」の建設であろうと思う。

本書の最後の所に、一般読者の便宜を考えて、「ケインズ／フランク・ナイト関連年表」を作成しておいた。この年表によって、ケインズ及びナイトの「人と業績」及び彼らの生きた時代背景が容易に鳥瞰できるだろうと期待している。

ケインズ対フランク・ナイト——経済学の巨人は「不確実性の時代」をどう捉えたのか

目次

序　いまなぜケインズとナイトなのか

本書の目的は、「想定外」を想定するとは一体どういうことなのかを深く掘り下げることである。ここでは特に、二〇世紀の経済学の巨人ケインズとナイトの二人に分析の焦点を当てることによって、蓋然性や不確実性が人間の経済活動にどういう影響を与えるのかを多角的に議論してみたいと思う。

「温故知新」という言葉がある。この言葉は、昔からの知恵に立ち戻り再検討を加えることによって、現在の我々の生活を有意義に生きるための知見を新たに再発見することの重要性を説いている。現代は「不確実性と混沌の時代」であり、これから一体どうしたらよいのか、いろいろ悩みもがいている。この先の見えない時代において、羅針盤の役割を演じるのは、やはり先人たちからの貴重な教訓であろう。

人間の歴史をみると、教えを乞うべき先人や哲人の数は少なくない。でも本書においては、「想定外」の経済学の樹立のために奮闘した二人の巨人を取り出そうと思う。この二人を広い視野から深く比較検討することによって、新しい二一世紀にふさわしい「新しい経済学」を建設するための方向性を少しでも見出したいと切望している。

二人の巨人はほぼ同時代を駆け抜けた大学者である。だが、生まれた国が違うし生活環境や知的環境も相当に異なる。第一の巨人ジョン・メイナード・ケインズ（John Maynard Keynes：1883-1946）は、七つの海を支配した大英帝国の爛熟期にエリート家系の子息として誕生し、経済学の世界に「ケインズ革命」を引き起こした。だが、ケインズは第二次世界大戦直後の激務のために、比較的若く他界している。戦後には、世界の覇権はイギリスからアメリカへと移行したし、学界でも「反革命」の嵐が吹き荒れたために、天才ケインズの早すぎる死去は彼にとってむしろ幸運だったと皮肉る批評家もあるようだ。そして、二〇〇八年のリーマン・ショック以降においては、「ケインズの復活」が叫ばれている現状である。有名なアクション映画「007は二度死ぬ」ではないが、学問の天才は何度でも死に、何度でも復活するのだ。(1)

もう一人の巨人フランク・H・ナイト(Frank H. Knight : 1885-1972)は、当時いまだ大英帝国の後塵を拝していたアメリカ中西部の田舎に生まれたが、苦学力行のうえで、ついには「シカゴの大長老」(the Grandpa of Chicago)と言われるまでの存在に登り詰めた。かのGHQ司令長官・マッカーサー元帥のようにコーンパイプを愛用し、甲高い声で鋭い批判と堂々たる論陣を張っていたナイトは、象牙の塔の中でのみ生きた孤高の大学者であった。だが、「リスクと不確実性の時代」と言われる現代においては、彼の令名と影響力はますます高まる傾向にある。ナイトは八七歳の長寿を全うしたために、私も御尊顔を遠くからほんの少しだけ拝したことがある(直接の会話はしたことがないのは残念至極だが)。でも、シカゴ大学におけるナイトの最晩年は(アカデミックな意味で)それほど幸福ではなかったようだ。事実、「鬼弟子」の一人・ミルトン・フリードマンが、「恩師」の学風とは異なって、倫理抜きの市場原理主義を極端なまでに貫いたために、ナイトの御尊顔が曇ることも多々あったと仄聞している。これは学者の長寿が必ずしも幸福をもたらさない一例であろうか。でも正直なところ、二一世紀の経済危機以降においては、不確実性の経済学への興味が再び興隆してきているので、ナイトは草葉の陰で大変喜んでいるだろうと想像する。

一方、ケインズは象牙の塔の学者というより、官界や実業界で活躍した「実務家」(practical man)である。輝ける大英帝国で当代指折りの弁舌家であったから、大西洋両岸の「黴臭い学者」の古風な仕事にはほとんど関心を寄せなかった。ケインズはケンブリッジの先輩学者マーシャルやピグーの経済分析に異論を唱えることに専念したものの、同時代のアメリカ学者・ナイトの業績には全く無頓着であったようだ。他方において、ナイトは同時代人ケインズを相当に意識しており、しかも批判的に眺めることも少なくなかった。分かり易くいうと、ナイトはケインズをライバル視していた反面、ケインズは「柳に風」の風情でわが道をひたすら歩むという感じであった。こういう意味において、ケインズとナイトとの関係は微妙であり、一見やや一方的な関係に過ぎない印象を与えている。

しかし、こういう印象にもかかわらず、ケインズとナイトの間には共通項が案外多いので、二人を比較研究することは大変有意義であると信じる。第一の共通項は上述のように、年齢が二歳しか違わない同時代人であることだ。大西洋の東岸と西岸の関係にあるとはいえ、ともに同じ英語圏の経済学者である。ケインズの英語は格調高く抑揚ある「ブリティッシュ・イングリッシュ」、ナイトの英語は同じく流暢だが訛りのある「アメリカ中西部英語」。ナイトはケインズよりドイツ文化圏に興味があり、そのためか論理展開が複雑で重層的であった。これに対してケインズは、ナイトより教養の幅が広く、鋭い弁論力とさわやかな説得力を駆使して世界のエコノミストを圧倒していた。もっとも、学究派のナイトもシカゴに陣取って、アメリカの学界の重鎮としての存在感を示していたのだ。

第二のより重要な共通項は、二人はともに蓋然性・不確実性・複雑性の問題に最大の興味を示したということだ。経済学の長い歴史において、大多数の経済学者が取り扱ったモデルは、因果関係が単純明快で、蓋然性や不確実性などの「あいまい因子」が入りこまない種類のものだった。「こうなればこうなる、ああなればああなる」というような機械的な、一方的因果関係が専ら取り扱われて、「これはあれより起こりそうだ、よく分からないがあれもこれも関係するよ」というような入り組んで不確定な、相互依存関係のほうはむしろ敬遠されていた。だが、二一世紀のような「不確実性と混迷と不安の時代」に突入すると、こういう

「一筋縄ではいかない複雑な混合物」がむしろ脚光を浴びてくるのだ。

第三の共通項は第二のものと関係するが、ケインズとナイトの二人が、二一世紀初頭の混迷の時代に、見事な「復活劇」を示しつつあるということだ。なるほど、ケインズの場合には、かつて「ケインズ革命」の教祖として喧伝されたが、やがてはケインズ抜きで「市場合理主義」を唱える「反革命」の嵐の中に巻き込まれ、そしていまや漸く「ケインズに戻れ！」という大合唱が興隆しつつある。この点では、だから、ケインズ復活劇のほうが、ナイトよりはるかに目覚ましいように一見映るかもしれない。でも、ナイトが確立した不確実性経済学は、バロック音楽の通奏低音のように、世界の経済学界において広く深く着実に影響力を及ぼしてきた。ケインズが勇ましいトランペットであるならば、ナイトは低く響くコントラバスのような存在だ。トランペットがあり、ベースがあって、オーケストラは深みのある重層的な音楽を奏でるだろう。

要するに、ケインズとナイトは、不確実性・蓋然性・複雑性などを積極的に取り扱う「想定外の経済学」なのである。この二人の共通点や想定点を比較研究することは、「想定外の事象」が頻発する現代において喫緊の課題であると信じる。

注

（1）ケインズの復活劇については、Skidelsky（2009）が歴史家らしく「彩色のついた」興味ある議論を展開している。

参考文献

Skidelsky, R.（2009）*Keynes: The Return of the Master*, Peters Fraser & Dunlop Group.（スキデルスキー〔2010〕『なにがケインズを復活させたか――ポスト市場主義の経済学』〔山岡洋一訳〕日本経済新聞出版社。）

第1章　「想定外」を想定する——ケインズ対フランク・ナイト

1　「悩める力」の時代に生きて

本書においては序で述べたように、二人の巨人ケインズとナイトの比較検討を行う。もっと具体的には、蓋然性・不確実性と人間の経済活動との間の関係に分析のメスを入れることによって、現代の課題を明確にしつつ、将来のあるべき方向性を模索しようとする。こういう研究スタイルは、唯一人の巨人のみに絞るやり方に比べて、骨が大変折れ、著者をそれだけ悩ませるものである。私が本書の「切り口」について色々悩んでいたところ、別の分野の研究者のベストセラーから、研究展開への思わぬきっかけを与えられた。それは私より少し若い、著名な政治学者・姜尚中《カンサンジュン》氏の名著『悩む力』（2008）である。その「序章」には、次のような文章がある。

「本書では、誰にでも備わっている《悩む力》にこそ、生きる意味への意志が宿っていることを、文豪・夏目漱石と社会学者・マックス・ウェーバーをてがかりに考えてみたいと思います」

（姜尚中〔2008〕『悩む力』より）

この姜氏の表現を借用すれば、本書の主人公ケインズとナイトの二人は強烈な「悩む力」の持ち主である。大学時代の姜氏はウェーバーに大変夢中になり、四苦八苦しながら難解な著作と格闘していたという。確かに、ウェーバーのドイツ語文献は、時には「とぐろのように長い文章表現」に悩まされる読者が少なからずおられたようだ。例えば、ウェーバー研究者として有名な故青山秀夫教授（一九一〇～一九九二年）は、次のように概嘆しておられる。

「マックス・ウェーバーの文章はかなりの特徴を持っている。……文章が Der か何か定冠詞から始まってその間にたくさんの冠飾句が入り、それを受ける名詞に到達するまでに二三行かかった例を私（青山教授）は覚えている」

（青山秀夫〔1999〕『青山秀夫著作集第4巻』より）

このように読者の視力の悪化を厭わず、時に「二三行の冠飾句」の文章読破を要求するウェーバーの学問的魅力を考えると、それは姜尚中氏の「悩める力」そのものであろう。恐らくウェーバーは執筆中も「ああでもない、こうでもない」と悩み抜き、鉄壁の正確さを期するべく、時に二三行に及ぶ説明的章句を挿入するはめになったのであろう。本書で取り上げる一人の主人公フランク・ナイトの著作も難解な文献として有名であり、しかもウェーバー流の「ドイツ語的ごつごつ表現」が随所に見られる。したがって、私は姜尚中氏の次の文章に、限りない共感を覚えるのだ。

「漱石とウェーバーのことを考えると、彼らは悩む人であり、まじめな人間でした。ウェーバーは漱石に較べると多少豪胆なところがありましたが、それでも精神を病んで病院に入ったといわれるほど命がけで考える人でした」

（姜尚中〔2008〕『悩む力』より）

本書の中心人物の二人は、ほぼ同時代の「悩む人」として、難解な著作を次々とものにして、読者の多くを色々悩ませ続けてきた。思うに、漱石とウェーバーがかくも悩む人であったのは、彼らの生きた時代が疾風怒濤の悩める時代であり、資本主義の近代化と負の遺産に複雑な負い目の意識を抱いたためだった。これと同様に、わがケインズとナイトも、漱石とウェーバーに続く資本主義の体制変換と二つの世界大戦の間に、それに見合う新しい経済学を構築しようとする「苦悩と格闘の歴史」が介在していたのだ。

確かに、ケインズは精神を病むほど悩み悩んだわけでない。だが、ケンブリッジ大学の恩師マーシャルからの誘いを退けて、あえてインド省の役人になり、後年は兄弟子ピグーを徹底的に学問攻撃する姿の中に、複雑で悩む人ケインズの隠れた真相を見るのは難しいことではあるまい。さらに言えば、若いころに現実遊離した結社に入り、美術作品収集に凝っていたケインズの生き様の中に、現実生活の悩みを極力回避しようとした「逃げの姿勢」がうかがえるのである。だが、もちろんケインズは、悩める大国イギリスの老化と、社会主義に怯える資本主義の衰退を敏感に感じて、一念発起して「ケインズ革命」と言われる新しいマクロ経済学の構築に孤軍奮闘したのである。壮烈な二つの世界大戦を経験し、「古い時代風潮」と「新しい時代風潮」の間で揺れ動いたケインズにとって、その心と生き様の葛藤と格闘は並大抵のものでなかっただろうと想像する。

ナイトはアメリカ育ちながら、同国人クラークよりもマーシャルの業績に敬意を払っていた。ケインズがマーシャルの「異端の弟子」であるとすれば、ナイトはマーシャルの「外様の弟子」である。ナイトの鋭い批判精神と晦渋な文章は、最晩年になるまで衰えることなく、生涯を通じてまさに色々と「悩める力」を存分に発揮していたと言えよう。確かに、ナイトが生まれ育ったアメリカ中西部は、二つの大戦の戦場から離れているという意味で、その直接的インパクトはケインズほど大きくなかったと言えるかもしれない。だが、「新世界」の異才・ナイトの眼は常に「旧世界」ヨーロッパに注がれていた。ヨーロッパの疲弊と混乱、さらにはソ連邦における社会主義革命の勃発と、大英帝国から合衆国アメリカへの資本主義覇権国の交代は、「考える人」ナイトの理性と感性に対して並々ならぬ衝撃を与えたことだろう。ナイトのやや晦渋な文章と、入り組んだ思考様式を眺めると、彼の「悩める力」は本当に凄いものだったろうと思う。

本書において、私は姜尚中の「悩める力」のアイディアを少々お借りしながら、複眼思考の持ち主で一筋縄ではいかない二人の碩学——ケインズとナイト——を比較検討したいと思う。私の知る限り、類書が世界中で他に存在しないようなので、こうして本書の執筆で色々悩み、あちこちフラフラする価値は十二分にあると信じている。(1)

以下においては、私の長い研究生活と個人的経験を通じて、私自身がいかに悩み格闘してきたかを記録しておきたいと思う。考えてみれば、大阪生まれで大空襲と敗戦経験を持ち、神戸で空前絶後の安保騒動を体験し、アメリカ留学と、コロラドからロチェスター、さらにピッツバーグへの米国内移動。さらには原爆ドームの町・広島への慌ただしい帰国と、学園都市・筑波や予科練の町・土浦での生活経験と、古い城下町・彦根と一二〇〇年の古都・京都での学究生活は、「波瀾万丈」とは言えないまでも、私なりに「波瀾千丈」であったと思える。願わくは、「悩む力」を最大限発揮して、本書をそれなりの作品に仕上げてみたいと願望している。

2 「波瀾千丈」の学者人生

雑学六〇年、経済学教育五〇年、リスク研究四〇年の人生

雑学六〇年、経済学教育五〇年、リスク研究四〇年——これがわが学者人生の総括である。客観的にはかなり長いようだが、主観的にはごく短い人生である。いまは亡き彦根の義父が愛用していた言葉を用いると、「こっち向いて、あっち向いたら終わり」というような「特急人生」のようだ。

人間は不思議な存在であり、客観と主観の間には相当なギャップがある。また、少年時代から、壮年時代や中高年時代を経るたびに、人生観や世界観が大分変化してきたと感じることも多い。私は戦前の生まれで、かの大阪大空襲を三五回も受けた経験がある。壮絶な空襲のことは普段は忘れているのだが、ひょんなことから辛い記憶が突然に蘇ることがある。特に、昭和の文豪・松本清張（一九〇九〜一九九二年）の名作『砂の器』（1973）の中の文章は、いまでも涙なしには読み進めることができない。


「いつの空襲?」

「それが終戦間際の、昭和二〇年三月一四日でしたな。B29が大編隊で来よりましてな。焼夷弾の雨ですわ。アメリカはんも、もうちょっと待ってくれはったら、この辺も助かりましたやろ」

「相当、人が死んだんだろうな?」

「へえ、そら何千人という人ですわ」

（松本清張〔1973〕『砂の器』より）


当時の日本人の少なからざる人々は、アメリカ爆撃機B29の来襲と大量の焼夷弾投下の中にあっても、なお「最後の神風」が祖国のために吹くことを信じていた。この神国が戦争に敗れることは、まさに「想定外の事象」であり、脳裏をかすめることもなかったらしい。ただ、近所には、「想定外を想定する」ことのできる賢い町医者（Y先生という）が存在していた。

「なあ、ぼく、《おごれる人も久しからず。ただ春の夜の夢のごとし》という言葉の意味が分かるかな。ごめんね、これは一寸難しすぎるね。遠からず日本に平和が訪れることを信じて、お父さんとお母さんと一緒に頑張りなさい。きっと良いことがあるからね」

そして、八月一五日の玉音放送と敗戦。焼け跡と占領軍と闇市と——確かに爆弾の嵐はなくなったが、人々の生活は大変苦しく、心はひどく荒廃していた。そのころの亡父は、羽振りの良い知人から頂いたコーヒーカップの裏に、「占領日本」（occupied Japan）という刻印があるのを見て慨嘆したものだ。「日本は、食器まで占領されている有様だ！」父は早速私を連れて、「占領日本」の食器を見せるべく、上記のY先生を訪問することにした[2]。

ところが、Y先生は食器にはほとんど目もくれず、父と私の二人にこう諭したのだ。

「これからの新生日本が、占領の暗闇から脱して、どのように明るく復活するかが問題だ。ぼくよ、一生懸命に勉強してお医者さんにならないか。わしはもう年だから、医院の設備を全て君に譲るよ」

この言葉を聞いて、父は非常に喜んだようだし、少年の私も将来の進むべき方向をぼんやりと見つけた気になっていた。だが、人生は不可思議なもので、想定外のことが起こるものだ。小学生や中学生のころは、町医者開業を夢見ていたが、戦後大阪の貧しく悲しい惨状を見て、私は将来の進路を経済学のほうへ大きく舵を切ったのだ。

大阪市南部の繁華街アベノ付近では、我が物顔で闊歩する米軍兵士たちが、日本の飢えた子供たちにチョコレートやキャンディーを投げつけては、キャーキャーと奇声をあげていた。時には、のっぽの兵士たちの腕には、派手な化粧と服装の日本女性がフラフラぶら下がっていることもあった。大人の多くは最寄りの闇市で日用品を調達し、はるか北陸まで「買い出し」に出かけることもあった。やっとの思いで大阪駅まで戻った近所のおじさんが「経済警察」の尋問を受けて、命の次に貴重な「闇米」を即座に没収されてしまった悲しい話はいまでも鮮明に覚えている。さらに、私の幼き友達の何人かは駅前で靴磨きをしていたし、他の何人かは「家なき子」、つまり住宅も親も失い気の毒な孤児となる有様だった。そういう悲惨な状況を目の当たりにして、私は一大決心をした。「町医者のY先生には申し訳ないが、自分は貧乏救済の医者つまり経済学の先生になろう！」[3]と。

このようなわけで、戦前の日本において「神国日本」が負けることは、Y先生のように先見の明がある一部の人間を除いて想定外であった。幼き私はY先生から励まされて、「赤ひげ」のような町医者になることをかつて夢見ていたが、程なくして「想定外」の進路変更が起こった。というのは、人々の窮乏生活救済に「役立つと想定」(?)される経済学の研究教育のほうに一生を捧げることになったからだ。だが、世の中は誠に皮肉なものである。経済学の現状自体が、おおむね「占領日本」の状態にあることが後日に分かるのである。私の五〇年にわたる学者人生は、山あり谷ありであり、「想定外の事象」が何度も何度も発生してきたのである。

「想定内」の経済学の権威——ソ連科学院『経済学教科書』

私が経済学部学生になったころは一九六〇年代であり、日本の政治経済情勢は大変騒がしかった。日米安保条約を改定すべきかどうかをめぐって、国論は真っ二つに割れていた。東京でも大阪でも、京都でも神戸でも、「アンポ反対！」の街頭デモが連日のように起こった。私はいまでも鮮明に覚えている。東大生の樺美智子さんが、激しい国会デモの渦中に巻き込まれて、若く美しい生命を犠牲にしてしまったのだ。私が在籍した神戸大学には、樺美智子さんの父親が文学部教授として勤めており、彼女と高校が同じ学生たちも沢山いた。急きょ開催された臨時学生大会において、日本史が専門で普段はおとなしいU先生が突然に激昂演説をするという「想定外」の出来事が発生した。

「学生諸君！　可憐な樺美智子さんの圧死事件をどう考えるべきでしょうか。私は普段は一介のノンポリ教師に過ぎません。しかし今回は、ショッキングな事件を前にしてはっきり発言させていただきます。さて諸君、アンポ改定の裏には、《資本家対労働者》という闘争が存在しているのではないでしょうか。そして、アンポが終わり、資本主義も御臨終の時期を迎えているのではないでしょうか。そう思いませんか、学生諸君！」

会場の大階段教室は熱気に包まれ、「そうだ！そうだ！」という絶叫が何重にも反響した。その場の「空気」からして、いささかの異論・反論を差し挟むことは許されない状態であった。私は瞬時に悟った。民主主義社会は建前の上では各個人の意見が尊重されるはずだが、個人の大人しい小さな声は、「そうだ！そうだ！」という大合唱の渦の中で完全にかき消されてしまった。なるほど理屈の上では、マクロはミクロから成り、ミクロを集計したものに過ぎない。ところが、マクロがいったん出来上がると、全体的空気のほうが逆にミクロの行動を縛ることになりかねないのだ。後年にケインズを本格的に学ぶ時に一層明らかになるのだが、U先生のアジ演説は私をして「ミクロとマクロの関係」を真剣に考えさせる一大契機を提供したのである。

当時の日本の経済学界では、「マルクス経済学」（略してマル経）が主流派、「近代経済学」（略して近経）が非主流派を形成していた。それとともに、「社会主義対資本主義」という体制間競争の問題が経済学の中心的話題を提供していた。当時のマル経の総本山たるソ連科学院経済研究所刊行の『経済学教科書 改訂第3版』（1959）には、次のような確信的な文章が綴られていた。

「二つの体制——社会主義と資本主義——の間の経済競争は、社会主義体制のほうが、寿命の尽きた資本主義体制に比べてより進歩的な体制として、争う余地なく優れていることを示している」

（ソ連科学院〔1959〕『経済学教科書』より）

これによれば、社会主義と資本主義の間の経済競争については、社会主義体制の優位は疑う余地が全くない。いわば「想定内の経済学」としてのソ連式マル経によれば、資本主義がむしろ生き残るなんてことは全く「想定外」の事象であったようだ。そして、この点に念を押すかのように、同経済学教科書の最後の「むすび」は、次のごとき「最終結論」をもって終わっている。

「社会の経済的発展の全行程を分析した結果、経済学が下す最も重要な結論は、資本主義は歴史的にみて破滅の運命にあり、共産主義の勝利は避けられない、という結論である。……社会が共産主義に向かって前進していく動きを押しとどめ得る力は、もはや世界のどこにも存在していない」

（ソ連科学院〔1959〕『経済学教科書』より）

戦後の貧しい学生時代には、元気よく威勢のよい経済学のほうが主流派を形成しがちであった。私自身は上述の町医者Y先生のこともあり、「たけき者もついには滅びぬ」と密かに思っていたが、大きく異論の声を上げることも難しかった。すなわち、「マクロがミクロを制す」という空気が大学に醸成されていた。

「想定内」と「想定外」の間――サミュエルソン『経済学 第七版』

私が学生だった一九五〇年代から六〇年代において、日本の経済学界の主流はいわゆる「マル経」であった。東大・京大など、旧帝大系の経済学部にはマル経の先生方が多数おられ、マスコミ界をもリードしていた。これに対して、「近経」は、一橋大・神戸大など、旧商大系の大学にて（アカデミックだが）やや遠慮気味に教えられていたに過ぎない（ただし、帝大系にも近経の先生方がおられ、商大系にもマル経の先生方がおられたことも事実であるが、ただ人数的に「少数派」であったということだ）。

当時の日本の大学において、経済学部の基礎科目「経済原論」といえばマル経を意味する用語であり、近経はせいぜい「経済理論」としていわば「添え物」的に教えられていることが多かった。ここで、「原論」は根本原理を扱う「重い」科目であるのに対して、「理論」は技術面に特化した「軽い」科目のごとき響きがあったようだ。個人的な体験であるが、後年某大学において私が経済学の基礎科目の担当者になった時、「原論」という名前をなかなか使用させてもらえなかったことを覚えている。

さて、神戸大学に当時在学していた私は、時には声の大きい「主流の意見」を知りたくて、はるばる京都大学の階段教室まで「道場破り」に出かけたものだった。その結果、私は大学生にして既に、「両刀使い」の経済学者の卵になっていたわけである。当時の両刀使いの名手は、何といってもハーバード大学院修了の一橋大学教授・都留重人先生であった。都留先生がアメリカの代表的教科書であるサミュエルソン著『経済学――分析的入門』（*Economics : An Introductory Analysis*）を翻訳されていると知り、私はその原書と翻訳書とを同時並行的に読み始めた。正直に告白すると、サミュエルソンの「青い教科書」は、ソ連科学院の「赤い教科書」に比べて「迫力がなく、まどろっこしいな」という印象を持ったものだ。何しろ、ソ連による人工衛星スプートニク打ち上げやガガーリン中佐の有人宇宙旅行が世界のマスコミに大々的に報道されて、「赤い東風」のほうが「青い西風」を圧倒するような勢いであったのだ。

サミュエルソンの教科書は八〇〇頁に及ぶ大部の書物である。日本の小柄な学生には文字通り骨の折れる難事業であったが、私は勇を振るって完全読破を試みたものだ。「青い教科書」の最後の四〇章は、大変印象的であり、五〇年の歳月が流れたいまでも鮮明に覚えている。というのは、そのタイトル自体が「諸々の経済システム」（Alternative Economic Systems）という野心的なものであり、そこで「資本主義か社会主義か」という経済システム間の経済競争が大々的に議論されたからである。「論より証拠」である。サミュエルソン自身によって作成された衝撃的な図1－1を御覧頂きたい。

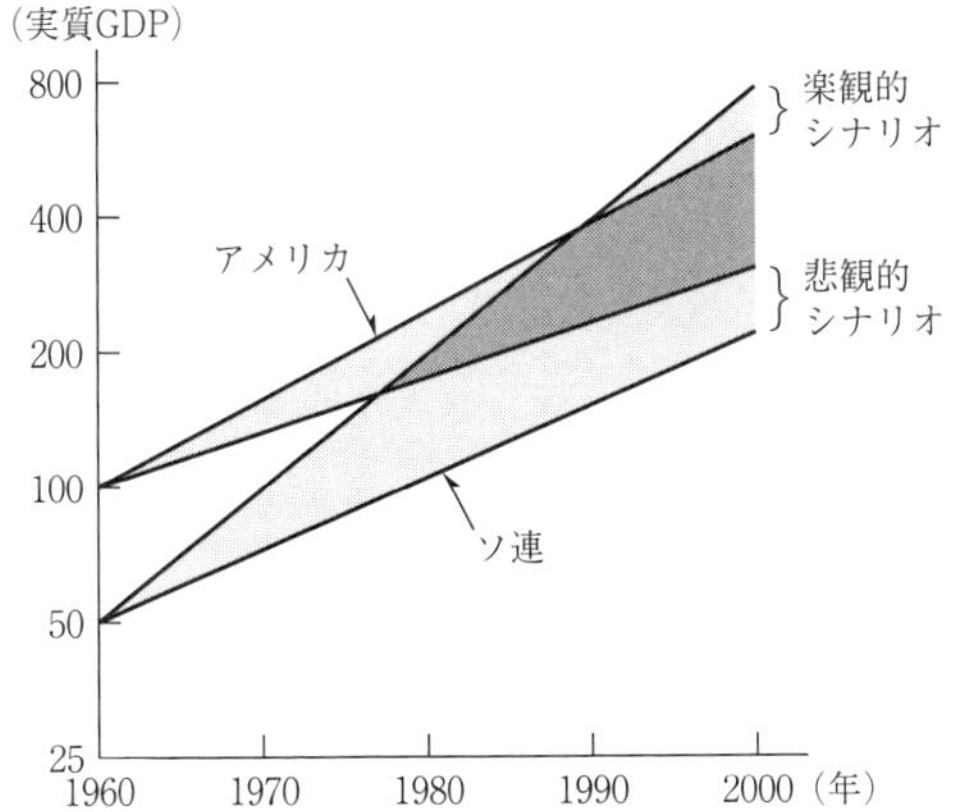

図1－1　米ソ間の経済競争

（出所）サミュエルソン『経済学 第7版』をもとに，筆者が改訂作成。

原図には、次のような刺激的なタイトルが付けられている。

「アメリカは現にロシアをリードしている。だが、このギャップは今後縮まるだろうか?」(America leads Russia, but will the gap narrow?)

(Samuelson〔1967〕『経済学』より)

このタイトルは、今後数十年におけるアメリカとソ連の経済競争を予想している。若かった私は、これから次のような含意を読み取ったものだ。「アメリカのほうが勝つと信じたいが、ひょっとするとソ連が勝つかもしれない」。このことは別の表現で言えば、次のようにも深読みできるだろう。「アメリカが勝つのはいわば《想定内》ことだが、ソ連が勝つという《想定外》のサプライズ事象が起こる可能性もある」。サミュエルソンと言えば、近代経済学の最大の巨匠の一人であり、アメリカ側に立つブレーンの代表選手である。その大物サミュエルソンの心が、「想定内」と「想定外」の間で若干揺れ動いている。「これは尋常でない事態である!」と私は直観したのだ。

サミュエルソンによると、一九六〇年の時点において、アメリカのGNPを一〇〇とすると、ソ連のGNPは半分の五〇程度である。そこから四〇年後の二〇〇〇年の時点において、アメリカとソ連のギャップは、どれ程縮まるのだろうか。予測であるから、断定的な結論を下すことはできない。そこには、一定の「予測の幅」が存在する。この幅の上限を示す太線は、万事が全て順調に運んだ時の「楽観的シナリオ」、下限を表す太線は、物事が全く思惑通りに進まない時の「悲観的シナリオ」である。この二つのシナリオが具体的にどういう「確率」で起こるかについては、全く言及されていない。ただ、現実の経済状態は、両シナリオの「どこか中間」に位置するだろうが、それ以上のことは全く分からない。

このように、二つのシナリオを考えるところは、唯一つのシナリオのみを断定的に論じる「赤い教科書」と大きく異なっている。換言すれば、「想定内」の決定論的論断が基調の派手な「赤い教科書」に対して、地味な「青い教科書」では、いわば「想定内」と「想定外」との中間の確率論的解説が好まれることになる。

予想されるように、決定論的主張は確率論的解説より勢いがあるのが通例であり、一般読者の心情に直接訴える効果がそれだけ大きいであろう。

そして、まさにそう予想されることが、一九六〇年代の学界や教育界で現実に起こったのだ。サミュエルソンの解説を続けよう。図1-1から明らかなように、出発点の一九六〇年から二〇年後の一九八〇年前後において、米ソ間の経済力関係の逆転現象が発生する可能性が指摘されている。というのは、その辺りで初めて、ソ連の*GDP*成長帯の上限が、アメリカの*GDP*成長帯の下限を上回る可能性が示唆されているからだ。でもこれは、ソ連が一番上手く行き、アメリカが一番駄目なケースという、ほとんど起こりそうにない「一方的シナリオ」の進行を前提している。さらに二〇年後の二〇〇〇年には、両国の*GDP*成長帯がほとんど重なるようになり、米ソ間の経済力の逆転可能性はますます現実的なものとなろう。それでも、サミュエルソンはやはりアメリカ人らしく「一矢報いる」気持ちが強いようで、平均的には、アメリカがソ連をリードする蓋然性のほうが大きいと予想している。

御愛嬌のことだが、サミュエルソンは、ソ連の*GDP*の上下間の「ブレ」がアメリカのそれよりはるかに大きいと予測していたようである。現実の歴史の進行が物語るところによれば、ソ連の下方へのブレはサミュエルソンの予想をはるかに超えた。社会主義国家ソ連の消滅という異常事態が、一九六〇年から三一年後の一九九一年一二月に発生したのだ。これは、想像を絶する「想定外」事象と言うべきだろうと思われる。まさに、「事実は小説より奇なり」という格言の言うとおりである。

もう一つの「想定内の経済学」へ

私は一九六八年六月、安保闘争以後の激しい大学紛争を避けるために、アメリカ留学旅行に旅立った。ハワイ、シアトル、サンフランシスコ、ロスアンジェルスから、フェニックス、デンバー、シカゴなどをバス旅行している間は、「英語オンリーの生活」という異常経験の中にあって、心の昂揚感が格段に強く、「怖いリスク」とか「未知のリスク」の存在がはるか後方に退いていたようだった。ところが、同年九月から、ロチェスター大学で院生授業が始まるや否や、文字通り「生きるか死ぬか」かの猛烈なサバイバル競争が幕を切って落とされたのである。

私は経済学博士の学位（Ph. D.）を目指して、数多くの必修科目と選択科目を履修した。その中でも永遠に忘れることのできない「帝王の講義」が、ライオネル・マッケンジー教授の「一般均衡理論」（general equilibrium theory）であった。

マッケンジー先生は、背が高くイケメンな中年の紳士であったが、何となく近寄り難く、謹厳実直な学者の風貌をしておられた。ロチェスター大学そのものは一〇〇年以上の伝統を持つ古い大学であるが、私が所属した経済学部は当時はまだ、わずか一〇年ほど前に創設された「新設ほやほやの学部」であった。初代学部長は、「一般均衡理論」の生みの親の一人として自他ともに認めるマッケンジー先生であった。そして、教授陣の多くは、学部長のマッケンジー先生によって選考された「数学大好き人間」であった。どの授業も黒板一杯に高度の数式が並び、式の展開と数学的証明が続くというような、いわば「猛烈弾丸授業」だった。その頂点に君臨したのが、他ならぬ恩師・マッケンジー先生その人であった。

先生が十八番の「一般均衡理論」の枠組みは、古くは一八八〇年代、フランスのレオン・ワルラスによって始まったものだった。簡単に説明すると、「均衡」というのは、「買手の数量（需要量）と売手の数量（供給量）とが、市場取引において過不足なくバランスする」ことを意味する。むしろ、言葉の「曲者」は、「一般」という形容詞のほうにある。それは「市場取引の対象となる全ての財とサービス」を意味する表現である。コメや大豆やガソリンはもちろん財である。コンビニ店員の労働も、教師の教育労働も立派なサービスである。また、ホテルに一泊することも、自転車をレンタルすることも、財・サービスとして勘定される。[4]
たとえ国内経済だけを問題にするとしても、一体どれだけの財・サービスがあり、その各々に対応する市場がどれだけの規模に達するのであろうか。想像するだけでも、空恐ろしい話であろう。そういう考えうる全ての市場取引の需給バランスを同時に取り扱うことによって、「市場経済が上手く運行している！」ことを示すのが、一般均衡理論の究極の目的である。そこで頼りとなるのは、記号・数式による抽象的モデル化であり、使用する数学も「微分トポロジー」という（経済学者にとっては）高級数学なのであった。
「論より証拠」である。例えば、マッケンジー先生の授業は、次のような話で始まったものである。

「諸君、黒板を見なさい。ここで、我々が取り扱う財・サービスは $i=1, 2, \dots, m$ で表し、各経済主体は $j=1, 2, \dots, n$ で表します。すると、財 i に対する主体 j の需要量は Dij となり、供給量は Sij となるのであります……」

これ以上に込み入った話は止めるとする。だが、一般均衡理論の佳境において、一番威力を発揮するのは「角谷《カクタニ》の不動点定理」（Kakutani's Fixed Point Theorem）であり、それによる「不動点イコール一般均衡点」の証明を行う段になると、マッケンジー先生の顔はますます紅潮し、至福の極みにいよいよ近づくことになった。だが、正直なところ、先生も我々と同様に一介の人間であり、ましてや超能力のコンピューターというわけにはいかなかった。時には、証明の一個所で行き詰まり、黒板の前で腕組をされ、机の上に腰掛けられることもあった。「待てよ、これでは駄目だな、それではあの方法で行こうか？」という風に考え込まれ、それが一〇分以上継続することもあった。やがては、チョークで唇をうっすら白く染められた先生は、「よし、これだ！」と解決の出口を見つけられ、一気呵成に証明の完成を終了された。「これは本当に美しい！」

（It's so beautiful!）と発せられた先生の御言葉は、私にとって一生涯忘れられないものとなった。私はそこに、アメリカ流の数理経済学の「強さ」と「弱さ」を同時に垣間見たような気になった。[5]

さて、マッケンジー先生が証明を目指した「最終定理」を紹介しておこう。私は思い切りよく、そのエッセンスを「鑑賞」できるように易しく書いておきたいと思う。

定理（競争均衡の基本定理）

次の二つの条件が満足されているとする。

① 各消費者について、「消費可能集合」が閉、凸かつ下に有界な集合であり「飽和点」も存在せず、さらに「選好順序」は連続かつ凸な順序である。

② 各生産者について、「生産可能集合」が原点を含む閉かつ凸な集合であり、さらに「不可逆性」と「自由処分」の仮定が満たされている。

すると、かかる条件①と②の下において、一般競争均衡解が確かに存在し、さらに「パレート最適」の状態を実現している。

ここでは、「消費可能集合」とは何か、「飽和点」とは何か、また「不可逆性」と「自由処分」の仮定とは何か、等々テクニカルな議論は一切省略してある。というのは、こういう議論をそのＡＢＣから完璧に行えば、五〇頁位の追加が必要となるかもしれないと恐れるからである。例えば、「不可逆性」とは文学的には、「生産過程をあべこべにすることが不可能」という意味であるが、それに厳格な数学的表現を与えるのは決して容易ではない。要は、私の恩師マッケンジー先生は、上述の基本定理の証明に生命をかけ、その精緻化作業に一生を捧げた碩学だということだ。[6]

私を含めて当時の学生たちは、かかる見事な定理とその厳密な証明に心を奪われたものだった。ここには、いわば「真・善・美」というようなカント的世界が実現しているではないか。第一に、競争均衡解の存在は「真」の概念に通じており、まるで市場経済や資本主義経済のワーキングを厳密に証明しているかのようである。第二に、この解は「パレート最適」の意味において、「善」の世界の実現を約束している風情である。ここで、市場経済がパレート最適にあるというのは、イタリアの経済学者パレート（Vilfredo Frederico Damaso Pareto：1848-1923）が考案した最適概念であり、「各人の状態を同時にこれ以上良くすることは無理だ、ある人を良くしようとすれば他の人の状態は悪化してしまう」ということを意味する。だからそれは、皆が「まあ、そうですね」と納得するような、それなりに望ましい「善の世界」を保障しているだろう。第三に、カクタニの不動点定理を用いる数学的証明自体が、数学的にまことに見事である。マッケンジー先生ならずとも、「これは美しい！」という風な「美の世界」の成就を示しているようである。

米ソ冷戦という当時の時代状況において、一般均衡の基本定理は、社会主義経済に対する資本主義経済の優位性に「お墨付き」を与える役割を果たした。何しろ、資本主義システムは「真・善・美」を実現する世界であり、「堂々と胸を張れる」世界なのだ。サミュエルソンが言及したように、資本主義の中核アメリカと、社会主義の盟主ソ連とはつばぜり合いの経済競争をしている。だが、「余計な心配は要らない！」、わが資本主義は経済システムとして立派に運行し、全ての人に幸せをもたらし、かつ（研究者の立場では一番重要なことかもしれないが）惚れ惚れするほど美しいのだ。

要するに、「真・善・美」の実現という、この世の理想郷がここに保証されている！　若きサカイはこのことにいたく感動し、しばらくかかる「想定内」の経済学の虜になっていた。だが、若き日の感動は長続きするわけがないのだ。それが移ろいやすい感傷に過ぎなかったことは、その数年後、私がカナダとの国境の町ロチェスターを離れて、ペンシルバニア州西部の鉄鋼の町ピッツバーグに移動した時に明らかになった。

「想定内」から「想定外」への道

恩師マッケンジー先生からの強力な推薦状が、恐らく効果を発揮したのであろう。私は一九七一年秋から、「学問の塔」と呼ばれる巨大な建造物が大学本部となっている、規模の大きいピッツバーグ大学にて教鞭をとる幸運に恵まれた。私は助教授の身分ながら、新設された「数理経済学」の主任教授格として、「一般均衡理論」「ミクロ経済学」「マクロ経済学」「数理計画法」「経済数学」などの基礎科目を学部や大学院の学生たちに教える機会を得た。学生たちの国籍は多種多様であり、トルコ、インド、ギリシャ、オーストラリア、メキシコ、ペルーなどに及んでいた。

私が得意満面の気持ちで、恩師直伝の一般均衡理論を教えていた時のことであった。上述の「カクタニの不動点定理」を丁寧に説明し、一般均衡の基本定理への応用を無事済ましてホッとした気持ちになった矢先に、トルコの学生から鋭い質問を受けた。

「私は日本と違って、貧しい国の出身です。一般均衡にかけるドクター・サカイの意気込みは分かるような気がしますが、どうしてもしっくり致しません。先生が力説される一般均衡解の存在証明は、トルコ国民の生活向上に対して、現実にどれだけ役に立つのでしょうか。トルコ人が敬愛する日本生まれの先生から、そのことが聞きたいのです」

上のような「想定外」の質問を受けた時、私の心の衝撃は尋常なものでなかった。まさに「青天の霹靂」だったわけであった。

「君、それは素晴らしい質問だね。日本人の私も実は、時には悩むことがあるのだよ。これから一年間をかけて、君たちと一緒に考えてみるよ。ありがとう！」

このように答えるのが精一杯だった私は、内心において非常に恥ずかしい思いに駆られた。解決策を求めて暗中模索したが、なかなか納得できる出口を発見できない状態がしばらく続いた。ところが、私が「悩める人」になって半年後、予想だにしなかった「解決の光」が眼前に突然に見えたのである。それは何を隠そう、かのゲーム理論の生みの親・モルゲンシュテルン先生がピッツバーグ大学で講演されるという機会が訪れたのである。私は勇を振るって、同先生にやや不躾な質問をぶつけてみた(7)。

「先生、私はピッツバーグ大学で数理経済学を教えております。でも、残念ながら、経済学の現状に十分満足することができないのです。もし何か《新しい方向》の学問があれば、是非御教示願いたいのですが……」

先生は私の単刀直入さに応えるべく、率直にこう語られたのだ。

「ドクター・サカイ、君はまだ知らないかもしれませんが、《リスクと不確実性の経済学》という新しい学問が興隆しつつあります。君はまだまだ若い学者のようですから、思い切って挑戦されることをお勧めしますよ」

これは私のごとき「悩める人」にとって、あたかも「仏様の教示」あるいは「天上の啓示」のように快く響いたものだった。そして、リスクと不確実性の経済学のパイオニアとは一体何方なのかを調べたところ、

「*A*」か「*S*」のイニシアルを持つ四人の学者が（不遜ながら）私のライバルであろうことを発見した。その四人とは、アロー（Arrow：1921-）、アカロフ（Akerlof：1940-）、スティグリッツ（Stiglitz：1943-）及びスペンス（Spence：1943-）のことである。幸いにも、私のイニシアルも「*S*」であり、しかも五文字からなる私の名前（Sakai）の中には、「*A*」が二カ所、「*S*」が一カ所あるのだ。「これは偶然の一致とはいえ、縁起がすこぶる良い！」と、私は自己流に解釈させていただいた。(8)

この中で、アロー教授は恩師マッケンジーの友人で、同じく一般均衡理論の開拓者でもあった。私はアロー先生の歩んできた道から、「一般均衡理論の後に来るのは、不確実性理論ではなかろうか⁉」と、自分勝手に夢想したのである。残りの三人の研究者は、当時の私と年齢がほぼ同じ「少壮学者」であり、「決して遅くはないよ、やればできるかもしれないぞ！」という信念を私に抱かせるに十分な存在だった。

中国の格言にあるように、「人生すべて、塞翁が馬」である。上述のような按配で、私はピッツバーグでの貴重な経験を契機にして、主たる研究分野を「想定内」の経済学から、「想定外」の経済学へと舵を切った。そのあとは、広島、筑波、滋賀、龍谷へと、教鞭の地を変更するも、ただ一途に「リスクと不確実性の学問道」を歩いてきたわけである。

現在では、「日暮れるも、なお道遠し」と感じることが多い。将棋の升田幸三名人の言葉にあるように、「辿りきて未だ山麓」の境地であろうか。願わくは、本書の執筆を通じて、一筋の光明の道でも見つかれば、と思う気持ちで一杯である。

3　ケインズとナイトの同時代人たち——確実性か不確実性か、ミクロかマクロか

マーシャルからケインズ、ナイトまで

上述したように、本書の主たる狙いは、ケインズやナイトを中心にして、「不確実性と人間活動との複雑な絡み合い」について広く深く考え、混迷の二一世紀を逞しく生き抜くための羅針盤を見出すことである。以上において、過去五〇年間にわたって「想定内」と「想定外」の間で、私の研究がどのように揺れ動いてきたかをやや詳しく述べてきた。このように悩んできた私の個人的体験は、必ずしも無駄ではなかっただろうと思う。また、そのことはある意味で、経済学全体の中における「リスクと不確実性の経済学の位置」を確認するために、それなりに有益なことだったろうと信じたい。

筆者の狙いや意気込みは、それだけで恐らく壮とすべきかもしれない。言うまでもなく、個人的能力や時間的制約などが大きく私の前に立ちはだかっている。私のかねてよりの夢の実現のためには、あと一〇冊程度の研究書の執筆が必要だろう。それで現段階では、一つの準備作業として、マーシャルからケインズやナイトに至る経済思想の歴史を鳥瞰的に眺めてみようと思う。このことはまた、本書第2章以下の理解のために有効な「導きの赤い糸」になるだろうと信じている。

端的に言えば、私が本書において注目するのは、かの「奇跡の一九二一年」である。その前後の歴史的事件や、ケインズやナイトの同時代人たちの「生きた記録」を年表的にまとめておけば、図1－2のごとくになる（もっと詳細な「関連年表」は、本書の最後に付けているので是非御覧頂きたい）。

この年表には、二つの世界大戦の勃発と終結——第一次世界大戦（一九一四～一九一八年）と第二次世界大戦（一九三九～一九四五年）——を示す「シャドーの柱状領域」が並行的に二つ描かれている。この点に注目

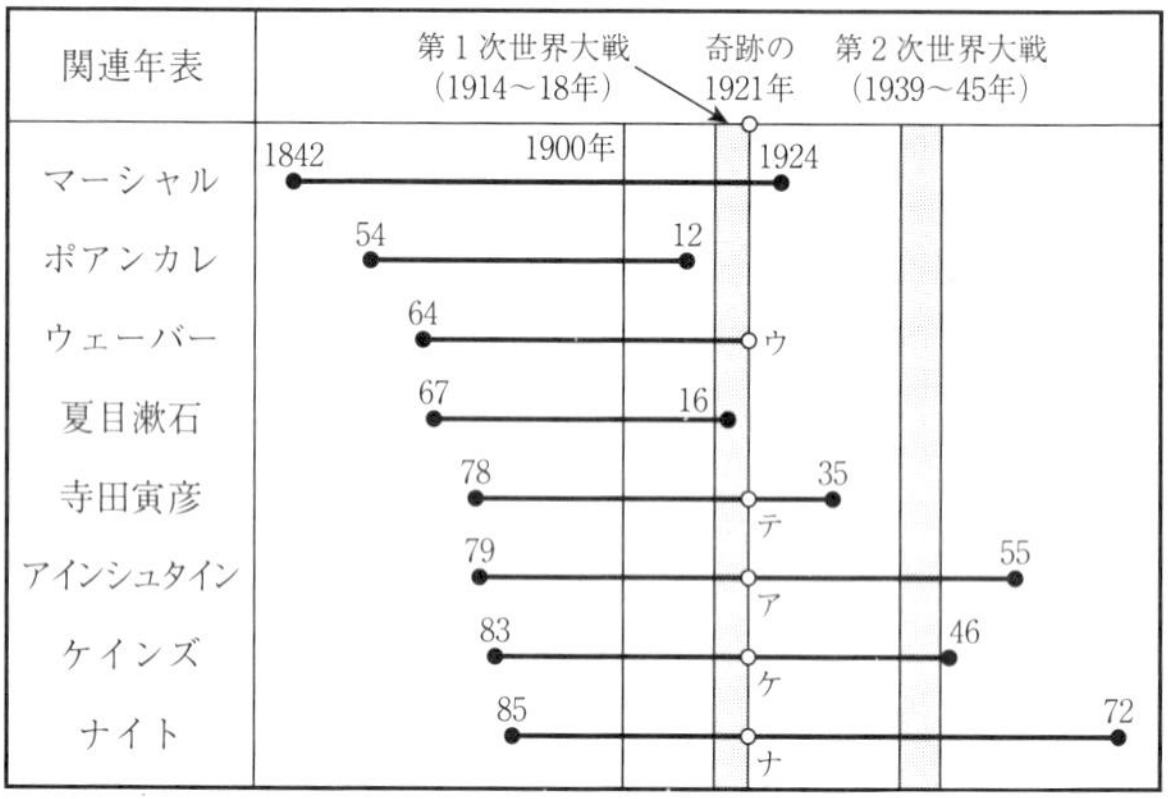

図１－２　奇跡の1921年前後と関連図表

（注）ウ＝倫理論（1920年），テ＝関東大震災（1923年），ア＝ノーベル賞（1921年），ケ＝蓋然性論（1921年），ナ＝不確実性論（1921年）。
（出所）筆者が作成。

すれば、我々は「大戦間期」に活躍した学者たちを鳥瞰的に眺めようとするものである[9]。

最初に俎上に載せるべき学者は、いわゆる「ケンブリッジ学派」の開祖・マーシャル（Alfred Marshall：1842-1924）である。ケインズの直接の先生でもあったマーシャルは、一九世紀後半から二〇世紀前半の一〇〇年間において、最も影響力の強かった経済学者の一人である。シカゴ大学の長老・ナイトは教壇の上では、いわば「外様の弟子」であるかのように、マーシャルの大著『経済学原理』（*The Principles of Economics*, 1890）を常に小脇に抱えていたと言われる。

このマーシャルに一〇年ほど遅れて生まれたのが、「最後の万能選手」と称された物理学者・ポアンカレ（Jules-Henri Poincaré：1854-1912）である。ポアンカレは、一般均衡理論で愛用する高級数学「トポロジー」の開拓者であるとともに、現代における「カオス理論」の発展に先鞭をつけた学者としても知られている。後でもう少し詳しく述べるように、ポアンカレの所説は明治の文豪・夏目漱石（一八六七～一九一六年）の未完小説『明暗』（1916）の中に登場し、それに因んで複雑性・不確実性と人間行動の関係について鋭い洞察が行われている。夏目漱石がドイツの社会学者かつ経済学者のウェーバー（Max Weber：1864-1920）とともに「激動と混迷の時代」を生き抜き、いわゆる「悩める力」を十二分に行使して大業績を挙げたことは、最近の日本の出版界において改めて注目されている[10]。

寺田寅彦（一八七八～一九三五年）は疾風怒濤の明治時代を冷静に生き抜いた物理学者である。漱石より一〇歳ほど年下の寅彦は、文学上では漱石の異色の弟子として、「漱石山房」の中の重要な一員を構成した。漱石と寅彦の立場は科学上では逆転し、寅彦のほうから漱石に興味深い科学エピソードが提供されていた。マクロとは単なるミクロとミクロの和ではなく、それ以上の相乗効果を発揮することが、この二人の交友関係の中から読み取ることができるわけである。

アインシュタイン（Albert Einstein：1879-1955）はもちろん、二〇世紀を代表する大物理学者である。件の「奇跡の一九二一年」は、ケインズの名著『蓋然性論』（*A Treatise in Probability*）と、ナイトの力作『リスク、不確実性および利潤』（*Risk, Uncertainty and Profit*）とが正式に出版された記念年である。なんと、この一九二一年は、アインシュタインが「やや遅すぎた」ノーベル物理学賞を受賞した年であり、しかも日本訪問のための船中で、受賞の知らせを聞いている。「世紀の巨人」アインシュタインの来日は、日本国中を歓迎と興奮の渦の中に巻き込んだことだろう。わが寺田寅彦もそのことを大変喜び、来日前後にアインシュタインの専門書（独語）の翻訳を行っている。

未曽有の大惨事たる「関東大震災」が発生したのは、アインシュタインの訪日わずか二年後のことである。自然科学の「天才が忘れずに日本にやって来る」のとは対照的に、自然現象の「天災は忘れたころにやって来る」というのは、寅彦の警句として余りにも有名である。

本書の二人の主役――ケインズとナイト――が活躍したのは、まさに上述のような歴史上の天才や異才たちが多数輩出した百花繚乱の時代であった。二つの世界大戦の前後で、激動と混迷の時代を生き抜くために必要な「指針の学問」は、平時に珍重されるような平凡な種類のものではありえなかった。思うに、こういう「戦時」において威力を発揮する一つの重要な概念は、「リスク・蓋然性・不確実性」である。蓋然性や不確実性の経済学が一体全体どういう学問であり、そこからどのような「新しい結果と方向性」が出てくるかは、本書を読み進むに従って、徐々に明らかになってくるだろう。

まず、問題としたいのは、ケインズやナイトの経済学はどの点で共通点があり、どの点で異なっているのかである。つまり、ケインズとナイト二人の所説の異同である。そのためには、まず二人の考え方の対立軸を明らかにし、できれば二人以外の学者の依って立つ基盤の違いも概念的に明らかにしたいと思う。

二つの対立軸――確実性か不確実性か、ミクロかマクロか

前述のとおり、「奇跡の一九二一年」前後には、色々な分野において、同世代の著名な学者たちが綺羅星のごとく出現した。経済科学の分野に限るとしても、実にさまざまな立場の研究者がこの期間に輩出した。彼らの見解は、ある視角ではかなり接近するが、他の立場では大分離れていることが多い。以下では、「二つの対立軸」という思い切った切り口から、彼らの多様な所説の交通整理を行いたいと思う。

図1-3において、私は次のような「二重の切り口」を導入している。それは、「確実性重視か、それとも不確実性重視か」という切り口と、「ミクロ重視か、それともマクロ重視か」というもう一つの切り口である。縦軸については、上側に上れば上るほど「確実性重視」であり、下側に下れば下るほど「不確実性重視」であると想定している。確実性重視は一方向の「決定性」、単純な「因果性」に通じるものがあり、不確実性重視はあいまいな「蓋然性」、双方向の「複雑性」に重なるところが大きい。

横軸に関しては、右側に行けば行くほど「ミクロ重視」であり、左側に進めば進むほど「マクロ重視」で

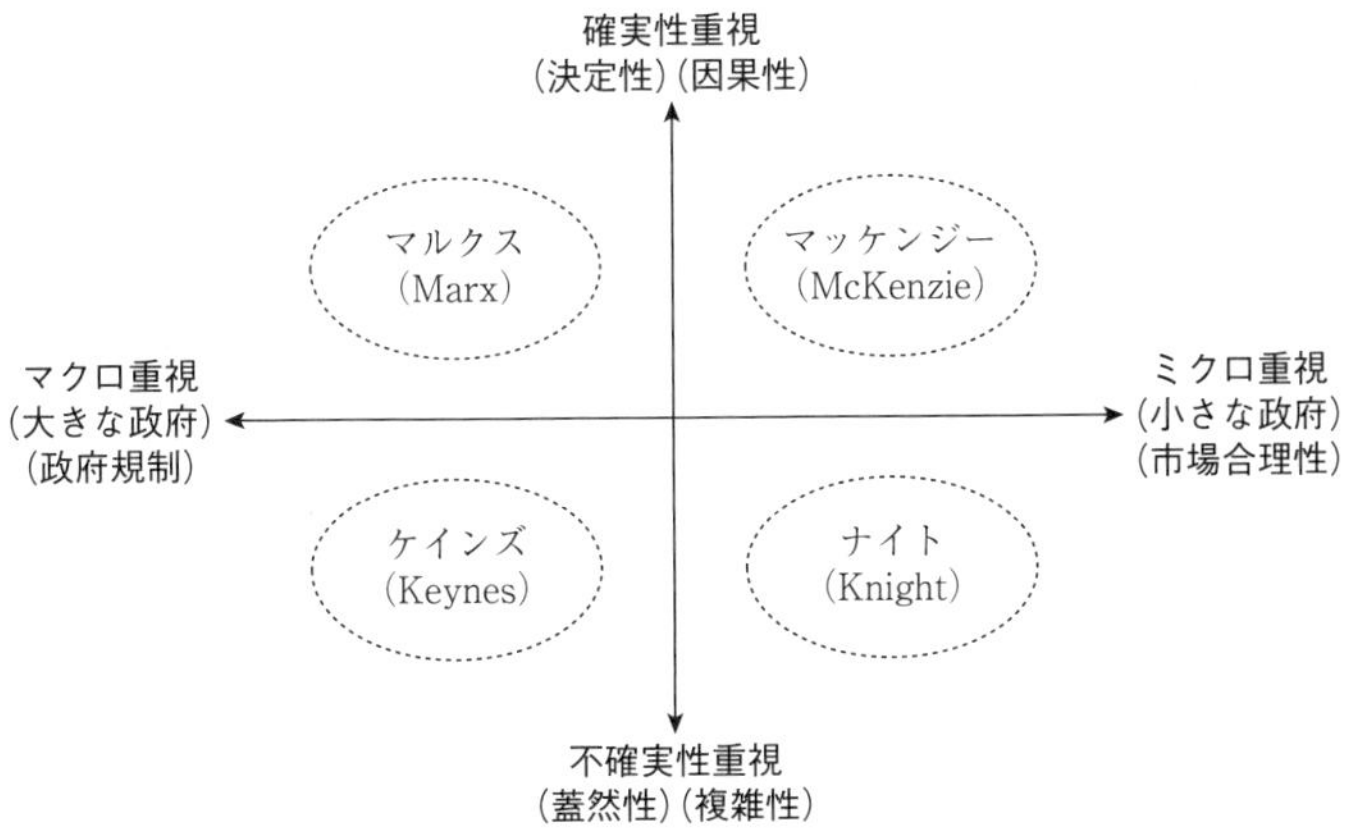

図1－3　2つの対立軸

（出所）筆者が作成。

あると仮定している。ミクロ重視はおおむね「小さな政府」や「市場合理性」と言い換えてもよく、マクロ重視は大体のところ「大きな政府」「政府規制」を意味するだろう。

これら二重の切り口によって、図1－3の平面は四つの象限に分解される。右上の第一象限は「確実性かつミクロ」であるから、私の恩師マッケンジーが依って立つ基盤であった。経済思想史的に言えば、ケインズが批判した新古典派経済学はほぼこの位置にあるとみなせよう。アローやデブリューの一般均衡理論や、後期シカゴ学派（フリードマン、ルーカスなど）の「マクロのミクロ基礎理論」や合理的期待の考え方も、ほぼ第一象限の中に位置するだろう。

左上の第二象限は「確実性かつマクロ」を表示するから、その代表選手はマルクスである。マルクスの経済学においては、個人個人の立場はすこぶる弱く、各自の行動は自己の属する「階級」の利害によってコントロールされる。労働者階級の行動は、搾取されながらも最低生活を求める「労働の論理」によって規定されている。資本家階級の行動は、自己増殖と搾取に励む「資本の論理」によって突き動かされている。有名なマルクスの「再生産表式」においては、この二つの階級の再生産が、二つのマクロ部門――消費者部門と投資財部門――の間の「ものの流れ」によって、どのように円滑に（または恐慌を伴いながら）実現されるかが分析される。マルクスだけでなく、リカードやミルなどの古典派学派の立場も、おおむね第二象限内にあると考えられる。

左下の第三象限は「不確実性かつマクロ」を示す象限である。本書で集中的に取り上げる一人の学者・ケインズは、もちろんこの象限の代表選手である。ケインズはマルクスと同じく「マクロ経済」の運行を注視した人であるが、マルクスとは袂を分かって「蓋然性・不確実性」を経済分析の中に本格的に導入することに成功した。これに対して、右下の第四象限では「不確実性かつミクロ」の視点が重用されている。その典型例が、初期シカゴ学派の長老・ナイトである。ナイトはケインズと同様に「不確実性」の分析視角を経済学の中に導入した人間であるものの、その分析道具はケインズ以前の（ある意味で古めかしい）ミクロ分析であった。ケインズとナイトの両巨頭の経済学が、どのように相交わり、どの点で相違するのかは、実に興味ある大問題である。それは本書の主題そのものであり、次章以下の多様な議論を通じて、多角的に広く深く論じるつもりである。

最後に、人によっては、（かのイギリス・ケンブリッジ学派の開祖たる）マーシャルを一体どのように位置付けるべきかを知りたいと思うかもしれない。マーシャルは実に「間口」が広く、「奥行」の深い「総合的・学際的社会科学者」であった。マーシャルは「確実性」も「不確実性」もともに重視していた。この点では、マーシャルの「異端派の直弟子」がケインズであり、いわば「外様派の押しかけ弟子」がナイトであったというのも、十分首肯されうるところである。さらに、マーシャルは古典派と現代派の懸け橋になった学者であり、ミクロとマクロの視点を上手に使い分けた「知恵者」でもあった。マーシャルの工夫した「代表的企業」の考え方や、生産の第四要素としての「組織」の役割分析は、いわばミクロとマクロの間を巧みにブリッジするものであった。

したがって、図1－3の中で、あえてマーシャルの立ち位置を決めるとすれば、原点を含み、四つの象限全てを含む「大きな円状領域」によって表す以外に手立てがないだろう。だが、全ての象限に広く関係するということは、ある意味では「分析の鋭さや強さ」の不足を示唆しているのかもしれない。だが、私自身はかくも「漠然とした包容力のある学者」の生き方にむしろ共鳴するものである。新世紀に生きる人間としては、ケインズやナイトを深く比較研究し、さらにその共通の師・マーシャルの「広く深い教え」を現代から将来に生かす道を模索すべきなのである。

4　社会科学のさらなる発展を目指して

天災は忘れたころにやって来る――寺田寅彦・夏目漱石・ポアンカレ

ケインズとナイトを比較対照的に論じる時、感じることがある。それは彼らの「守備範囲」の広さと深さである。狭い専門分野に特化した「普通の経済学者」の枠をはるかに超え、まさに「社会科学の巨人」とでも言える存在なのだ。何よりもこの二人は「複眼思考」の持ち主であり、学際的な大きなスケールを持っている。

一方において、ケインズは学者というよりも実務家であり、もともと「理系人間」として数学・物理学など自然科学に強かっただけでなく、バレリーナの奥様を持つ美術品収集家としても有名であった。他方において、信心深い農家に生まれたナイトは、子供の時から哲学・宗教学・社会学・語学・農学・化学・物理学など（ナイト風の皮肉な表現だが）「多彩なごたまぜ教育」を受ける自由を享受してきた。ナイトは特にドイツ文化圏に関心があり、いわゆる狭隘な「ヤンキー魂」とは異なった「自由な批判的精神」の持ち主であった。

このような「開けっぴろげで、自由主義的な精神」は、何もケインズやナイトだけにとどまるものではない。これはある意味で「時代の風潮」なのであろう。この二人と同時代人たちは、己と異なる分野の人たちと積極的に交流し、その談論風発の中から「新しい研究テーマ」を見出していったのだ。既に何度か「温故知新」という言葉に触れて述べてきたように、二一世紀に生きる我々はいま一度「先人たちの生き方」を振り返り、そこから将来に生かす道を模索すべきだろうと強く感じるものである。

そこで、本章の最後のまとめとして、ケインズとナイトの同時代人たちによる「異文化知的交流」の姿を振り返ってみようと思う。ここでは、その代表選手として、夏目漱石と寺田寅彦とポアンカレ三人の間の交流関係にスポットを当てたい。有名な次の言葉を再度取り上げてみよう。

「天災は忘れたころにやって来る」

これは科学者・随筆家の寺田寅彦が発した警句としてよく知られている。だが、寺田寅彦のエッセー集を読む限り、残念ながら、これに一〇〇%合致する表現は見当たらないようである。寅彦は幾多の名品を執筆している。その中の一品「天災と国防」(1934)に次の文章があり、上の警句を生む「原材料」になったように思われる。

「悪い年廻りはむしろいつかは廻ってくるのが自然の鉄則であると覚悟を定めて、良い年廻りの間に十分の用意をして置かなければならないということは、実は明白過ぎるほど明白なことであるが、またこれほど万人がきれいに忘れがちなこともまれである」

(寺田・中谷〔1961〕『物理学者の心』に所収)

寅彦は別の玉稿「津波と人間」(1933)の中で、既に同様な警告を発していた。

「自然は過去の習慣に忠実である。地震や津波は新思想の流行などには委細かまわず、頑固に、保守的に執念深くやって来るのである。紀元前二〇世紀にあったことが紀元二〇世紀にも全く同じように行われるのである。科学の法則とは畢竟《自然の記憶の覚え書き》である。それだからこそ、二〇世紀の文明という空虚な名にたのんで、安政の昔の経験を馬鹿にした東京は大正一二年の地震で焼き払われたのである。こういう災害を防ぐには、……残る唯一の方法は人間がもう少し過去の記録を忘れないように努力するよりほかはないであろう」

（寺田・中谷〔1961〕『物理学者の心』に所収）

右の文中にある大正一二年の地震とは、より正確には、一九二三年九月一日一一時五八分三二秒に発生した「関東大震災」のことである。地震や津波は人間の思惑や行動に関係なく、頑固に保守的に、執念深く必ず到来する。ただその規模や発生時間などは、予め想定することが不可能だ。明治維新以降の日本人は、未曽有の文明開化と列強入りを果たして、過度に慢心していたのであろう。

実際には、それより七〇年前の一八五五（安政二）年前後には大小幾多の群生地震があり、特に同年一一月一一日（安政二年一〇月二日）には「安政江戸地震」があり、著名な学者・藤田東湖などが家屋崩壊により圧死した。だが、寅彦が鋭く指摘していたように、「二〇世紀の文明という空虚な名」に酔いしれていた大正の日本人は、「わが一等国の帝都・東京はもはや大地震から卒業したのだ！」という過剰な自信を持っていた。ところが、安政江戸地震からほぼ七〇年後、食事の支度に忙しい正午前に大地震が起こり、「花の東京」は一瞬にして「瓦礫の東京」へと変貌したのである。まさに、「奢れる人も久しからず、ただ春の夜の夢のごとし」である。

個人的な経験を序に述べるならば、関東大震災以前には、私の父親は（当時の東京市中央部の）八丁堀付近に住んでいたらしい。そして大震災に遭遇した後は、一家は這う這うの体で東京脱出を図り、はるか関西へと大移動し、（当時の大阪市に隣接する）天王寺村へと移住したと聞いている。亡父は幼き私によく語ったものだった。

「あの関東大震災では本当に酷い目に遭った、もう少しで命を落とすところだったよ。そして、太平洋戦争では自分は年配の古兵として二度も徴兵されたし、大阪大空襲ではアメリカ爆撃機Ｂ29の焼夷弾投下の嵐に遭遇した。いまこうして息子と一緒にいるのが不思議なくらいだ」

人間はその長く短い人生において、地震・津波・戦争など、空恐ろしい経験を何度もするものだ。同様な惨禍に何度も遭いながら、人間は時と場合によっては都合よく忘れてしまいがちである。天才・寺田寅彦の名言にあるように、甚大な天災や人災は「忘れたころにやって来る」。もちろん、簡単に忘れてもらっては困るのだ。私は一介の「リスク研究者」として、このような「人間の好都合の健忘症」に立ち向かいたいと思う。というのは、「想定外を想定する」ことから、わがリスク研究が始まるからである。願わくは、読者の多くが「想定外の分析」をエンジョイしてくれることを祈るばかりである。

上述したように、寺田寅彦は、「漱石山房」によく出入りしていた。夏目漱石は、文芸上において寅彦の師匠筋に当たる人であった。実際、漱石の出世作『吾輩は猫である』の中では、「漱石山房」に集まる一段の自由人の集まりが見事に描かれていた。そこでは、寅彦をモデルとした「寒月君」が科学者としてユニークな存在感を示している。

漱石の最後の未完の大作は、『明暗』（1916）である。その題名からして、まことに示唆的であるが、その中に次のような文章がある。

「彼（主人公の津田）は二三日前ある友達から聞いたポアンカレの話を思い出した。彼の為に《偶然》の意味を説明してくれたその友達は彼に向ってこういった。
だから君、普通世間一般で偶然だ、偶然だといふ、所謂偶然の出来事をいふのは、ポアンカレの説によると、原因があまりに複雑過ぎて一寸見当が付かない時に云ふのだね。ナポレオンが生まれるためには或特別の精虫の配合が必要で、其必要な配合が出来得るためには、又何んな条件が必要であったかと考へて見ると、殆んど想像が付かないだろう」

（夏目漱石〔1916〕『明暗』より）

小説の主人公・津田の言動には、作家・漱石の実像と虚像とが実に微妙な配合で織り込まれている。友達とはもちろん、漱石の弟子・寅彦のことである。寅彦は本業たる応用物理学においては、ポアンカレを大変尊敬しており、その翻訳書も出版している。漱石はこのように、寅彦をいわば媒体としてポアンカレの「偶然論」を深く省察していたのだ。

しからば、「偶然」とは一体何なのか。それは必然や完全予見の対極に位置し、不確実性や複雑性・曖昧性などに関係している言葉である。漱石は作家として、大上段に偶然論を展開するのではなく、長編小説『明暗』の一巻をもって深く広く思索を重ねた。事実、漱石は具体例の一つとして、男女の出会いと結婚をめぐる「不可思議な偶然事象」に言及しているのだ。

「何うして彼の女は彼所へ嫁に行ったのだろう。それは自分で行かうと思ったから行ったに違ない。然し何うしても彼所へ嫁に行く筈ではなかったのに。さうして此己は又何うして彼の女と結婚したのだろう。それも己が貰はうと思ったからこそ結婚が成立したに違ない。然し己は未だ嘗て彼の女を貰はうと思ってゐなかったのに。偶然？ポアンカレーの所謂複雑の極地？　何だか解らない」

（夏目漱石〔1916〕『明暗』より）

このように、文豪・夏目漱石は人生における「偶然」の役割に注目し、異文化のフランス人ポアンカレの業績にまで言及しているのだ。この両者の間をとりもったのは、出色の地球物理学者にして異色の科学随筆家・寺田寅彦であった。思うに、二一世紀初頭のごとき混迷の時代において切に求められるのは、「第二の漱石、第三のポアンカレ、第四の寅彦」のような、スケールの大きい人間であろう。

自然の天災は忘れたころにやって来るというが、人間の天才はそんなに悠長であると困るのだ。学問の天才は、想定外の天災が来る前に必ず出現してもらいたいものである。

森嶋通夫の「遺訓」

私が敬愛する故森嶋通夫先生（一九二三〜二〇〇四年）は、晩年の著作『なぜ日本は没落するか』（1999）において、日本社会の将来ならびに社会科学の危機的状況について、大変心配しておられた。この著作の最後には、「付記　社会科学の暗黒分野」と題された、傾聴に値するいくつかの文章がある。

「本書（なぜ日本は没落するか）は、私がかねがね試みたいと思っていた、経済学、社会学、教育学、歴史学などを取り混ぜた社会科学領域での一種の学際的総合研究――わたしがかつて交響楽的社会科学と呼んだもの――である。……将来長期にわたって社会科学の暗黒部分はなくならない。日本の悲劇は政界も宗教界もともに非力であるばかりではなく、それらが説明のできない暗黒帯でがんじがらめにされていることにある。日本社会には社会科学者が放置している不良債権が山とあるのだ」

（森嶋通夫〔1999〕『なぜ日本は没落するか』）

森嶋通夫先生が御提唱の「交響楽的社会科学」の道は、まだまだ遠く、不分明な状況にある。それは、直弟子ではないが「不肖の弟子」の私には、まるで「先生の遺訓」のように響くのだ。この遺訓は重要であるので、本書の最終章の最後の所で再び詳しく述べるつもりである。

本書の執筆を通じて、私はケインズとナイトの著作を対峙しながら、経済学を含めた社会科学全般における「リスク・蓋然性・不確実性の役割」について広く深く検討と再検討を重ねたいと思っている。かつて読んで育ってきたマルクスやサミュエルソン、さらにはマッケンジーなどの著作は、ほとんど「想定内」の経済学と言えるものである。そこでは、「AならばB、BならばC、よってAならばC」という機械論的三段論法が成立することが仮定されている。

ところが、株価の暴騰やバブルの崩壊、美人投票の偏りや選挙の「ネガティブ・キャンペーン」（中傷合戦）に見るように、制御できない「想定外」の現象が至るところに輩出している。大きく言えば、人間行動そのものが不確実性事象であり、「想定内」と「想定外」の間で揺れ動く存在なのだ。ここでは、「XからYまたはY'またはY''」、「XからY、YからZ、Zから再びXへ」というような、複雑怪奇な現象や循環回帰現象が発生する可能性すらある。

要するに、「想定外の経済学」から「交響楽的社会科学」へ——これが二一世紀における経済科学の発展の一つのあるべき姿であろうと信じている。そのためには、人文・社会科学の知識を総動員するだけでは不十分であり、生物学、化学、物理学など、諸々の自然科学の英知を結集する必要があろう。本書はこれに向かってのささやかな一歩に過ぎないが、「確かな一歩」であろうことを切に希望している。

注

（1）姜尚中氏の続編（2012）においても、「悩める力」の現代的意義が興味深く述べられている。私は、経済学が御専門でない同氏の著作から、執筆上の少なくない刺激を受けた。感謝する次第である。

（2）私見によると、「占領日本」（occupied Japan）という表現は、現在なお適用可能であろう。実際のところ、日本の独立後も「官僚」や「学者」たちの独立精神はいまだ低く、「親離れ」が十分でないように思える。私が本書の後のところで近江商人の「三方よし」の精神を強調するのも、知的な意味における「占領日本」からの脱皮を一刻も早く実現させたいためである。

（3）戦後まもなくの映画「鐘の鳴る丘」は、こういう浮浪児たちを収容し、教育を施した施設（むしろ学校？）の話であった。「緑の丘の赤い屋根、とんがり帽子の時計台、鐘が鳴ります、キンコンカン……」という歌は、六〇年以上の歳月の流れたいまでもよく覚えている。思うに、人間の一大決心は、こういう経験をきっかけにして生まれるものなのである。

（4）ワルラスの主著『純粋経済学』（1873）で展開された「一般均衡理論」を理解することが、当時のロチェスター大学の院生たちにとって不可欠の要件だった。事実、そのための授業「現代価値理論」（modern value theory）が初代学部長・マッケンジー教授によって初めて開講され、以後ロナルド・ジョーンズ教授などによって継承されてきた。「ワルラスを知らざる者はロチェスターを去るべし！」が、暗黙の（むしろ公然の？）了解であったようだ。

（5）ここで「カクタニ」というのは、日本生まれでアメリカ育ちの稀代の数学者・角谷静夫氏のことである。マッケンジー先生の授業では、「カクターニ」（これのほうが英語の発音に近い）とともに、「モリシーマ」（森嶋通夫）や「ウザーワ」（宇沢弘文）や「ニカーイドォ」（二階堂副包）の名前が発せられ、大いに勇気づけられたものだった。

（6）競争均衡の基本定理の内容と証明については、Mckenzie（1954, 1959）、Debreu（1959）、Arrow and Hahn（1971）を参照して頂きたい。

（7）ゲーム理論の完成は、Von Neumann and Morgenstern（1944）によって完成された。この大著の中で、「カクタニの不動点定理」で有名な角谷静男氏への言及が数度されている。

（8）四人の「AかSの学者」（アロー、アカロフ、スティグリッツ、スペンス）の業績に関しては、酒井泰弘（1982）

を参照して頂きたい。

（9）大戦期間と戦争経済の関係については、中山智香子（2010）が興味ある分析をしている。

（10）ポアンカレ、夏目漱石、寺田寅彦三者間の関係については、小山慶太氏の近著（2012）が大いに参考になる。また、現代のカオス理論との接点については、Lorenz（1993）や青木正直など（2011）を参照されたい。現在では、寺田寅彦は「経済物理学の祖」としても再評価されつつある。さらに、ウェーバーの「倫理論」は、Weber（1920）の中で詳しく展開されている。

参考文献

青木正直・青山秀明・有賀裕二・吉川洋監修（2011）『50のキーワードで読み解く経済学教室』東京図書。

青山秀夫著作集刊行会編（1999）『マックス・ウェーバーの経済社会学』著作集第5巻、創文社。

Arrow, K.J.（1970）*Essays in the Theory of Risk-Bearing*, North-Holland.

Arrow, K.J. and Hahn, F.H.（1971）*General Competitive Analysis*, Holden-Day.

Debreu, G.（1959）*Theory of Value*, Wiley.（デブリュー〔1971〕『価値の理論』〔丸山徹訳〕東洋経済新報社。）

Dobb, M.（1958）*Capitalism : Yesterday and Today*, Lawrence & Wishart.（ドッブ〔1959〕『資本主義』〔玉井龍象訳〕合同出版社。）

飯田経夫（1997）『経済学の終わり――「豊かさ」のあとに来るもの』ＰＨＰ新書。

伊東光晴（1962）『ケインズ――〝新しい経済学〟の誕生』岩波新書。

伊東光晴（2006）『現代に生きるケインズ――モラル・サイエンスとしての経済理論』岩波新書。

姜尚中（2008）『悩む力』集英社新書。

姜尚中（2012）『続・悩む力』集英社新書。

Keynes, J.M.（1921）*A Treatise on Probability*, Macmillan.

Knight, F.H.（1921）*Risk, Uncertainty and Profit*, University of Chicago Press.（ナイト〔1969〕『危険、不確実性及び利潤』〔奥隅栄喜監訳〕文雅堂銀行研究社。）

小山慶太（2012）『寺田寅彦——漱石、レイリー卿と和魂洋才の物理学』中公新書。

Lorenz, E.N.（1993）*The Essence of Chaos*, University of Washington Press.（ローレンツ〔1997〕『カオスのエッセンス』〔杉山勝・杉山智子訳〕共立出版。）

Marshall, A.（1890）*Principles of Economics*, 1st edition, Macmillan.

McKenzie, L.（1954）"On equilibrium in Graham's model of world trade and other competitive system," *Econometrica*, Vol. 22.

McKenzie, L.（1959）"On the existence of general equilibrium for a competitive market," *Econometrica*, Vol. 27.

松原隆一郎（2011）『ケインズとハイエク——貨幣と市場への問い』講談社。

松本清張（1973）『砂の器』新潮文庫。

森嶋通夫（1994）『思想としての近代経済学』岩波新書。

森嶋通夫（1999）『なぜ日本は没落するか』岩波書店。

中山智香子（2010）『経済戦争の理論——大戦間期ウィーンとゲーム理論』勁草書房。

中山智香子（2013）『経済ジェノサイド——フリードマンと世界経済の半世紀』平凡社新書。

夏目漱石（1913）「模倣と独立」（第一高等学校での講演）。三好行雄編（1986）『漱石文明論集』岩波文庫に所収。

夏目漱石（1916）『明暗』朝日新聞連載（死去により中断）。

根井雅弘（2011）『20世紀をつくった経済学——シュンペーター、ハイエク、ケインズ』ちくまプリマー新書。

大塚久雄（1985）『社会科学の方法』岩波新書。

Poincaré, Henri（1908）*Science et Méthode*.（ポアンカレ〔1964〕『科学と方法』〔吉田洋一訳〕岩波文庫。）

酒井泰弘（1982）『不確実性の経済学』有斐閣。

酒井泰弘（1991）『リスクの経済学』有斐閣。

酒井泰弘（2006）『リスク社会を見る目』岩波書店。

酒井泰弘（2010）『リスクの経済思想』ミネルヴァ書房。

Samuelson, Paul（1967）*Economics : An Introductory Analysis (7th edition)*, McGrow. Hill（サミュエルソン〔1968〕

『経済学——入門的分析 第七版』〔都留重人訳〕岩波書店。）
Sardar, Z. and Abrams, I.（1998）*Introducing Chaos,* Icon Books.
Sen, Amartya（1987）*On Ethics and Economics,* Blackwell Publishers.（セン〔2002〕『経済学の再生——道徳哲学への回帰』〔徳永澄憲ほか訳〕麗澤大学出版会。）
ソ連科学院経済学研究所編（1959）『経済学教科書 改訂第3版』〔経済学教科書刊行会訳〕全4冊、合同出版社。
高橋伸影（2012）『ケインズはこう言った——迷走日本を古典で斬る』NHK出版新書。
武田知弘（2010）『ヒトラーとケインズ——いかに大恐慌を克服するか』祥伝社新書。
Taleb, N.N.（2007）*The Black Swan : The Impact of the Highly Improbable,* Random House.
寺田寅彦・中谷宇吉郎（1961）『物理学者の心』学生社。
Von Neumann, J. and Morgenstern, O.（1944）*The Theory of Games and Economic Behavior,* Princeton University Press.（フォン・ノイマン、モルゲンシュテルン〔1972-1973〕『ゲーム理論と経済行動』〔銀林浩など監訳〕東京図書。）
Walras, L.（1873）*Element de economique pure.*（ワルラス〔1933〕『純粋経済学要論』〔手塚寿郎訳〕森山書店。）
Weber, Max（1920）"Die protestantische Ethik und der 》Geist《 des Kapitalismus," *Gesammelte Aufsätze zur Religionssoziologie,* Bd. 1, 1920.（ウェーバー〔1989〕『プロテスタンティズムの倫理と資本主義の精神』〔大塚久雄改訳〕岩波文庫。）

第2章　蓋然性論と不確実性論——奇跡の一九二一年

1　奇跡の一九二一年

「おお、人を欺き人を裏切る蓋然性かな
そは真実の敵、そして悪意の友なり
その霞む眼にて人は意見を醸成するなり
そこに真実の哀れな仲間、そして無残な投影あり」

（Keynes〔1921〕『蓋然性論』最終ページの最終文）

これは何とロマンチックな文章であろう。難解な名著として有名な、若きケインズの大著『蓋然性論』（*A Treatise on Probability*）は、上のごとき印象深い詩句でもって最終幕を無事閉じるのだ。ここにケインズの人生観・世界観の全てが凝縮されている。読者の多くが私の訳文を通して、いまから一〇〇年前、イギリスなるケンブリッジの茫漠たる知的雰囲気を味わっていただきたいと願っている。

本章の目的は、二〇世紀を代表する二人の知的巨人ケインズとナイトを取り上げ、両者間の異同を明らかにすることである。ここでは特に、ケインズの「蓋然性」(probability)と「不確実性」(uncertainty)の概念を中心として、二人がどの点でよく似ており、どの点で異なるかを論じてみたいと思う。

ケインズ(1883-1946)は、イギリスの生んだ知的エリートであり、恐らくアダム・スミス以来の最も偉大な経済学者である。だが、一九三六年公刊の『雇用、利子および貨幣の一般理論』(*The General Theory of Employment, Interest and Money*)が余りにも有名であり、かつ現実の経済政策への影響が余りにも大きすぎたため、一九二一年出版の力作『蓋然性論』ないし『確率論』の意義と重要性が学界で正当に評価されないきらいがあった。一方において、確率論の「初期ケインズ」と、一般理論の「後期ケインズ」との間に「深い断層」が走っていると感じる向きが少なくない。これがいわゆる「ケインズ問題」と称されるものだ。だが他方において、こういう「断絶性解釈」とは対照的に、同じ人格の成長過程の所産とみなして、両者間の一貫した継承性を主張する「連続性解釈」をする人々の数も次第に増えてきている。

本章における私の立場は、どちらかというと後者の解釈に共鳴するものである。私自身、若きころは一般均衡理論を学んで学位を取り、数理的な学術論文をいくつも公表してきたが、中年以降はリスクや不確実性を中心とする応用分野に全精力を傾注してきている。そして、いまでは曲りなりにも「リスクの専門家」とされているが、昔の自分自身、つまり数理経済学への郷愁を決して忘れたことはないのだ。初期と後期との間に大した断絶はなく、両期間を貫く「一本の棒」が心の中で存在していることは間違いない。

ケインズはいわば「銀の匙」(silver spoon)を持ってこの世に生まれたが、ナイト(1885-1972)はアメリカの片田舎に「木の匙」(wooden spoon)を持って出生した。もっと正確に述べれば、ナイトはアメリカ中西部イリノイ州の農家、一一人兄弟の長男として生まれた。ナイトは農場の手伝いのために、少年期には学校へ満足に行けなかったらしい。でも、やがてはドイツ語、哲学、倫理学などを学び、最終的にはコーネル大学の大学院に二八歳で入学している。ちなみに、私自身がアメリカのロチェスター大学の大学院に入学したのは二七歳の時であったが、アメリカの若き学友たちからは「遅咲きの桜だね」(You are really late-blooming cherry!) と揶揄されたのをよく覚えている。

私に似て遅咲きのナイトは後年の一九二一年に、画期的な専門書『リスク、不確実性および利潤』(*Risk, Uncertainty and Profit*) を公刊してアメリカの学界を驚かせた。このように、大西洋の東と西、さらにエリートと農民という懸隔のある二人の学者ケインズとナイトとが、まさに一九二一年という同じ年に、リスク・確率や蓋然性・不確実性を主題にした名著を公刊したことは歴史の偶然なのかそれとも必然なのか、それは議論の分かれる所だろう。私はそこに「大戦間期」という時代の流れを見るし、特に「奇跡の一九二一年」(the miracle year of 1921) と命名しておきたいと考える。本章は思想史における奇跡の年の意義と内容について、広く深く解明しようとするものだ。ただ余りにも大きなテーマなので、その全体像の把握のためには、本章で事足りるものでなく、いくつかの論文展開が必要だろう。本章はいわばその「序論的考察」の役割を担っており、特にリスクや不確実性に焦点を当てるものである。

ナイトの他の著作として有名なものは、一九三五年出版の著作『競争の倫理』(*The Ethics of Competition*) である。この書物はナイトの数少ない四人の弟子(すなわちフリードマン〔Milton Friedman〕、ジョーンズ〔Homer Jones〕、スティグラー〔George Stigler〕、ワリス〔Allen Wallis〕)が、師匠ナイトの生誕四九周年記念出版として企画された論文集である。それはケインズの主著『一般理論』とほぼ同時期に(正確にはわずか一年早く)出版した著作であり、疾風怒涛の一九二〇〜三〇年代の思想潮流や、特にナイト経済学の全貌を知るためには不可欠な玉稿を集めている。

ナイトの場合にはケインズとは異なり、全著作を流れる思想・哲学は終始一貫しており、「前期ナイト」や「後期ナイト」のごとき「断絶問題」は全く存在しない。その代わりといっては何であるが、ナイトを盟主とする「前期シカゴ学派」と、フリードマンやルーカスによって代表される「後期シカゴ学派」との間には、明確な一線が引かれることに注意したい。これは恐らく「シカゴ学派問題」として論じられるべき大問題であろう(1)。

前述したように、ケインズはナイトより七年早く生まれたが、二六年早く亡くなっている。それでは、ほぼ同時代人とみなされる二人の哲学・思想は、どのような点で類似しており、またどのような点で相違しているのだろうか。次節以下において、両者間の異同に関して、ケインズの蓋然性論とナイトの不確実性論とを対比する形で独自の「切り口」を示すことができたらと願っている。

2 ケインズの蓋然性と不確実性

「蓋然性」と「確率」の関係

一般的に言って、英語と日本語とは別々の言語構造を有している。単語も文法も全く異なるわけだから、英語の文章を日本語に正確に翻訳するのは至難の業である。時には一種の曲芸技や手品を要することすらある。私の長い学者生活において、英書の和訳出版を何度も依頼されたことがあるが、翻訳作業が一〇〇％満足であった経験が一度すらないのだ。正直な話、ナイトの主著『リスク、不確実性および利潤』の翻訳を東京の某出版社から頼まれ一〇年近くの歳月が流れたが、その後で残念ながら、翻訳作業の中止を決意した有様である。「直訳」的な翻訳書が既に出ている以上、自分としては肩の凝らない「意訳」の書物を出してみたい所である。だが、ドイツ風の晦渋な原文が征服しがたい高峰のごとく聳え立っているのだ。もっと気楽な現代風の「超訳」を試みたいのが山々なのであるが、文学作品ならいざ知らず、経済学専門書の「気楽な超意訳」など、学界で歓迎される蓋然性は少ないだろう。まさに、「労多くして、益少なし」なのである。

議論の出発点となるのは、英単語"probability"をどう和訳するのが適当か、ということだ。一般的に、一つの英語に複数の日本語が対応することは珍しくないだろう。だが、いまの場合には、ニュアンスの異なる二つの日本語表現が並立しており、時に深刻に考え込んでしまいかねない。手持ちの辞書・事典を開いてみれば、次のように書かれている。

PROBABILITY（source : *Oxford Dictionary of English*）
〔noun〕 the quality or state of being probable ; the extent to which something is likely to happen or be the case.
〔mathematics〕 the extent to which a event is likely to occur, measured by the ratio of the favorable cases to the whole number of cases possible

PROBABILITY（出所：『研究社英和大辞典』）
〔名詞〕 ① ありそうなこと、もっともらしいこと；見込み、公算 ☆possibility, likelihood よりも確実性が強く、certainty よりは弱い
② 《哲学》蓋然性
③ 《数学・統計》確率

英英辞書（English Dictionary）にせよ英和辞書にせよ、要するに、「プロバビリティー」（probability）には両義がある。日常用語や哲学用語としては広く漠然と「ありそうなこと」ないし「蓋然性」を表す一方で、数学や統計用語に限定すれば狭く「確率」と訳すということだ。前者では数値表現が不可能であるのに対し

て、後者では三％や五〇％など、割合や比率としての数値表現が可能となる。両者の違いは微妙であるが、数値可能性にかんして歴然とした差異が存在する。英語圏の人々は、両方の意味を大きく一括する単語として、「プロバビリティー」（probability）を使用している。

上のような英語と日本語との間の微妙な相違が、わがケインズの probability theory の問題に大きく投影してくるのだ。英語の原題は *A Treatise on Probability* であるが、その訳語は「蓋然性論」であるのだろうか、それとも「確率論」であるのだろうか。有名な『ケインズ全集』の日本語版では、後者を採用している。だが、私の見る限り、著者ケインズの意図からすれば、どうも前者のほうが適切でありそうである。言葉はやはり多様な生き物であり、時と所と人により変貌せざるをえないわけである(2)。

不可能性・蓋然性・確実性――『蓋然性論』の主題

ケインズの一九二一年の著作『蓋然性論』は、ある意味で理解が非常に難しい書物である。人によっては、「全く歯が立たない」とか「絶望するほど難解」とか言われる。また、「ケインズの蓋然性論を理解する人は世界で三人しかいない」とも揶揄されたこともあるらしい。これはもちろん、「アインシュタインの相対性理論を理解する人は世界に三人しかいない」という有名な昔のエピソードをもじったものである。

私の見るところ、ケインズの『蓋然性論』の「ある種の難解さ」は、後の主著『一般理論』におけるものとは性格が大きく異なるようだ。実際、後者の書物では、いわゆる「起承転結」という執筆マナーを完全に無視して、冒頭からいきなり論難の火花を散らすような「悪書」の持つ難解さが存在していた。だが、前者はほぼ一五年の歳月をかけて慎重に完成させられた著作だけに、その内容構成や文章表現には大変な気配りがされているのだ。だから、それが「難解な書物」というのは、余りにも高度な内容であるために、読者の知的レベルが十分対応できないことを意味するようである。

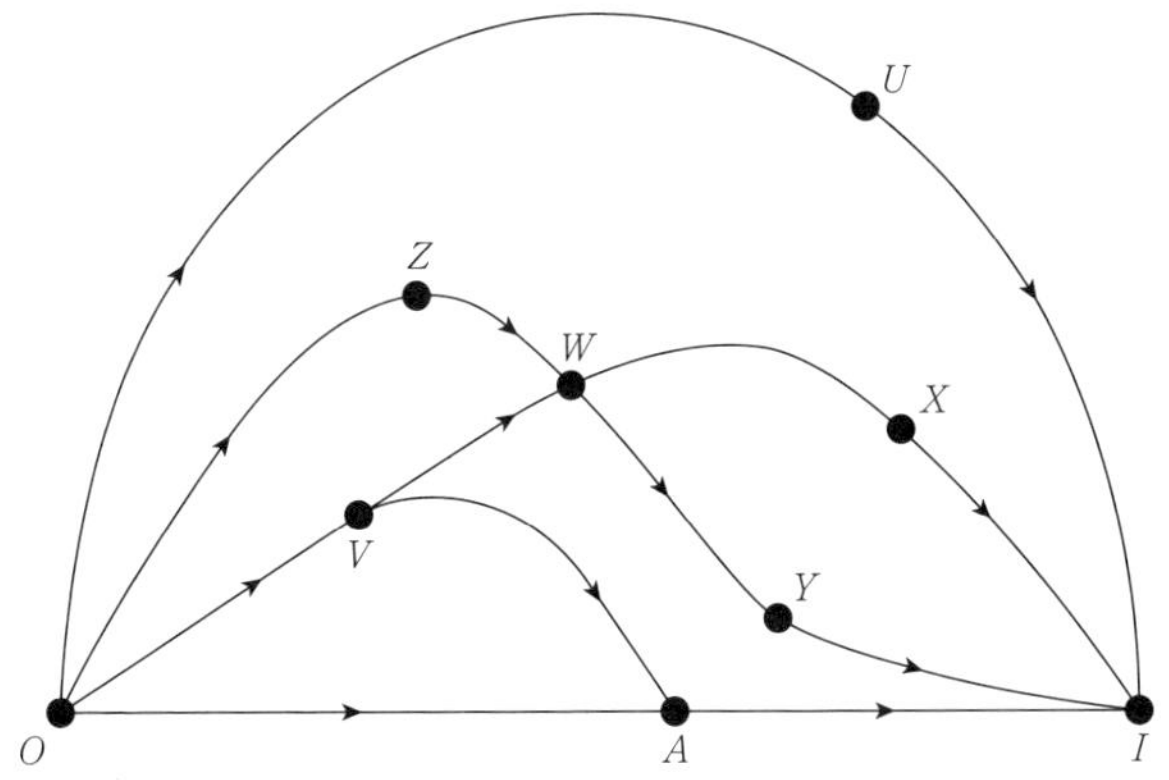

図２－１　魅惑的な部分順序ネットワーク――ケインズの「蓋然性まんだら」

（注）「O→A」は「OよりAのほうが蓋然性が大きい」ことを示す。
（出所）Keynes（1921）の原図をもとに，筆者が矢印「→」を加えて少し修正。

分かりやすい比喩的表現を用いれば、ケインズの『蓋然性論』は、三〇〇〇メートル級の高峰を登山する時に経験する困難さに似ている。高峰征服は決して易しくはないが、十分な装備と登山ルートの選択を間違えなければ、必ず達成可能な仕事であろう。

そこで、私は英語の原著『蓋然性論』を最初のページから最後のページまで、まるで急行列車のスピードで速読してみた。「どこかに格好の登山口があるはずだ」という私の信念は誤っていなかったのだ。その「とっかかり」となる案内板が、本項の表題「不可能性・蓋然性・確実性」であり、もっとピンポイントすれば、図２－１に見る魅惑的な「蓋然性まんだら」なのである。これを詳しく説明しよう。

このまんだらは、人を惹きつける一見怪しげなネットワークである。ケインズによる解説を書いておけば、次のようである。

「点Oは不可能性（impossibility）、点Iは確実性（certainty）を示す。点Aは（OとIとの中間の）数値として測定可能な蓋然性（numerically measurable probability）を示す。点U、V、W、X、Y、Zは全て数値化できない蓋然性（non-numerical probabilities）である。ただし、その中でVは数値的蓋然性がAより小さく、しかもW、X及びYよりも小さい。XとYはともにWより大きく、またVよりも大きいが、互いの間で比較可能でなく、Aとも比較可能でない。VとZはともにW、X、Yより小さいが、互いの間では比較可能でない。UはV、W、X、Zのいずれの蓋然性とも量的に比較可能ではない」

（Keynes〔1921〕『蓋然性論』より）

私はこの文章を見て、「これこそケインズ論のエッセンスだ！」と瞬時に見定めた。残された大問題は、文章中の各蓋然性について、もっと具体的な例証を提供することである。さもないと、折角の蓋然性まんだらが、実体なき単なる「お遊び」となってしまいかねない。しかも驚いたことに、かかる例示作業が案外難しいことのようで、従来の幾多の解説書を見ても、なかなかお目にかかれないのだ。「然らばやろう！」である。私自身が勇を振るって、一つの提示を試みれば、次のようになる。

点O ＝ ０％ないし不可能性
　I ＝ １００％ないし確実性
　A ＝ ６０％
　U ＝ 不可能性と確実性との間のある蓋然性[3]（一点数値化は不可能）
　V ＝ ３０〜４０％（一定値でなく、間隔で示す）
　W ＝ ４５〜６５％
　X ＝ ５０〜８０％
　Y ＝ Wよりも蓋然性が大きい（数値で特定は不可能）

Z ＝ Wよりも蓋然性が小さい（数値で特定は不可能）

これ以外にも例示できる蓋然性が大きいだろう（ここでは、ケインズの原図に従って平面表示しているが、三次元の立体表示のほうがベターかもしれない）。もし上述の例示で宜しければ、次のような諸点が確認できよう。重要なポイントなので、詳しく説明したいと思う。

① 図2－1における蓋然性ネットワークは、集合論のいわゆる「部分順序」（partial order）を示している。例えば、「O→—A」は「OよりAのほうが蓋然性が大きい」ことを示すが、かかる順序付けは決して完全順序ではなく、たかだか部分順序を示すに過ぎない。このような「矢印による順序表示」は、筆者独自の工夫である。

② 通常の確率論が適用可能なのは、最下辺の経路「O→—A→—I」の領域だけである。その経路において、例えばOは0％、Aは60％、Iは100％であり、確かに数値化や相互比較が可能である。経路OAI以外の全ての点は、数値化がもはやできない経路である。

③ 「経路OVWXI」は、一つの可能な順序付けを表す。Vは一定値ではなく、一定区間〔30%，40%〕で表わせる蓋然性に対応する点であることに注目されたい。すると、〔30，40〕、〔45，65〕、〔50，80〕の順番で蓋然性が大きくなる。

二つの区間〔45，65〕と〔50，80〕との間の順序付けに関して、少し詳しい説明を試みると次のようになる。いま浪人中の蛍雪君が受験相談室から、「過去のデータに照らしてみて、君のW大学への合格率は45％から65％までの程度、X大学への合格率は50％から80％までの程度でしょう。したがって、W大学よりもX大学へ合格できる蓋然性のほうが高いでしょう」と言われたとする。この時大学合格率は、なかなか一点にピンポイントできず、一定の幅を持った予想になるわけだ。

④ Vから数値化されたAへと通じる小さな「経路VA」が存在するが、WからAへの経路、及びXからAへの経路は存在しない。実際、〔30%，40%〕より60%のほうが蓋然性が大きいけれども、〔45%，65%〕と60%との比較や、〔50%，80%〕と60%との比較は可能ではないのだ。

⑤ 「経路$OZWYI$」は、もう一つの順序付けを示す。WはZより蓋然性が大きく、YはWより蓋然性が大きい。WとAの比較だけでなく、ZとAの比較、さらにはXとAの比較もことごとく不可能である。大学受験に関連して、一つの例示を試みよう。もし「Z大学への合格率は45%以上」であれば、確かにZ大学合格率は45%から65%までの程度」、「Y大学への合格率は65%以下」、「W大学への合格率は45%から65%までの程度」、「Y大学への合格率は65%以下」、「W大学への

⑥ 最も外側の「経路OUI」は、ある意味で「最も漠然とした蓋然性」であり、不可能性0%と確実性100%との間のどこかにあるが、位置の一点特定化ができない。大学受験の例にひっかけて言うならば、蛍雪君の学力が不明なので、彼の合格率をどこか一点表示することが不可能である。いわば、「海のものとも山のものとも分からない」という程度である。

このようなわけで、ケインズの蓋然性まんだらは、その具体的例示が意外に難事であることが判明する。もし仮に可能ならば、かの世でも雄弁な（？）ケインズ本人に直接問い正してみたい気持ちで一杯である。

「客観的信念説」と事例研究

ケインズの蓋然性論は、上述のように極めてユニークなものである。彼はその執筆のために、多感な二〇歳代から三〇歳に至る最も精力的な時期の大半を費やしている。詳しく述べると、原型となる最初の研究論

文が一九〇七年に、ケンブリッジ大学キングス・カレッジへのフェロー資格要求論文として申請されたが、なんと審査員のアルフレッド・ホワイトヘッドによって不合格とされたという。そして翌年の一九〇八年になり、若干書き直した原稿がようやく合格と判定され、無事フェローの資格を獲得した。ケインズは蓋然性の研究に極めて御執心であり、以後も機会を見て弛まず手を加え続けている。記録によると、一九一四年に現行の形式を整えた大部の原稿が印刷に回されたが、第一次世界大戦の影響もあってか、実際の出版は戦後の一九二一年になるまで遅れてしまった。その間に、活力あるケインズは『インドの通貨と金融』(1913)や『平和の経済的帰結』(1919)を世に送り出している。

このようなわけで、ケインズの蓋然性論はその構想から完成まで一五年程度の長い期間を要しているのであり、彼の「隠れた真の主著」と呼ぶに相応しいものだ。現在の私の出来ることはせいぜい、かかる業績の隠れた側面に新しい光を照射することによって、「真のケインズ像」を浮かび上がらせることだけである。そのための一助として、以下ではユニークな「事例研究」を取り上げることにしたい。そのことによって、なぜケインズの蓋然性の考え方が、理系的な通常の確率論と異なるかが明らかとなるだろう。

那須正彦氏が注目しているように、ケインズは「実務家」(practical man) という言葉が好きである。実際、彼は単なる学者、研究者、書斎の中の人間ではない。ある時にはイギリスの財務官僚でもあり、ある時には会社役員でもあり、またある時には美術品収集家でもある。多面的な実務家ケインズは、いわゆる「確率」を理系的な、すなわち「確率・統計」として客観的に計量できるような概念として取り扱っていない(那須1995)。ケインズは次のように述べている。

「蓋然性理論は、論理的なものである。その理由は、それが信念の度合い (the degree of belief) に関係するからだ。つまり、ある所与の条件の下でそのように信じることが合理的であるような、信念の度合いの問題に関係しているのであって、単に特定個人が個別的に抱く（合理的かも、また合理的でないかもしれない）現実の信念にのみ関係しているのではない」（Keynes〔1921〕『蓋然性論』より）

ケインズの「確率概念」は一方において、「サイコロの六の目の出る確率が六分の一」であるというような「客観的頻度説」ではない。だが、他方において、それは各個人の「確率」が個人的・主観的でバラバラというような「主観的信念説」でもない。実務家ケインズは、あえて両者の中間に割って入り、いわば「客観的信念説」とも言える微妙な立場に立っている。ある一定の客観的条件のもとでは、そう信じることが一定の客観性を持つような実務家的判断がそこに働いているものと考えられる。こういう「第三の道」に立脚することが、ケインズの「確率論」ないし「蓋然性論」をそれだけ複雑にし、理解困難にしたのではなかろうか。思うに、彼のユニークな立場を知るためには、若干の事例研究を掘り下げるのが手っ取り早いだろう(4)。

事例1　降雨と雨傘携帯の蓋然性

イギリスは雨のよく降る土地柄である。いま大気の気圧は高いために、降雨の可能性が一般的に低いと言えるだろう。だが、見渡す空はどんよりと曇っており、降雨の可能性がそれだけ高いかもしれない。こう「ややこしい条件」の時には、「雨が一体何時降るのか」について、人の判断に迷いが起こるかもしれない。ここでケインズが注目する蓋然性の問題が生じるのだ。

「散歩に出掛ける時に、雨に遭う公算のほうが大きいだろうか、小さいだろうか、それとも降る公算と降らない公算とが同程度なのだろうか」（Keynes 1921：32）。

ケインズによれば、上記のオプション三者の全てが妥当しないかもしれない。雨傘を携帯すべきか否か――その決定は個人の恣意的判断に属しており、確率概念が外部から侵入する余地がないだろう。ましてや、降雨の蓋然性に無理に具体的数値を付与するとか、降雨と非降雨の公算をあえて比較すること自体が、全くナンセンスな「絵空事」かもしれない。

事例2　競馬の種付け裁判とその顛末

競馬の世界では、血統の優秀なサラブレッド、とりわけダービー優勝馬から「種付け」をしてもらうことがビジネスとなっている。ケインズは、種付け業者（原告）が馬主（被告）に対して行った契約不履行の賠償裁判を取り上げる。

「当該の契約とは、被告所有の競争馬セレーヌが、一九〇九年のシーズンに原告所有の牝馬に対して種付け行為を行うべし、というものであった。ところが、被告は既に一九〇八年夏期において、何ら原告の同意なしに、セレーヌを金額三万ポンドで南アフリカへ売却したのである」

（Keynes〔1921〕『蓋然性論』より）

原告側は、かかる一方的売却行為によって一定額の損害を蒙ったという。その損害額とは、セレーヌの種付け子馬が過去四年間にもたらした平均利得額七〇〇ポンドに等しきものと主張した。問題は、原告の主張がどの程度の正当性を持つのかどうか、またたとえ正当だとしても、妥当な損害額とは一体どの程度のものか、ということであった。

担当裁判長のジェフによれば、被告が原告に損害賠償を行うのは法的に正当だとしても、その要求補償額七〇〇ポンドの正当性には問題があり、そもそも補償算定そのものにいくつかの克服すべき困難が存在する。法的に妥当な損害額とは、「得べかりし利益」の具体的な金銭推定額のことである。ところが困ったことに、本件では損害の推定自体が「一連の条件の成就」に拠りかかっている。第一の条件として、競争馬セレーヌの健康状態が種付け時に良好であることが挙げられる。第二に、相手の牝馬の健康状態が良好で、妊娠可能なことだ。第三に、流産の悲劇が起こらず、無事出産した子馬が大人馬まで健康に成育することだ。裁判長が思料するに、本件には上記の諸条件成就を適当に按配させる必要がある。だが、そのような按配は法的にみて過去の前例が余りにも少なく、将来の再発も余り見込めない事件だと言わざるをえない。

ケインズは競馬が好きだし、賠償の民事裁判も好きだったらしい。上のような競馬の種付け裁判においては、損害賠償額の数値的確定は困難な仕事である。裁判官が出来ることは、せいぜい蓋然性の立場から、適当な和解補償案を思い切って提案し、原告と被告の双方をそれなりに納得させることである。

さて、当時のイギリスにおいては、大衆紙が読者層の拡大を狙って、いわゆる「美人投票」を実施することが流行っていた。現在の日本において、アイドル歌手グループＡＫＢ48の選出をめぐって、一般観衆が人気投票を行うようなものである。

事例3　美人投票第一弾と損害賠償裁判

本件が関係するのは、大衆紙デイリー・プレス社主催の美人投票と御褒美のことであった。その内容とは、「提出された女性写真六〇〇〇枚の中から、ある一定基準に従って一定数の美人候補者を選出することであった」(Keynes 1921：27)。詳細に述べると、イギリスが多数の地区に分割され、各地区から候補者選出用の写真が提出された。各地区の一般読者たちが投票によって、「最高の美人とは誰か」を一次決定したのである。そして次に、新聞委嘱のセイモア・ヒックス氏が、最大得票数を獲得した五〇人の女性と個別面接を行い、同氏の趣味と判断で一二人の女性を最終選抜した。当選女性たちが得る御褒美とは、「ハンサムな貴公子とデートし、事と次第によっては結婚できるかも」という蓋然性であった。

ここで奇妙な訴訟事件が発生した。ある地区選出の女性がトップ当選を果たしながら、最終選考に洩れたために貴公子とデートする機会を逸した、という事件である。訴状の正確な内容は、「原告の女性は、一二人中の一人として最終選出される機会価値を喪失し、よって相応の物的精神的被害を蒙った」というものであった。裁判に関与した陪審員は、次のごとき評決を下した。

「被告の新聞社が原告女性から合理的と思料される選出機会を剝奪している限りにおいて、原告が損害賠償を受ける権利があり、その損害評価額は一〇〇ポンド相当と見積られる」

ここで二つの問題が発生している。第一に、いかなる証拠に基づいて損害賠償の蓋然性が計算されるべきなのか。さらに第二に、本件はそもそも計測可能な事案と言えるのかどうか。さらには、審査員ヒックス氏の個人的趣味や判断をどれだけ評価できるのかどうか。その他さまざまな議論が展開されたようで、その中で蓋然性の問題が美人投票裁判において核心的な問題となった。

ケインズ自身は美人投票のプロセスに大変感銘を受けたらしい。事実、それは一九三六年出版の歴史的著作『一般理論』において、装いを新たに再び取り上げられることになる。

不確実性――『一般理論』の主題

本章の冒頭の所で述べたように、いわゆる「ケインズ問題」と騒がれる奇怪な大問題がある。その問題とは、第一の著作『蓋然性論』（1921）に見られる「初期ケインズ」と、第二の著作『一般理論』（1936）の「後期ケインズ」との関係は一体どうなっているのか、ということである。

確かに第一に、両者の間では、書物の内容が相当に異なる。初期の書物では哲学・論理学・確率論が主題であるが、後期の書物では経済理論・経済政策の開陳が主たる目的である。次に、前述したごとく執筆スタイルが全く違っている。前者の執筆には長い時間を要しており、冷静で整然とした文章表現、「起承転結」に意を用いた論理展開、さらに豊富な先行文献への言及が見られる。後者は執筆時間に追われてやや雑で急いだ観がある。どちらの書物も理解が容易ではないが、前者はいわば難解な「名著」、後者は同じく難解な「悪書」といえよう。

私見を述べておけば、ケインズ問題なるものはそもそも存在しないように思う。もっとはっきり言えば、後世の者が奇をてらって作りあげたものと考えてもよかろう。前者の蓋然性論は後者の不確実性論の中に脈々と継承されており、ケインズは一生をかけて己の主義主張を徐々に練り上げていった。各書物ごとに、彼の主張の完成度は上がってきたが、私の見るところ「最終ゴール」にはいまだ到達していないようだ。この点は後述するとして、ケインズの二つの主著を貫く「永遠のテーマ」に言及しておきたい。その共通テーマとは、かの美人投票に他ならないことを明らかにしたい⑤。

事例４　美人投票第二弾と投資バブル

上述の第一弾の美人投票では、御褒美を得るのが被投票者の女性であった。だが、第二弾においては、御褒美の貰い手が一変し、一般投票者のほうが美女当選の「お祝い金」を獲得するのだ。

「プロの投資は、新聞主催の美人投票合戦に比肩することができる。すなわち、投票者は一〇〇枚の女性写真の中から六人の美人を選ぶという投票合戦である。その時の御褒美はユニークなものであり、その一票が投票者全体の平均的選好に最も近いような人間に与えられる。その結果として、各投票者が一票を投じるのは、彼自身が最高の美人だと思う女性ではなくて、自分以外の投票者たちをして最高の美人だと幻想させるような女性である。そしてもちろん、これらの投票者たちは全て同様な視点から投票合戦を行っているのだ。ここで関心事となっているのは、各自の判断で本当の意味で最高の美人だと思う女性を選ぶことではない。また、平均的意見が真の意味で最高の美人だと思う女性でもない。いまや我々は、各自が脳みそを絞りだして、平均的意見なるものが平均的意見とは一体何だろうかと予見するような、三次元の世界に到達している。そして人によっては、四次元、五次元、さらにはもっと高い次元の世界にいる場合もあるように思える」

（Keynes〔1936〕『一般理論』より）

ケインズによれば、株式市場とはプロの相場師が活躍する修羅場（美人投票合戦！）である。そこでは自分の選好とは別に、他の投機者たちが相場を張りまくる最高人気株（最高の美人！）を買いまくって、自分も「勝ち馬」に乗ろうとする。このように考えるのは、他人様も同様である。二次元の世界では、自分と他人とが独立にプレーする単純な世界だ。だが、現実の世界はもっと複雑で、「他人があああするだろうと予想できるから、自分はこうするのだ」という三次元の予想の世界である。さらには、「他人を予想して自分がこうすれば、他人はあのように動くから自分はこのように動くのだ」という、一層高度な次元の予想連鎖の世界に突入する。

こうして、予想は予想を生み、株の人気は雪だるま式に暴騰し、ついにはバブルとなって弾けるに至るかもしれない。これがケインズの資本主義観の要諦である。かくも不安定で不確実な世界の分析には、当時の（不確実性抜きの）古典派経済学では十分把握できない。いまや、蓋然性・不確実性を理論の中核に置く「新しい経済分析」の樹立が急務である。そうした焦燥感の思いが前面に出た論争書が、他ならぬ第二の主著『一般理論』（1936）なのだ。

ただ、ケインズには相手をやっつける感情移入が余りにも大きすぎ、また攻撃の前線も余りにも散らばりすぎて、その真意が学界の人たちに十分伝わらないきらいがあった。そこで、ケインズは『一般理論』出版の翌年には、読みやすさを重視した解説論文を執筆せざるをえなかった。ケインズはこう明快に述べている。

「不確実性とは何かを説明しよう。それが意味する所は、確実な事柄と蓋然的な事柄との区別に止まるものではない。ルーレット・ゲームが決して不確実でないことは、まさにこういう意味なのだ。手持ちの戦時国債の将来見通しも不確実とは言えない。人間の平均寿命も、これよりほんの少し不確実であるにすぎない。私があえて不確実性なる用語を用いるのは、ヨーロッパに戦争が勃発する見通しが不確実だという意味である。それはまた、これより二〇年後の銅の値段や利子率が不確実だということであり、新しい発明の陳腐化や、はるか一九七〇年社会における個人財産の状態が不確実だということである。これら列挙した事柄の各々について、数値確率を形成できる科学的根拠が全く存在しないのである。我々は単純に知らないのだ。とはいうものの、我々は実務家として何らかの行為と意思決定をする必要に迫られる以上、上述のごとき不都合な事実からできる限り目をふさぐことを余儀なくされる。そして、一連の利益不利益の将来見通しをベンサム流に計算し、それに適当な確率を乗じて加重総計したものを、さも事実であるかのように振舞うことを余儀なくされるのである」

（Keynes〔1937〕「雇用の一般理論」より）

ケインズは上述の文章において、三つの概念――「確実性」「蓋然性」「不確実性」――を判然と区別している。不確実性は、確実性と蓋然性との間に来るような、漠然とした「中間概念」ではない。むしろ、それは確実性や蓋然性の領域を超える「基軸概念」である。前著『蓋然性論』との絡みで言えば、確実性と不確実性を両極端の軸にして、その間に「一見ゆらゆらした」蓋然性概念が位置すると考えてもよい。

リスク事象や不確実性事象として、ケインズは興味ある若干の事象を挙げている。なるほど、ルーレットの玉が止まる場所は一カ所に確定していない。だが、それは不確実性事象ではなく、たかだかリスク事象に過ぎないのだ。けだし、玉が止まる複数の場所の組み合わせは確定しており、どこの場所に止まるかは確率的に決まっているからである。国債も、その上下変動幅はほぼ決まっており、通常はリスク的に動くに過ぎない。例外的に、青天井のハイパーインフレの異常時があるが、それでも国債価格の下限はゼロと決まっている。正直なところ、ケインズの大英帝国への信頼はまだまだ厚かったわけである。

それに対して、ヨーロッパの政治経済情勢は不安定で、先が全く見通せない。ひょっとすれば、戦争勃発の可能性すらあるかもしれない。だから、これは確率的な数値計算ができない不可能性事象である。ましてや、二〇年後の一九五〇年における銅価格や利子率、さらには四〇年後の一九七〇年における社会経済システムの在り方など、実務家の英知と経験知では対処できない不確実性事象である。私の勝手な想像であるが、当時のケインズはロシア革命の拡大を危惧していたかもしれず、ましてや一九九一年のソ連崩壊などは全くの「想定外」の出来事であったことだろう。これら全ては不確実性事象であると一括できる。当時のケインズは、「かくたる不確実性事象を新たに分析するのが、わが新著『一般理論』だ！」と胸を張りたかったのだろう(6)。

いまから一〇〇年前の大英帝国において、新聞社主催の美人投票と並んで、いやそれ以上に一般国民を熱狂させた一大イベントが存在した。そのイベントとは、二人の探検家――イギリスのスコット（Robert Falcon Scott：1868–1912）とノルウェーのアムンセン（Roald E.G. Amundsen：1872–1928）――の間で熾烈に繰り広げられた「南極点到達競争」であった。彼らとほぼ同時代人のケインズは、単なる経済計算を超えた「栄光と悲劇の歴史」を目の当たりにして、いたく感じる所があったに相違ないと想像する。

事例5　南極点到達競争とアニマル・スピリッツ

「投機に基づく不安定性を別におくとしても、人間の本性に基づく不安定性が存在する。その不安定性とは、我々人間の積極的活動の大部分が、数学的期待値——道徳的、快楽的、経済的を問わず——よりも、むしろ自生的な楽観によって左右される、ということである。何か積極的な事をしようとする我々の意思決定の恐らく大半が、アニマル・スピリッツ——不活動よりも活動を欲する自生的衝動——の結果としてのみ行われるのであって、数量的確率を乗じた数量的利益の加重平均値の結果として行われるのではない」

（Keynes〔1936〕『一般理論』より）

これは経済学の文献において、「アニマル・スピリッツ」（animal spirits）なる用語が用いられた恐らく最初の文章である。あえて日本語に訳せば、「血気、ヤル気」になるだろう。なるほど、我々は「経済人」として、損得勘定を頭に入れ、日常のルーティン業務を淡々とこなすかもしれないだろう。だが、南極点到達競争に見るような非日常的・創造的活動を行うためには、単なる経済合理性を超える「何者か」が必要である。何者かは、決して唯一つの精神活動によって代表されるものでもない。「元気」「士気」「ヤル気」「覇気」「熱気」「血気」など、「気のある」諸々の精神活動の総称である。

「企業行動が頼るのは将来利益の正確な計算だと称しているものの、そのことの杜撰さの程度は、南極探検の場合とほとんど変わりがない。したがって、もしアニマル・スピリッツが鈍り自生的楽観が衰え、我々の頼るべきものは数学的期待値のみとなるような場合には、企業は衰退し死滅に至るだろう」

（Keynes〔1936〕『一般理論』より）

『一般理論』は一般に難解な悪書である。だが、この辺りのケインズは例外的に雄弁であり、文章の流れが非常に良いのだ。ケインズ自身が恐らく、執筆活動の「アニマル・スピリッツ」を異様なほど高揚させていたのであろうか。

3　ケインズとナイトの比較

ケインズ体系における蓋然性と不確実性

私が「奇跡の一九二一年」と形容したように、ケインズとナイトは同じ時期に同様の主題を精力的に研究した。両者の間を結ぶ太い絆は、不確実性なのである。だが不思議なことに、従来の学界においてはこの点の言及がほとんどなされていなかった。

まず、ケインズ体系の蓋然性と不確実性の関係を図化すれば、図2－2のごとくである。この図においては、ヨコにやや膨れた同心円が四本描かれている。境界線の強弱を鮮明にするために、実線と点線とを意識的に使い分けている。

一番外側に位置するのは「不確実性」(uncertainty) であり、第二の主著『一般理論』の体系を貫く基礎概念である。数値化もできなければ、比較可能でもない。美人投票の世界では、他人の噂や人気度が重要なファクターとなり、バブルがバブルを呼ぶことになりかねない。前例のない南極点到達競争では、探検隊の損得勘定などは問題とならず、最後の決め手はヤル気やアニマル・スピリッツである。企業家精神に富む人々は、この種の不確実性と対峙しなければならない。

その内側に来るのが「蓋然性」(probability) であり、第一の主著『蓋然性論』の体系そのものと言ってもよい根幹概念である。蓋然性が非常に大きいと、「区間確率」などによって表示される「幅と含みのある世

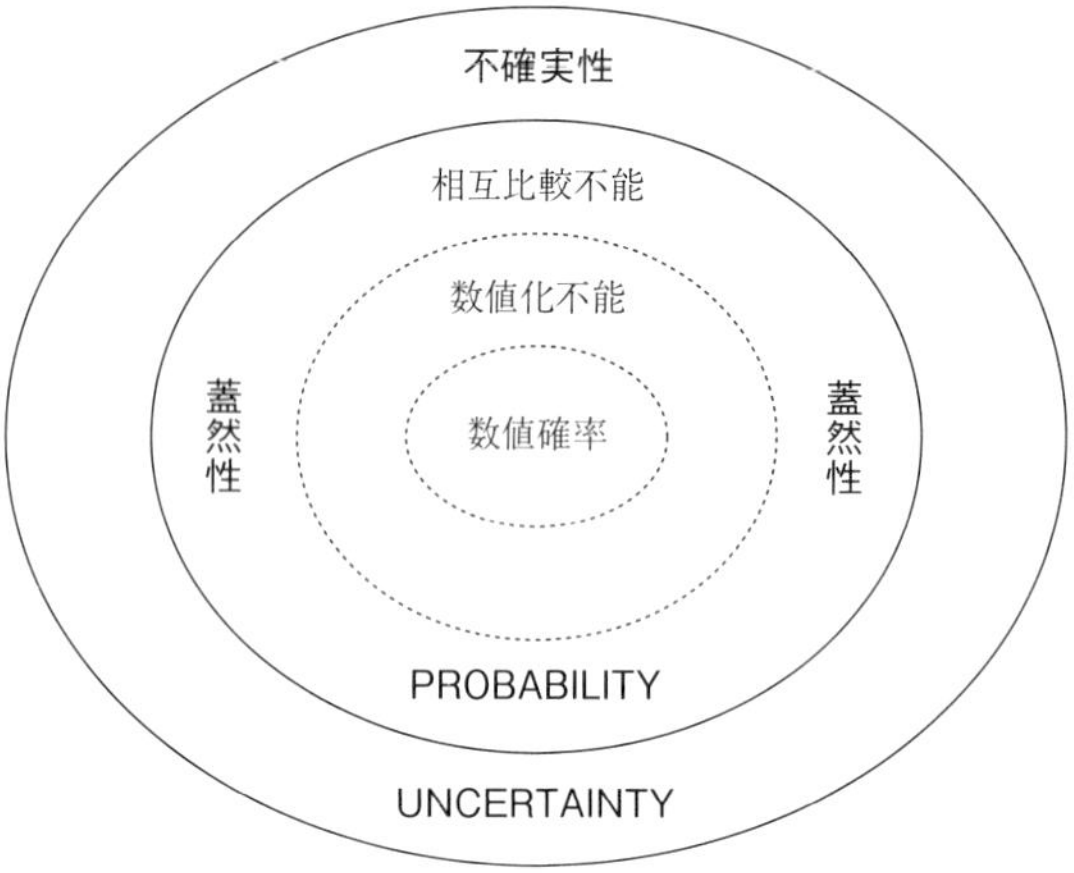

図2-2　ケインズ体系における蓋然性と不確実性

（出所）筆者が作成。

界」となり、相互比較が不能となってしまいかねない。相互比較が何とか可能である場合でも、一点数値化が無理であるかもしれない。これに対して、最も内側の楕円部分は確率分布による数値表現が可能であり、通例の確率論で処理されうる領域である。

次に視点の方向を逆にして、内側から外側へと暫時眺めていこう。「数値確率」の領域は狭義のリスクの世界であり、確率密度曲線や累積分布曲線などが活躍する世界である。ここで「生のリスク」を加工して「ゆがみ」や「重み」などを加えると、蓋然性の「カバー」がより大きく厚くなろう。ダニエル・カーネマンやエイモス・トベルスキーによる現代の「プロスペクト理論」で中心的役割を演じるのは、実にこのような「ゆがみ」や「重み」なのである。

蓋然性の世界では、生のままであれ変形したものであれ、確率分布なる概念がやはり一定の役割を演じている。このことは、「論理関係としての確率論」を主張するケインズの場合でもさしたる違いはないと思う。伝統的な頻度的確率論とケインズの蓋然性論との相違点をあえて端的に言えば、確率分布を厳密に硬直的に捉えて機械的

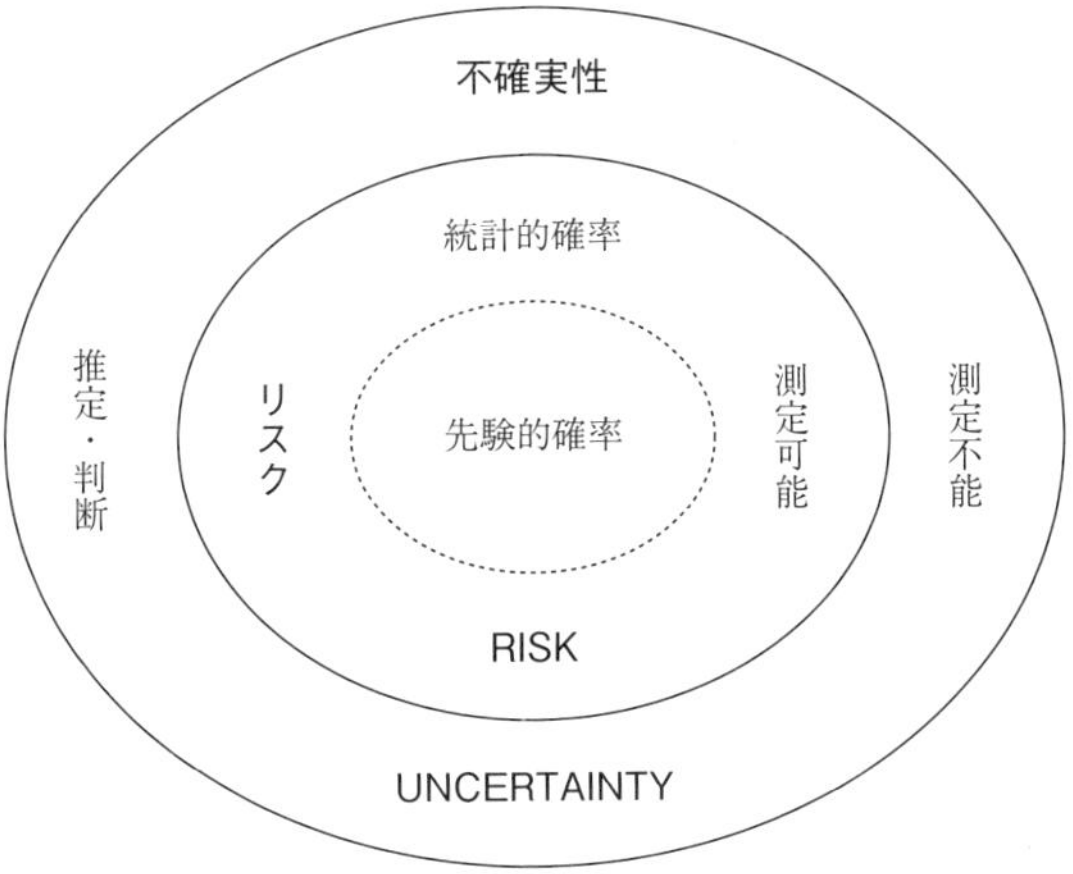

図2-3 ナイト体系におけるリスクと不確実性

（出所）筆者が作成。

に適用するか、それをもっと大らかに膨らみを持たせ弾力的に考えるかの違いに還元できよう。かかる相違点は一見些細なものに映るかもしれないが、アカデミックに見るとそこに「大いなる隔絶」が存在するのだと考えてよい。これが時には「量」と「質」の違いをも生み、決定打となりかねない。

ケインズによると、不確実性は生であれ変形であれ、数値確率とは完全に無縁な「次元の高い概念」なのである。前例のない局面に直面した場合、多くの人は不安を抱き、後ずさりするかもしれない。それでも、難事にあえて挑み積極的に事態打開を図る一群の人々がいるかもしれないのだ。かかる不確実性の影響を経済学の分野にドッキングした所に、天才ケインズの天才たる所以があると言える。

ナイト体系におけるリスクと不確実性

既に述べたように、ナイトはケインズと同じ年に、「不確実性」の大著をものにした。ナイトの経済思想については既に、酒井泰弘（2012）の中で詳しく論じている。そこで以下では、ケインズ体系との比較を念頭におきながら、ナイト体系を簡潔に述べることにしたい。

ナイト体系は分かりやすく図式化すれば、図2－3のようになる。ケインズの「四重の楕円構造」と比較して、ナイトの場合は「三重の楕円構造」によって特徴付けられる。一番外側に位置するのは、ナイト体系の「革新的フロンティア」であり、計量化が不可能な「不確実性」概念である。その内側には、確率分布によって数値化可能で測定可能な「リスク」の世界が来る。

ナイトによれば、三種類の「確率的状況」(probability situation) を識別することが肝要である。第一のタイプは、「サイコロの一の目の出る確率が六分の一である」というように、すぐれて数学的な「先験的確率」(a priori probability) である。第二のタイプは、人の平均寿命や交通事故の確率というように、当該社会の中で経験的に決まる「統計的確率」(statistical probability) である。これら第一と第二のタイプは──数学法則であれ経験法則であれ──確率分布によって計量化が可能な「リスクの世界」に所属する。問題となるのは、測定がもはや不可能となる「高次元の漠然とした世界」の分析である。ナイトはこれを「諸々の推定、判断」(estimates, judgment) と称し、この次元で初めて「真の意味での不確実性」が前面に出てくるのだ。

人々は宝くじを購入し、一獲千金の夢を追いがちである。不確実性の下において、前向きで積極行動をとる一群の人々がいる。それが、「経営者」(manager) とは異質の「企業家」(entrepreneur) と呼ばれる人種である。果敢な決断と責任をとる「新人類」の出現は、市場経済や資本主義をこれまでにない規模で活発化させた。これがナイトの市場経済観である。

図2－3を前の図2－2と比べた時に気が付くことがある。それは図2－3では「蓋然性」という名の「中間ベルト」が存在しないことだ。ナイトはケインズとは異なり、不確実性とリスクとを直接的に対峙させようとする。ケインズのように、「生の確率のゆがみや変形」のごとき中間項の存在を意に介さないのだ。現実の世界ならば、「測定可能」と「測定不能」の境界線はそれほど明確でなく、曖昧模糊たる緩衝地帯が

存在するだろう。しかし、頑固一徹の学者ナイトはアカデミックに一本筋を通す道を選んだわけである。その点にこそ、より柔軟な発想で弾力的に対処する「実務家」ケインズとの決定的相違点があると思われるのである。

4 ケインズの世界

ミクロとマクロ

本章の主たる目的は、「蓋然性と不確実性」の概念を中心として、ケインズ体系を新しい視角から再検討し、そこから将来の研究方向を模索することであった。その際、ケインズの考え方が、「リスクと不確実性」をめぐるナイトの考え方とどのように関係付けられるのかが議論の中心となった。

ケインズの体系はもちろん、蓋然性と不確実性の問題だけで尽きるものではない。例えば、ミクロとマクロ、政策と国際経済など、色々な問題が広く深く論じられる必要があろう。詳しくは別の機会に譲るとして、ケインズの世界を図表的に総括すれば、図2－4のごとくになろう。

御覧のように、ケインズの世界が「ミクロ」「マクロ」「政策」の三層構造から成ると考えるのが好都合である。まず、議論すべき問題の第一は、ミクロとマクロの関係である。興味ある問題は、「マクロはやはりマクロであり、ミクロの基礎付けは必要ないのかどうか」という点である。アメリカ経済学界の主流派の立場からは、ミクロの「お化粧」のないマクロは「時代遅れの経済学」とみなされがちだっただけに、この点の確認作業がどうしても必要となる。

経済学の歴史を見ると、先輩格の物理学から借用した概念や考え方が少なくないことが判明する。経済学の古典派や新古典派の世界は、物理の「古典力学」の世界に対応するものである。ここでは、個々の質点の

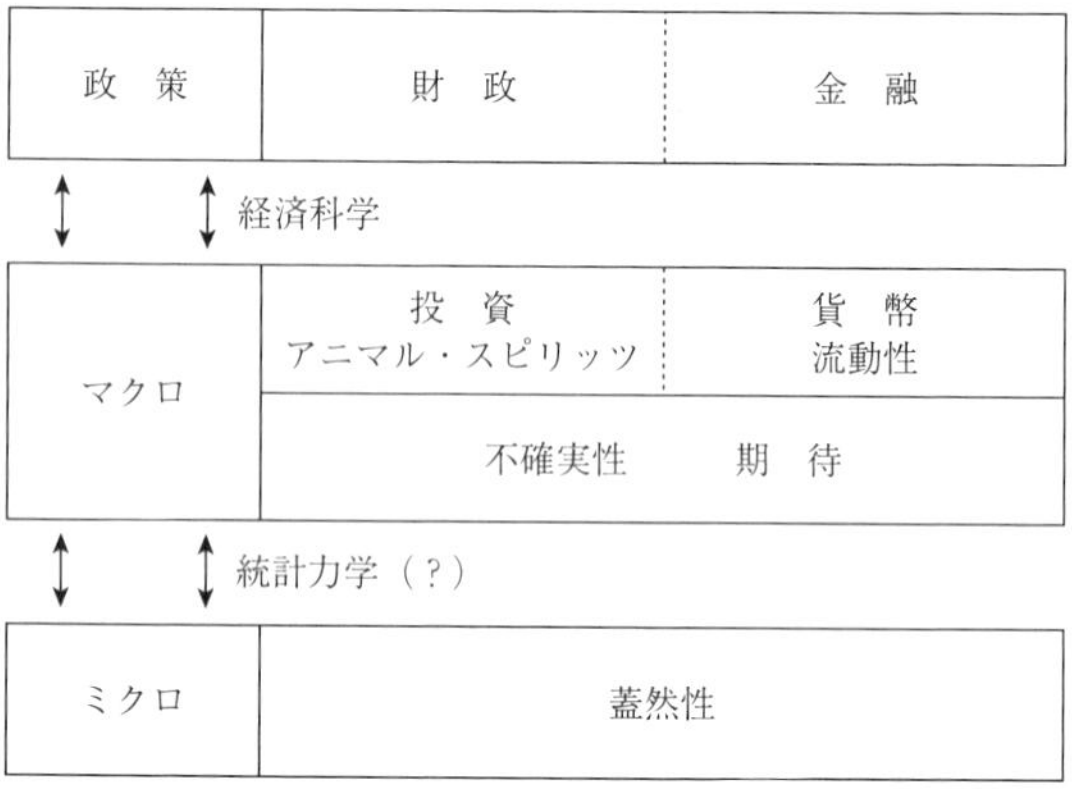

図2－4　ケインズの世界——ミクロ・マクロ・政策

（出所）筆者が作成。

動きから、ニュートンの運動方程式が導出される。システム全体の動きは、これら質点の動きを総計したものに過ぎないから、ミクロとマクロには共通の法則性が存在するにみなされる。分析の方法は原子論的であり、因果論的決定論が法則として導かれる。現代主流派のマクロ経済学はかかる古典力学的立場に立っている。

ここでは、各ミクロの行動を総計すればマクロの集計量の行動が分かるのであるから、ケインズの蓋然性や不確実性の問題が本質的に介入する余地がほとんどない。その余地とはせいぜい、ミクロの行動の誤りや錯覚に起因するものであり、「誤差の問題」として片付けることが可能である。すなわち、将来のことは完全予見されるか、せいぜい特定の確率分布によって予見されるだけである。したがって、ミクロ同士間の相互作用のために、マクロ的にはミクロの集計とは別方向に動く可能性があることが無視されている。

これに対して、ケインズの世界は、物理の「統計力学」の世界に対応するものと言えるだろうか。ミクロレベルでの個々の質点の動きはバラバラで勝手気儘である。比喩的に言えば、右に動くものがあれば左に動くものがあり、また上下方向に自由に動くかもしれないのだ。だが、マクロ的なシステム全体の動きには、一定の規則性と法則性が認められるのである。

ケインズの世界においては、研究方法は全体論的であり、システムの安定性・不安定性が興味の的となる。現代のカオスやフラクタル、それにストレンジ・アトラクターなど、いわゆる「複雑性」の問題も微妙に絡んでくるのだ。経済科学の分野においては、人間行動特有の恣意性や反合理性から、理系中心の従来のカオス分析だけでは収めきれない問題を含んでいる。カオスやフラクタルを超える新しい分析用具が必要となるかもしれない。

一つの考え方として、『蓋然性論』をケインズのミクロ、『一般理論』をケインズのマクロとみなすことも出来よう。私自身も近時、そのような誘惑に駆られることもある。だが、正直なところ、ケインズのミクロとマクロを如何に上手に接合するかは、いまなお未解決の一大問題であろうと思う。「辿りきて未だ山麓」(将棋の升田幸三名人)の感がする。

理論と政策

図2－4から明らかなように、ケインズのミクロやマクロの理論は、それだけで「一巻の終わり」と決して考えるべきではない。ケインズは「理論家」というより「実務家」であり、当時直面する失業と分配の問題の解決に没頭していた。「このままでは資本主義が滅びるかもしれない、だから何か積極的な政策を打たねばならない」というのが、実務家ケインズの念頭に常にあったのである。

紙面の都合上、ケインズの政策を簡単に述べると、それは「財政政策」と「金融政策」に大別される。財政政策の中心には「投資」の問題があったが、上述のとおり、その大小を決めるものは、単なる損得勘定だけではない。それよりむしろ、不活動より活動を好み、ヤル気満々に企画の実行に挑む「アニマル・スピリッツ」の存在が決定的役割を演じるのだ。ルーティンで定型的な日常業務は、普通の「経営者」に任せておけばよい。だが、「のるかそるか」という限界的状況において決定的役割を果たすのは、「企業家」という「新しい人種」である。この点では、ケインズとナイトの認識は共通である。

金融政策の要となるのは、「貨幣」ないし「マネー」である。人はなぜ、貨幣を欲しがるのか。ケインズによれば、貨幣には他の財貨にはない特有の性質――「流動性」――が存在する。将来のことは不確実であり、誰しも不安を抱いている。「明日は良くなるぞ！」という期待も、単なる幻想や願望に終わるかもしれない。こういう不安を幾分でも解消する逃げ道が、流動性最大の貨幣である。人をして流動性利益を放棄して、貨幣から債券保有へと誘導するためには、何がしかのプレミアム――利子――が要るだろう。

こういうわけで、ケインズ的な財政政策や金融政策の背後には、アニマル・スピリッツや流動性の問題がどっしり鎮座している。そして、不確実性の世界における期待・不安の影響が非常に重要になってくる。ケインズの世界においては、マクロの不確実性概念とミクロの蓋然性概念とは、いわば「クルマの両輪」の役割を演じる。

新しい総合的社会科学への道

本章の目的は、蓋然性と不確実性の概念を中心に取り上げ、そのうえで、ケインズとナイトの所説を対比的に論じ、両者の共通項から現在に通じる新しい研究方向を模索することであった。

私と同世代の異才クルーグマンによれば、「過去三〇年間におけるマクロ経済学の大半は無用か有害」である。豪傑スティグリッツは、「パラダイムの転換が必要」とまで言い切っている。私はおおむね二人の意見に賛成せざるをえない。サミュエルソンの「四五度線分析」は余りに単純すぎて、ケインズの真意からかけ離れてしまっている。例の「*IS*－*LM* 分析」は、ヒックスがもともと「一つの解釈」として提案したものに過ぎないが（後に反省しておられたとか）、アメリカのテキストブック学者たちによって誤用ないし悪用

（?）されてしまった。

ケインズやナイトが分析の対象とした人間は、視野が極めて狭く金銭欲がりがりの「経済人」では決してなかった。それはむしろ、環境も文化も歴史も生活も広く考慮に入れる「生活者」であった。「ゆったりした、ゆとりのある、豊かで多様な生き方」が希求されていたのである。思うに、このようなパラダイム転換から、新世紀に相応しい「新しい総合科学」への道が開けてくるだろう。「第二、第三のケインズやナイト」の出現が切に待たれる今日このごろである。

注

（1）私は近時において、学界や出版界からのナイトの経済思想への関心の高まりに「嬉しい悲鳴」を覚えている。執筆や講演依頼も続いている。本章はとりわけ、酒井泰弘（2012）や、日本経済新聞社編（2012）の中の拙稿「想定外を想定する――ナイトの経済思想」をさらに敷衍展開する形で執筆している。

（2）ケインズ文献中の英語〝probability〟は、「確率」よりも「蓋然性」と訳されるべきだ、と原田明信（1989）は力説している。私も彼と同意見である。なお、フランスの著名な数学者ボレルの邦訳書では、仏語〝probabilities〟をある時は「確率」と訳し、他の時には「蓋然性」と訳している。この点は、Borel（1938＝1942, 1965＝1967）も参照せよ。

（3）この種の表記法は、ある意味で「区間確率」（interval valued probability）に通じる考え方である。ケインズ自身によっても、所々で示唆されていた。「多くの蓋然性は数値測定が不可能であるが、それでも上限と下限との間の数値として表すことも可能である」（Keynes 1921：161）。Brady（2004）も参照のこと。

（4）ケインズの「客観的信念説」については、Gillies（2000）や伊藤邦武（2011）を参照されたい。

（5）不確実性とケインズとの関わりについては、Skidelsky（2009）や小畑二郎（2007）が興味深い文献である。私は学史の立場というより、理論の立場から同様な問題に再度切り込んでみた。そこから新しい切り口が生まれてくることを念じている。さらに、ナイトとの関係についても、従来の文献よりもはるかに深く解明している。

（6）以下のミクロとマクロの関係については、高哲男編（2002）所収の第一三章荒川章義「確率革命の経済学——J・M・ケインズ」から学ぶ所が大きかった。マクロ経済学における統計物理学的方法に関しては、吉川洋（2010）を参照して欲しい。この方向でのさらなる展開と飛躍を期待したいと思う。

参考文献

Akerlof, G.A. and Shiller, R.J.（2009）*Animal Spirits : How Human Psychology Drives the Economy, and Why it Matters for Global Capitalism*, Princeton University Press.

Borel, E.（1938）*Valeur pratique et philosophie des probabilities.*（ボレル〔1942〕『蓋然性の哲学』〔三田博雄訳〕創元社。）

Borel, E.（1965）*Les probabilities et la Vie*, QUE SAIS-JE, Presses Universitaires de France.（ボレル〔1967〕『確率と生活』〔平野次郎訳〕白水社。）

Brady, M.（2004）*J.M. Keynes' Theory of Decision Making, Induction and Analogy : The Role of Interval Valied Probability in His Approach*, Xlibris, Corporation.

Dillard, D.（1950）*The Economics of John Maynard Keynes : The Theory of a Monetary Economy*, Crosby Lockwood.

Gillies, D.（2000）*Philosophical Theories of Probability*, Routledge.（ギリース〔2004〕『確率の哲学理論』〔中山知香子訳〕日本経済評論社。）

原正彦編（2012）『グローバル・クライシス』青山社。

原田明信（1989）「ケインズにとっての"probability"概念とフィッシャー——一九二一年の両著作を比較して」『経済と経営』二〇巻一号。

Hicks, J.（1979）*Causality in Economics*, Basil Blackwell.

伊藤邦武（2011）『ケインズの哲学』岩波書店。

伊東光晴（1962）『ケインズ』岩波新書。

伊東光晴（2006）『現代に生きるケインズ』岩波新書。

Keynes, J.M.（1921）*A Treatise on Probability*, Macmillan.

Keynes, J.M.（1936）*The General Theory of Employment, Interest and Money*, Macmillan.（ケインズ〔1995〕『雇用、利子および貨幣の一般理論』〔塩野谷祐一訳〕東洋経済新報社、間宮陽介訳〔2008〕上・下、岩波文庫。）

Keynes, J.M.（1937）"The General Theory of Employment," *Quarterly Journal of Economics*, February 1937；contained in The Royal Economic Society（ed.）（1973）*The Collected Writings of John Maynard Keynes*, Vol. 14, Macmillan.

鬼頭仁三郎（1948）『ケインズ研究』東洋経済新報社。

Klein, L.（1950）*The Keynesian Revolution*, Macmillan.

Knight, F.H.（1921）*Risk, Uncertainty and Profit*, University of Chicago Press.（ナイト〔1969〕『危険、不確実性及び利潤』〔奥隅栄喜監訳〕文雅堂銀行研究社。）

Knight, F.H.（1935）*The Ethics of Competition*, University of Chicago Press.（ナイト〔1995〕『競争の倫理——フランク・ナイト論文選』〔高哲男・黒木亮訳〕ミネルヴァ書房。）

Leijonhufvud, J.（1966）*On the Keynesian Economics and the Economics of Keynes：A Study in Monetary Theory*, Oxford University Press.（レイヨンフーヴッド〔1978〕『ケインジアンの経済学とケインズの経済学——貨幣的理論の一研究』〔根岸隆監訳、日本銀行ケインズ研究会訳〕東洋経済新報社。）

宮崎義一・伊東光春（1964）『コメンタール　ケインズ一般理論』日本評論社。

村田晴紀（2012）「ケインズ『確率論』における係数 c と短期確率加重関数」ケインズ学会年次大会報告、明治大学。

那須正彦（1995）『実務家ケインズ——ケインズ経済学形成の背景』中央公論社。

日本経済新聞社編（2012）『経済学の巨人たち　危機と闘う』日本経済新聞社出版局。

新野幸次郎・置塩信雄（1957）『ケインズ経済学』三一書房。

小畑二郎（2007）『ケインズの思想——不確実性の倫理と貨幣・資本政策』慶應義塾大学出版会。

沖田健吉（1999）「ケインズの不確実性・情報・コンベンション」『群馬大学社会情報学部研究論集　第6巻』。

酒井泰弘（1982）『不確実性の経済学』有斐閣。

酒井泰弘（2010）『リスクの経済思想』ミネルヴァ書房。

酒井泰弘（2012）「フランク・ナイトの経済思想――リスクと不確実性を中心として」『彦根論叢』三九四号。

Skidelsky, R.（2009）*Keynes : The Return of the Master*, Peters Fraser & Dunlop Group.（スキデルスキー〔2010〕『なにがケインズを復活させたか――ポスト市場原理主義の経済学』〔山岡洋一訳〕日本経済新聞出版社。）

高哲男編（2002）『自由と秩序の経済思想史』名古屋大学出版会
高田保馬（1955）『ケインズ論難――勢力説の立場から』有斐閣。

宇沢弘文（1984）『ケインズ「一般理論」を読む』岩波書店。

吉川洋（2010）「マクロ経済学における統計物理学的方法(1)、(2)」『経済学論集』七六巻二号、三号。

第3章　ナイトのトリアーデ——リスク・不確実性・利潤

1　個人史とナイトの深い影

「想定外」の事象を分析する

フランク・ナイトへの知的関心が、内外の学界において高まりつつある。「ナイト・ルネッサンス」と称することができるほど、シカゴの大長老ナイトの人間観と学問業績が再評価され、その教訓を現代に生かす道が模索されている。本章の目的は現代との絡みにおいて、ナイトの経済思想を筆者流に再検討するとともに、なお残された課題を指摘することである(1)。

実は、二〇一一年初冬のころであるが、東京大手町の某新聞社から「フランク・ナイトに学べ」の論稿依頼が私宛に突然に来た。人気の連載コラム「やさしい経済学」では「動乱と巨人」というタイトルの下に、戦前の大恐慌を見つめた大経済学者の思想を振り返り、いまの厳しい局面でどんな教訓を得るべきか、というシリーズを始めたいということだ。私の記憶に間違いがなければ、そのはるか一七年前の一九九四年に同じ「やさしい経済学」欄で、寡占理論の先駆者「クールノー」を執筆したことがある。経済学の歴史を飾る巨星という点では同じであるが、クールノーとナイトとでは立ち位置が非常に異なる。クールノーは天才ワルラスとともに一九世紀中頃に活躍したフランス人であるが、不確実性とか経済動乱とかには直接の関わりが少ない「孤高の先駆者」である。これに対して、ナイトは一九二〇年代のアメリカ黄金時代から三〇年代の大恐慌を経て、戦後の激動期まで活躍した「シカゴの大長老」である(2)。

一九九〇年代は「アメリカ一極集中化」が進んだ時期であったが、二〇〇〇年代以降は「アメリカ支配の終焉の始まりと多極化時代の幕開け」の時代である。現在においては、我々は不確実性の時代に住んでおり、不安定な激動動乱の予兆が随所にうかがえる。

クールノーからナイトへ――最近二〇年間における私の執筆対象の変化は、世界経済のいわば「平時から戦時への大転換」を雄弁に物語るかのようである。社会は不安定で動いており、時代も不確実で先が読めない。こういう混迷の時代に、不確実性の経済学の大家・ナイトの業績を振り返り、現代に生きる指針と教訓を得ることは喫緊の重要事であると信じている。

私が直近においてフランク・ナイトに着目した最大の動機は、やはり「二〇一一年三月一一日の大惨事」である。この日に、わが日本は大津波・大地震・原発事故という「三重の苦難」に直面した。大津波や大地震の発生はそれ自身大変な事態であるが、人々は「天災」としてある程度諦めがつくかもしれない。だが、原発事故は自然現象とは関係のない「人災」であり、人々に激しい怒りの心情が生まれたのは当然である。

いまから考えると真に不思議なことであるが、日本社会において、原発は絶対安全であるという「安全神話」が長く広く信じられてきた。三陸沖でマグニチュード9・0の地震が発生したり、高さ一五メートル以上の津波が海岸部を襲ったり、水素爆発した原発が大量の放射性物質を大気に排出するようなことは、「想定外の事象」として軽視ないし無視されてきた。これはある意味では、「わが日本は絶対に負けない、なにしろ神風が吹くのだから」という戦前の「神風神話」を想起させるものである。この点に関して、ノーベル物理学賞受賞者の益川敏英教授は、次のように明快に述べておられる。

「《想定外》というのは、彼らの設計の目標外であったというだけのことですよ。今回の原発事故は、科学者から見たら当然考えられる範囲です。ああいう言葉使いは問題だと思いますね。コスト面から考えた設計目標を超えていたというべきです」

（益川敏英〔2011〕『京都新聞』対談記事より）

さすが、自然科学者としての益川氏の分析眼は非常に鋭い。しかも、「コスト面から考えた設計目標を超えていた」と切り込むあたり、同氏の社会科学的センスも十分にあると認めなければなるまい。益川氏の意見は、事故後のいまでは当たり前の「正論」のような響きがするが、従来の学界では原発のリスク分析がおおむね低調であったことは否定できない。だが、経済学の長い歴史を繙くと、「想定外」の事象を事前に想定し、分析対象とする気宇壮大な学者がアメリカに存在していた。その人とは、シカゴ大学の大長老フランク・ナイトのことである。

今日において「シカゴ学派」と言えば、市場原理主義と貨幣重視主義のミルトン・フリードマン（Milton Friedman：1912-2006）やその同輩たちを連想する方も多いであろう。だが、同じシカゴ学派と言っても、その内情は多種多様であり、フリードマン一人でもってシカゴを代表させるのは、甚だしく公平性に欠けるのだ。確かに、フリードマンはナイトの数少ない愛弟子の一人であるが、師の教えが弟子に十分に伝承されないことがしばしば起こるのだ。スケールが大分違うことは否めないが、不肖私も一般均衡論の「ロチェスター学派」を代表する巨人・ライオネル・マッケンジーの弟子の一人ではある。だが、私の最近の主たる関心はリスクや不確実性の分野に移っているので、直接の師マッケンジーの教えを忠実に伝承しているとは言えず、むしろフランク・ナイトの思想に近づきつつあるのが実情である。

要するに、師は師、弟子は弟子であり、両者の溝の広狭は人によってさまざまなのである。確かに、フランク・ナイトはシカゴ学派の創設者にして「前期シカゴ学派」の代表者であることは疑いがない。これに対して、フリードマンは「後期シカゴ学派」の推進者ではあるが、私の見る所、「前期」と「後期」との間の懸隔は想像以上に深く広いものがある。この点を徐々に明らかにすることも、本章のもう一つの目的である。例えば、想定外の事象の分析に対して、ナイトの分析は非常に有効であるが、フリードマンの研究は全く役に立たない。さらに、ナイトによれば競争経済は万能ではなく、時に行き過ぎる傾向があるので、もっと大きい社会倫理の枠の中に閉じ込める必要がある。これに対して、フリードマンによれば競争経済自体が効率的であり、優勝劣敗以外の倫理基準を別に考える必要がない。ナイトは懐の深い「リベラル派」(liberal、自由人)であったが、フリードマンのごとき排他的な「リバタリアン」(libertarian、自由至上主義者)ではないのである。

ブロンフェンブレナーにナイトの残影を見る

私はフランク・ナイトの研究者であるが、残念なことに、直接の個人的面識がない。だが、幾多の縦糸と横糸の繋がりを通じて、ナイトの深い残影が私の個人史を彩っているのだ。とりわけ親交が深かったマーティン・ブロンフェンブレナー教授のお姿の中に、教授の師、つまり私の恩師の先生ナイトの残影が色濃く残っていたのは紛れもない事実だろうと思われる。

私が初めてアメリカ本土に足を踏み入れたのは、はるか一九六八年六月のことである。同年八月から七一年七月までの三年間は、アメリカ北東部カナダ国境近くのロチェスター大学に留学し、七一年八月から七五年五月までの四年間は少し南に位置するピッツバーグ大学にて理論経済学を学生たちに教えていた。フランク・ナイトの没年は一九七二年であるから、私はシカゴ大学のナイトの最晩年の時期に、その北東部で研究生活を続けていたことになる。実は、私は一九六八年の八月頃、グレイライン・バスにてシカゴ大学の構内を訪れていたのだが、その時にナイトを表敬訪問しようと計画したわけではなかった。そして、ロチェスター大学にて大学院学生として在学中も、ピッツバーグ大学にて経済学教師として在職中も、ナイト訪問の貴重な機会をみすみす逃がしてしまったことは至極残念というしかない。

だが、私の長きアメリカ生活中に、ナイトとの「間接的接触」がいくつかあったことは確かである。その中で筆頭に挙げられるべきことは、ナイトの弟子ブロンフェンブレナー教授との長い交流関係である。私はブロンフェンブレナー先生の「追っかけ弟子」の一人であるから、同先生を通じてナイトの「アカデミックな孫弟子」に当たるわけである。

私が恩師ブロンフェンブレナー先生と初めて出遭ったのは、はるか一九六三年ごろ、神戸大学大学院経済学研究科の講義「分配理論」(distribution theory)を受講した時である。先生の使用言語はもちろん英語であったが、ときどき日本の学生たちのことを考えて日本語を混入されることもあった。

「日本の偉い先生方は自分のことを《フル・プロフェッサー》(full professor、正教授)と言っておられますが、私から見ると、あるいは《フール・プロフェッサー》(fool professor、阿呆教授)かもしれませんよ。こういう大先生が定年を迎えると目出度く《プロフェッサー・エメリタス》(professor emeritus、名誉教授)となられるわけですが、あるいは《プロフェッサー・デメリタス》(professor demeritus、不名誉教授)かもしれませんね」

ブロンフェンブレナー先生の舌鋒はかくも鋭く、周囲の先生方や学生たちを常に煙に巻いておられた。英語と日本語の二カ国語に通じた稀代の毒舌家であり、そのユーモアと諧謔に満ちたしゃべり方はまさに先生独自のものであった。雄弁家の先生からほとんど圧倒されていた私であったが、先生を《レインボー・プロフェッサー》(rainbow professor、虹教授)と時に反撃したことがある。その理由は、先生の講義は常に黒板一杯に、白色・赤色・青色・黄色のチョークを駆使した多色の鮮やかな図表の説明でサポートされており、まるで「虹色の講義」のような印象を受けたからである。日本の先生方の多くが単調でモノトーンな「白黒調の講義」を行っておられたので、若き私はブロンフェンブレナー先生の「虹の七色の講義」からは大いなる刺激を受け、それこそ虹の彼方への留学の夢を膨らませたものだった(3)。

ロチェスター大学から学位取得後の私は、ピッツバーグ大学において数理経済学関係の大学院・学部の講義を一手に引き受けていた。ブロンフェンブレナー先生は正教授として近くのカーネギー・メロン大学にて教鞭をとっておられたが、ピッツバーグ大学においても人気の高い客員教授として経済理論を教えておられた。ある日、先生は突然私の研究室に来られた。

「サカイさん、聞きたいことがあります。日本の大学では《ロウニン》(浪人)が多いと聞いていています。ところで、現在の日本において《ロウニンの侍》が大勢いるのですか」

「やあ、ブロンフェンブレナー先生、ロウニンとは大学受験に失敗して、大波小波のようにブラブラしている《クローニン》(苦労人)のことですよ」

「アハハ!」と先生は破顔一笑されて、「君のジョークも大分上手くなったね」と褒められた。先生はコンピューター科学で有名なカーネギー・メロン大学よりも、人間的な交流関係を重視するピッツバーグ大学で教えることを非常に楽しんでおられたようだ。先生の学位はシカゴ大学から取得されたものであり、こういう談笑を好み、時に鋭く批判しあうというリベラルな精神は、恐らくシカゴの長老ナイトから学んだものであろうと推定されるのである。

「シカゴ大学での私の主任教授は、《コブ・ダグラス関数》で有名なポール・ダグラス先生でしたが、大長老のナイト教授からも色々教えて頂きました。ナイトは本当に素晴らしい先生でした」

ここで「色々教えて頂きましたよ」といい表現自体が曲者である。ナイトは、合理性一辺倒の単細胞の人間ではなく、人間行動の半合理性や反合理性を認め、競争と倫理との相互依存関係をも考慮した「複眼思考の人間」である。ブレンフェンブレナーの守備範囲はナイトよりもさらに広く、日本経済論やマルクス経済学にまで議論が及んでいる。このように両者の関心の幅が広く、毒舌と批判精神に富む点では共通点があるようだ。しかも、ナイトは「ナイト学派」と呼ばれる追随者の一団を持たなかったし、ブロンフェンブレナーも「ブロンフェンブレナー学派」と称される「追っかけ」をほとんど持っていない。しかしながら、ナイトはやはりナイトであり、ブロンフェンブレナーはやはりブロンフェンブレナーであったようだ。この点に関して、インターネット（2012）による次の文章は非常に興味深いものがあろう。

「ナイトが経済学界で歩んできた道は、次の意味で極めてユニークである。それは、多くの学派からその一員だと手を差し伸べられてきたものの、実際にはどの学派にも属していないという点だ。ナイトは多くの学徒を教育し影響を与えたものの、不幸なことには、自分の追随者からなる独自の「ナイト学派」を形成するに至らなかった。我々はケネス・E・ボールディング、マーティン・ブロンフェンブレナー、ジェイムス・M・ブキャナンやジョージ・J・スティグラーの著作の中にナイトの残影をいくつか見ることができるが、これらの学者を「ナイト主義者」（Knightian）と一括するのはほとんど意味のないことである」

（インターネット記事〔2012〕「フランク・ナイト」）

私は個人的体験によって、恩師ブロンフェンブレナー先生の言動の中に祖師ナイトの「残影」を見ているが、それは多少とも「幻影」に過ぎないかもしれない。残影と幻影とのギャップが出来るだけ小さいことを願うばかりである。

日本の経済学界にも詳しいブロンフェンブレナー先生によると、いまは亡き高田保馬教授（一八八三〜一九七二年）は「日本のマーシャル」とも呼ぶべき偉大な経済学者・社会学者であるという。ブロンフェンブレナー先生のマーシャルへの思慕は計り知れないほどであるようだ。他方において、マーシャルの大著『経済学原理』を常に小脇に抱えながら教壇に立ったナイトは「アメリカのマーシャル」とも言ってもよい存在だ。このような「マーシャル・ファクター」を通しても、ブロンフェンブレナーにナイトの残影を見ることができよう(4)。

さて、以下の議論においては、リスクや不確実性の分析を中心にして、ナイト理論の核心と現代的意義を浮き彫りにしたい。そして同時に、その限界打破のための方向性を模索することも試みたいと思う。

2　リスクと不確実性――似て非なるもの

大戦間期経済学者としてのフランク・ナイト

経済学の歴史を繙くと、学問の中心がヨーロッパからアメリカへと移行してきたことがよく分かる。まず、フランスのケネーやイギリスのアダム・スミスは著名な創設者である。次に、リカード、マルサス、ミルなど、イギリス古典学派の人たちが続く。さらに、イギリスのジェヴォンズやマーシャル、フランスのクールノーやワルラス、オーストリアのメンガーなどの「限界革命」の推進者たちは、いずれも歴史と文化を持つヨーロッパ各地の風土の中に育ち、それぞれ独自の経済学説を展開してきた。

ところが、私が一九六〇年代後半にアメリカ留学をしたころには、世界の経済学研究の中心は既に旧大陸から新大陸に移っていた。サミュエルソンやクラインなどのアメリカのケインジアンたち、アローやデブリューなどの一般均衡論の人たちが世界の学界の中心に鎮座していた。私のいたロチェスター大学には、マッケンジーなどの数理経済学の大物が活躍していたが、その経済学はおよそ歴史と文化とは縁遠い抽象的・数理的なものであった。私は日本人として、留学前は旧大陸の伝統的経済学をひたすら吸収し、留学後は新大陸の新式経済学を懸命に学んだ。その結果として、留学前と留学後との間には、いわば学問上のギャップが歴然としてあり、その学問上の「古傷」をできるだけ癒やすことが私のその後の学者人生を方向付けてきたと言ってもよかろう。

こうした空白感を抱いていたころ、いわゆる「大戦間期経済学」が私の心の慰めになってきたことは否定できない。ここに言う「大戦間期」とは、第一次世界大戦（一九一四～一九一八年）から第二次世界大戦（一九三九～一九四五年）に至る時期であり、世界の政治経済のヘゲモニーがヨーロッパからアメリカへと移行する時期にも対応している。二度の大戦の混乱と社会の不安定性を背景にして、旧大陸の人々は大挙して大西洋を渡り、新大陸の移民となった。特に、北東ヨーロッパからの移民たちや、有史以来放浪していたユダヤ人の移民たちが、さしたる歴史や文化の持たない広大な新世界の土地を眼前に眺めて、一種独特の開放感と開拓者精神を持ったことであろう。ただし、（これは私自身も経験したところであるが）自分の生まれた郷里への心情はなかなか容易に捨て去ることはできないのだ。こういうわけで、大戦戦期間の経済学者の思想は総じて複眼思考的であり、具体と抽象、特殊と一般、歴史と理論の二項関係軸の中で、微妙なバランスの維持を目指しているものが多い(5)。

ナイトの主著『リスク、不確実性および利潤』は、大戦間期経済学を代表する記念碑的著作の一つである。確かに、ナイト自身の学位論文でもある本書の最初のドラフトは第一次大戦以前に執筆されたのであるが、公の初版の出版年は第一次大戦後の一九二一年であり、その後に再版が大不況期の真最中の一九三三年に公表されている。第三版が第二次大戦後の一九四八年、第四版が一九五六年に出版されており、この書物は両大戦間を跨ぐ典型的なロングセラーと言えよう。

このようにナイトの主著の出版は学史を飾るべき歴史的事件である。だが、その事件の大きさが正直なところ余りパッとしないのには、いくつかの理由があると思われる。その第一の理由は、前述したが、ナイト特有の文体という技術的理由である。ナイトの文章はやや晦渋であり、決して明解であるとは言えない。まるでドイツ語文献のように定義や注釈が多く、修辞の挿入文もやたらに散りばめられているために、文章の流れがいま一つすっきりしない。少々翻訳家泣かせの文章である。これはナイトの心情が新旧二大陸の間を彷徨っていることを物語るものだ。第二の理由は、主著の内容が余りタイムリーでないという歴史的理由である。このことは、ナイトより一〇年以上遅れて出版されたケインズの書物『雇用、利子および貨幣の一般理論』(1936)が、(ケインズらしくない悪文にもかかわらず)大不況の処方箋を示す真にタイムリーな著作として大変な評判を生んだのと全く対照的である。

だが、「歳月、人を待たず」を捩《もじ》った表現ではあるが、「歳月、人を残す」のである。ナイトの主著は混迷する二一世紀を迎えて、羅針盤の役割を果たすべく再び蘇ってきている。とりわけ、二〇一一年三月一一日の東日本大震災を経験したわが国では、原発の大惨事を「想定外」の事象として思考停止するような傍観者的態度は到底許されるものではないのだ。いわゆる想定外の事象を積極的に想定するような「リスク経済学」の必要性が日々に高まっている。わがフランク・ナイトの主著は、出版後九〇年の歳月を経て不死鳥のごとく経済学の舞台に輝かしく再登場しつつある。

ナイトの主著を読む

ナイトの主著『リスク、不確実性および利潤』の「序文」冒頭は、次のような文章でもって始まる。

「本書においては、根本的に新しい論点がほとんど含まれていない。本書の意図は、伝統的経済学説の基本原理を従来よりも一層正確に述べ、その含意を一層明確に示すことである。すなわち、その目的は一層の精緻化作業であり、ゼロからの再建作業ではない」

（Knight〔1921〕『リスク、不確実性および利潤』より）

これはアメリカ人らしくない極めて控えめな表現である。常に前向きで自己宣伝に長ける現代アメリカ人とは凡そ不釣合いな、真に奥ゆかしい文章である。だが、こういう奥ゆかしさは旧大陸の歴史と伝統に由来するものであり、文章を字句通りに受け取る必要がないのだ。否、「衣の下に鎧あり」というごとく、わざと遠慮気味に言えるほどの隠れた自信のほどを感じなければならないだろう。

リスクと不確実性の導入的紹介

どんな書物においても、自己主張したい文章は少なくとも二度表れるのが通例である。本書の核心的表現は「リスクと不確実性」である。それはまず第一章「経済理論における利潤と不確実性の位置」において、さりげなく導入的に（だがナイトらしく長々と）紹介される。

「不確実性という概念は、リスクという通例用語とは抜本的に異なるものだと捉えなければならない。だが、従前においては、リスクと不確実性とを正しく区別して議論することがなかった。《リスク》とい

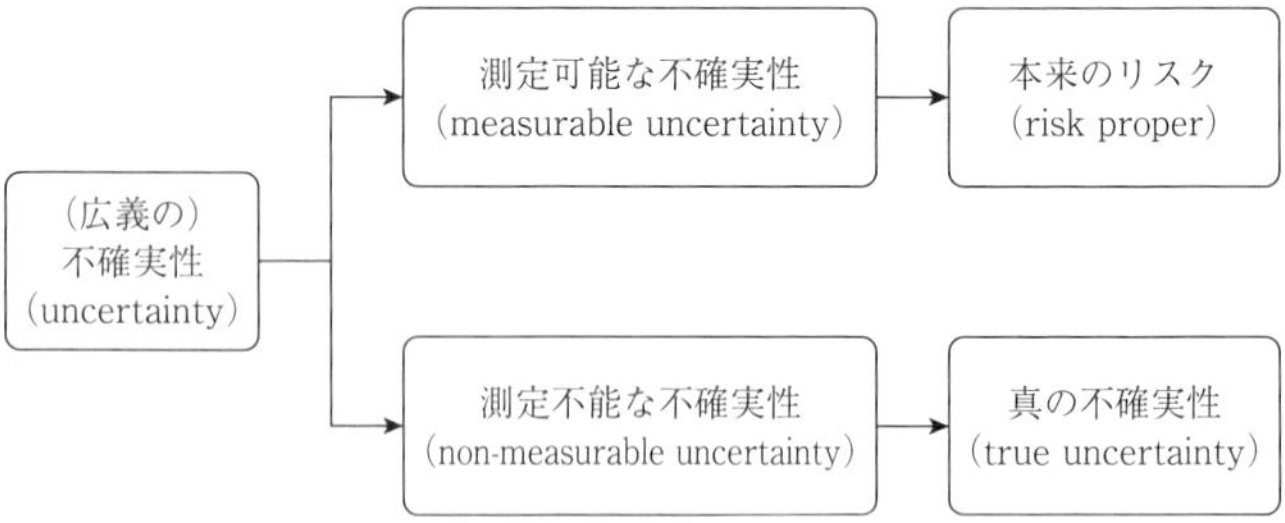

図3－1　ナイトにおけるリスクと不確実性の概念

（出所）筆者が作成。

う用語は、人々の日常会話や経済学の議論の中で気楽に用いられているが、（少なくとも機能面に関して、つまり経済組織の諸現象間の因果関係にどう関係するかという点に関して）実際には全く別々の概念なのである……。

事実の核心を率直に述べるならば、《リスク》とは測定可能な数量を意味すると通常考えられるものであるが、ただこういう意味付けを嫌う場合もありうるのだ。この中のどちらの解釈が正しいかに依存して、因果関係の様相は全く異なる性格を具備することになる。……後に明らかにするように、測定可能な不確実性、すなわち本来の《リスク》なるものは、測定不能な不確実性とは性質が根本的に違っており、不確実性の名前に値しないものである。したがって以下においては、《不確実性》なる用語は、数量化できないタイプに限定使用したいと思う。かかる《真の不確実性》に依拠してこそ（リスクに拠ってではなく）、利潤理論の有効な基礎が提供されると同時に、競争の現実と理論とのギャップが説明可能となるわけである」

（Knight〔1921〕『リスク、不確実性および利潤』より）

引用文が少々長くなってしまったが、正確さを期するために（気軽な抄訳ではなく）苦労多き全訳をあえて試みることにした。ナイト理論のエッセンスは、上記の文の中に凝集されているのだ。ナイトによれば、「リスク」という言葉は俗っぽく、日常会話や議論の中で気楽に用いられる。

「ハイリスク、ハイリターン」という表現がその好例である。ところが、ナイト注目の「不確実性」なる言葉はちょっと取り澄ましており、普段の井戸端会議の中で使われることがない。だから、リスクと不確実性とは「俗っぽさ」の程度が異なるわけであるが、こういうレベルでの区別はナイトの好む所ではない。

ナイトが提案する新しい区別基準はむしろ、不確定事象の「測定可能性」(measurability)である。図3-1が示すように、ナイトはまず学者らしく、「リスク」という俗的表現を避けて、「不確実性」というアカデミックな響きのある用語を全面的に使用する。そして、広義の不確実性の中には、「測定可能な不確実性」(measurable uncertainty)と「測定不能な不確実性」(non-measurable uncertainty)の二種類が存在する。前者の不確実性が本来の「リスク」に対応し、後者の不確実性こそが狭義における「真の不確実性」(true uncertainty)であると考えている。

さらに一層の理論展開

ナイトの主著の第三部には、「リスクと不確実性による不完全競争」(imperfect competition through risk and uncertainty)という表題が付与されている。私などはこの種の魅惑的なタイトルを一瞥するだけで、体中がぞくぞく興奮し、研究意欲が激しく掻き立てられるのだが、当時の読者層の反応は果たしてどうであったろうか。その最初部分の第七章は「リスクと不確実性の意味」(the meaning of risk and uncertainty)と題されており、そこで上記の導入的紹介のさらなる分析的展開が図られている。

ナイトの人間観や世界観は、他の経済学者にはない独自のものがある。それは要するに、「リスクと不確実性の経済学」の開拓者としてのナイトの自負心の表れでもあるのだ。端的に言えば、次のような晦渋な(訳しづらい!)文章が非常に印象的である。

「我々の住む世界は、変化の世界（a world of change）であり、不確実性の世界（a world of uncertainty）である。将来のことについて、我々が知っているのは少しの部分だけである。人生上や行為上の諸問題は、我々がこれほどわずかしか知らない存在だ、という事実から発生する。このことはビジネスや他の活動全般について妥当する。事実の核心として言いたいことは、人の行為の基盤となるものが、全くの無知や完全情報ではなく、むしろ評価の定まらない部分的知識（partial knowledge）だという点である。もし我々が経済システムのワーキングを理解したいのであれば、その場合には不確実性の意味と重要性を検討しなければならない。そのためには、知識それ自体の性質と機能を解明することが何よりも必要である」

（Knight〔1921〕『リスク、不確実性および利潤』より）

ナイトによれば、人間の世界は変化の世界であり、不確実性の世界である。人間が頼りにするのは、部分的情報であり、部分的知識に過ぎないのだ。一般人の常識からすればこれはむしろ当たり前のことかもしれないが、因果関係明晰で白黒はっきりの（ナイト以前の）古典派経済学から相当離れた見解である。事態の進行が絶えず流動的であり、未来の読めない「大戦間期という時代」の特徴が、この辺りのナイトの文章に鮮明に出ている。

ナイトはこれより論を進めて、我々の直面する「確率的状況」（probability situation）について、三つのタイプを明確に区別することの必要性を指摘する。

第一のタイプは「先験的確率」（a priori probability）である。その最たるものは、数学的命題である。例えば、サイコロを振って「一の目」の出る確率は六分の一であり、奇数の目（つまり一または三または五の目）の出る確率は二分の一である。これは数学的確率として先験的に決定される。

第二のタイプは「統計的確率」（statistical probability）である。これは、（特定国、特定年次、特定年齢の）男

表3－1　ナイトによる3つのタイプ分け

タイプ	確率的状況	リスクか不確実性か
第1のタイプ	先験的確率 （a priori probability）	リスク （保険処理が可能）
第2のタイプ	統計的確率 （statistical probability）	
第3のタイプ	諸々の推定・判断 （estimates, judgments）	不確実性 （保険処理がほとんど不可能）

（出所）筆者が作成。

女の平均寿命や、（特定地域、特定年月日の）交通事故死亡率ないし（特定地域・年月日時間の）降雨確率のごとく、経験的に決まる数値である。第一のタイプのような数学的厳密性がないものの、一定の誤差内で経験的に信用できる確率である。

問題となるのは、第三のタイプの確率的状況である。少し不思議なことに、ナイトは「諸々の推定」（estimates）と呼んでいる。「単数の推定」（estimate）ではなく、「複数の推定」（estimates）である点が、ナイトの気配りのするところだろう。私ならば、むしろ「主観的判断」や「個人的評価」と呼びたい気がするが、ナイトがわざわざ「諸推定」と称するのには、それなりの理由があるのかもしれない（これはいまでは闇の中の推定であろう）。

第三のタイプの確率的状況、つまり諸推定ないし諸判断の特徴は、それらが間違いを犯すことである。これとは対照的に、第一のタイプや第二のタイプに関しては、数学的あるいは経験的に決まっているから、確率の数値に誤りの余地が全く入らない。

前二者のタイプはリスクに関係し、第三のタイプは（真の）不確実性に関係する。その間の相違は本当に決定的である。以上のことを念頭において、これら三つのタイプを図表化すれば、表3－1のごとくになる。

ナイトは第三のタイプの確率的状況に、並々ならぬ関心を寄せる。

実際のところ、主著の核心部分は、第三のタイプに分析の焦点を当てたことにある。彼は例のように気難しくかつ雄弁に語るのである。

「推定に関係する確率と保険処理可能な事象との間の理論上の相違は、第一級の重要性を持つものであり、人の判断の有無と程度によって記述されうる。例として、ビジネスの典型的な意思決定を取り上げよう。ある製造業者が、工場設備の増大を大幅に実施すべきかどうかを真剣に考慮している。その製造業者は設備増大に絡む数多くの要因を色々考慮に入れながら、そのことの実行可能性について「頭を回らせる」のだ。その際に最後の決め手となるのは、提案された行動計画が生み出すだろう結果についての製造業者の「推定」なのである。ところで判断上の誤りの「確率」（より厳密には、予め指定された誤まりの「確率」）とは一体どういうものだろうか。かかる確率を先験的に計算したり、または多数の事例研究によって経験的に決定したりすることは、明らかに無意味なことである。ここで問題の本質として私が言いたいことは、当面の「各事例」が余りもユニークであり、他の類似事例が皆無か、せいぜい僅少しかないので、実際に何らかの確率計算を行うことは不可能だということである。このことはビジネス意思決定に特有のことではなくて、人間の大抵の行為についても妥当する」

（Knight〔1921〕『リスク、不確実性および利潤』より）

正直に言って、この辺りのナイトの文章の流れはいささか混濁しており、私としては文意を推定して上手な訳語を当てるほか手立てがない。彼の文章は一見複雑で気難しいようであるが、その真意は案外明晰ではないだろうかと信じたい。要するに、ビジネスは不断に前例なき事態に直面しているので、普通の大数法則が使用できず、最後の決め手は企業家の主観的判断ないし「ヤル気」なのである。平明に言うならば、「文科の確率」は「理科の確率」とは全く異なり、数量化作業が甚だ困難だ。人間の判断は過ちを犯すことが常であり、行動の多少の行き過ぎや遅すぎることはむしろ当たり前のことである。人間の知識が不十分である以上、その判断は主観的・個人的なものにならざるをえない。

ナイトによる三つのタイプ分けは非常に有用であると思う。主著『リスク、不確実性および利潤』のシカゴ大学版ペーパーバックは、私が常日頃から愛用し、旅行にも持ち歩いている。非常に興味をそそるのは、その表紙に奇妙な姿のサイコロが描かれていることだ。図3-2が示すように、サイコロの六面の中で、読者の目に触れるのは「3」(自然数)、「?」(はてなマーク)、「$」(ドル)の三面だけである。これら三つの面がそれぞれ、「リスク」「不確実性」「利潤」に関係する符牒であると言うのであろうか。真偽のほどは明らかでないが、かかるデザインは大変巧妙であると感じている。私はこれを「ナイトのトリアーデ」のデザイン化であると評価したい。

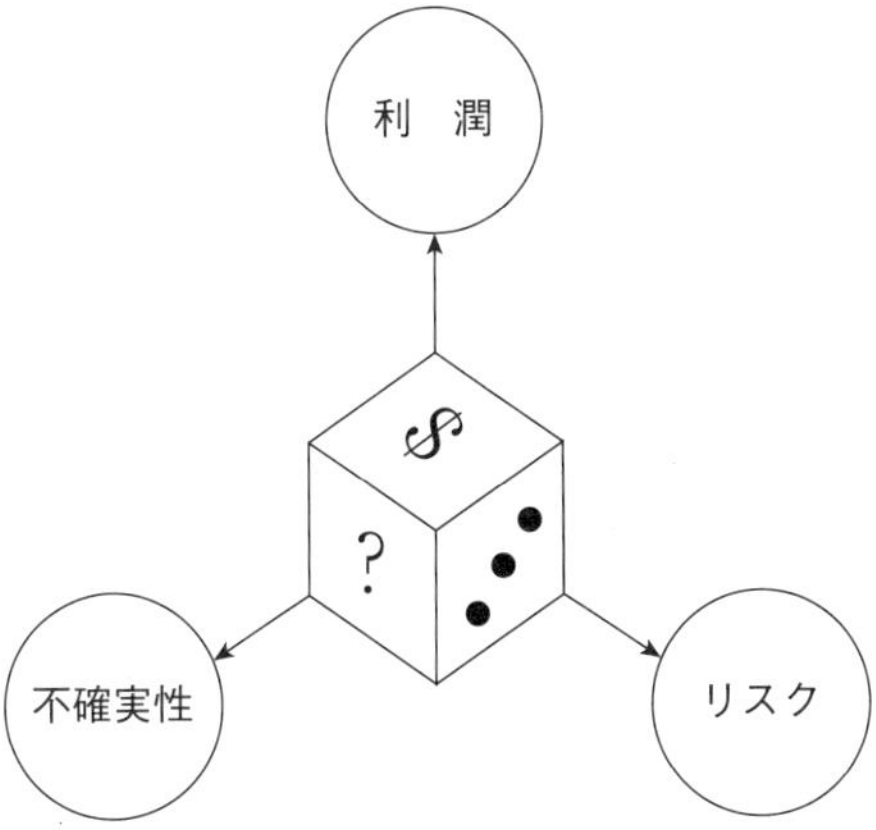

図3-2 ナイトのトリアーデ

（出所）Knight（1921）の表紙を参照し，筆者が改訂作成。

ナイトは、経済理論の長い歴史において、第三タイプの不確実性ないし確率的状況がずっと無視されてきたと憤慨している。だから、それを本来あるべき位置に置くのが我々の使命であると力強く宣言している。ナイトによれば、測定可能な不確実性なるものは、ビジネスに対して何ら不確実性を持ち込むものでは決してないのだ。

「我々の一層重要な仕事とは、(測定不能であり、故に消去不能となる）一層高度の形の不確実性がもたらす諸々の帰結を究明することである。完全競争理論は現実に妥当しなくなり、経済組織全体が独自の「企業」的性格を帯び、故に企業家独自の所得が発生するのは、まさにかかる真の不確実性が存在するからである」

（Knight〔1921〕『リスク、不確実性および利潤』より）

こういうわけで、ナイトはリスクとは区別された意味での（真の）不確実性の意味を明確にする。そして、かかる不確実性こそが賃金と区別された（真の）企業家所得、すなわち利潤を生む源泉になると説くわけである。

不確実性下における企業家の役割

ナイトは原書第八章以下において、不確実性に直面する企業家の役割と利潤発生との間の不可分の関係について論を進める。

まずナイトはアダム・スミスに従って、不確実性に向かう人間の態度は間違いが多く、過大評価や過小評価など、評価上のバイアスを犯しがちであると観察している。普通の人間は必ずしも抽象的な合理的経済人ではなく、ボンクラでフラフラしている反合理的・半合理的市井人であると考えている。

「不確実性に向かう人間の態度を論じることは、不確実性それ自体を論じることと同じ程度に困難な問題である。不確実状況に対する人間の反応が、とかく過ちが多く一人ひとりによって極端に異なっているばかりではないのだ。いわゆる《正常》な反応までもが、健全な論理展開に基づく行動から逸脱しているのである。このような逸脱行動はありふれたことであり（アダム・スミスによって既に議論されていたが）、人々は一方において、勝負に負ける確率が損得比率の上ではるかに大きい場合でも、一攫千金の夢実現のために少額出費をせっせと行うだろう。他方において人々は通常、損得の賭けが計算上自分に有利である場合においてすら、（ほぼ一〇〇％確実に少額利得が見込めるとしても）微小確率で巨大損失発生の案件の方を是が非でも回避するだろう」

（Knight〔1921〕『リスク、不確実性および利潤』より）

不確実性の世界において、人々の評価はあくまで主観的・個人的なものであり、決して客観的・機械的なものでないのだ。一方において、一攫千金の夢を追う、という評価バイアスが存在する。他方において、巨大リスクを絶対避けたい、というもう一つの評価バイアスがある。これは個人評価の「質」に関わるバイアスなのだ。ナイトが主張するように、我々が分析対象とする人間は、決して損得勘定一本槍の合理的経済人ではなく、むしろ情に弱く勘にも頼る「市井人」（the man in the street）なのである。

上述したように、人々は宝くじを購入して一攫千金の夢を追いがちである。不確実性の下において、積極的で前向きな「夢見る人」の活躍が顕著になる経済システムが存在する。それが市場経済制度であり、そこではリスク挑戦者としての新しい階層——「企業家」（entrepreneur）が出現するのだ。不確実性なしでは、ビジネスの仕事はルーティン化し、創意と工夫が入る余地がない。ところが、いったん不確実性が入るようになると、ビジネスは「毎日、これ戦場」のようになり、前例にない新たな決断に迫られ、然るべき責任も伴うことになるだろう。こういう決断と責任をとる人間の所得は、普通の賃金とは異なる範疇の所得であり、特別に「利潤」と呼ばれるべきである、とナイトは主張する。

「経営者の機能がミスを伴いがちな個人的判断を必要とするには、そして（グループ内での他人の意見を聞いたうえで）経営者の見解是正が行われ、責任が問われるような場合には、かかる機能の性格は革命的に変わる。経営者はいまや企業家となるのだ。確かに、彼は通例の場合、これまで通りの機械的ルーティン機能を果たし、従来通りの賃金を受け取るかもしれない。だが、それに加えて彼は責任を伴う意思決定を行うのであり、普通の賃金以外に（経済理論家によって）「利潤」と命名されている別個の特別的報酬を受け取るだろう」

（Knight〔1921〕『リスク、不確実性および利潤』より）

労働者は、その提供する労働の対価として賃金を受け取る。地主は、その提供する土地や建物に対するレントの形で地代を得る。銀行家は、その貸出資金に対して利子支払いを獲得する。そして、当該会社の全収入合計から、これらの各要素支払い分を差し引いた差額こそが、企業家の受け取る（残余としての）利潤なのである。

興味あることに、各利潤を産業全体で総計した「総利潤額」がマイナス値を取りうるという。その理由は、企業間の競争が余りにも激烈すぎて、お互いに損を覚悟で「出血競争」をするためだ。「アニマル・スピリッツ」を持つ企業家の行動には、単なる金銭計算では説明できない不可解なものがある。

要するに、ナイトの利潤論は、不確実性ファクターとの絡みにおいて特別の意味を持つ。彼によれば、利潤とは測定可能なリスクに対する報酬ではなくて、「測定不能な不確実性に対する報酬」なのである。この報酬はおおむねプラス値であろうが、時にマイナスとなる可能性もあるだろう。

3　リスクの量と質

リスク概念を再検討する

以上の第一節と第二節において、私はナイトの主著『リスク、不確実性および利潤』の中の論点を私なりにまとめるという形において、リスクと不確実性との決定的相違、不確実性下における企業家の役割、及び剰余としての利潤の発生を詳しく論じた。だが、現在の我々が生活するのは、はるか昔の一九二〇年代ではない。それから既に九〇年という長い歳月が流れているのだ。そこで以下では、単なる「温故知新」の枠を超えて、「リスクの量と質」という新しい角度からナイト分析の拡張展開を若干試みようと思う。

まず、リスクの概念の再検討を行いたい。私の幸運な出世作『不確実性の経済学』（有斐閣経済学叢書、第1巻）は、この分野での日本最初の書物として一九八二年に出版された。当時はガルブレイスの名著『不確実性の時代』（*The Age of Uncertainty*, 1977）がベストセラーとして、内外の出版界を席巻していた。そこで私は書名として、この名著に少々影響されたのであろうか、余り深く考えずに「不確実性の経済学」という名前を付けたものだ。いまから考えると、「リスクの経済学」という名称のほうがベターだったのかもしれないが、当時の冷戦時代の空気としては「リスク」より「不確実性」のほうが時代にマッチしていたような気もする。

私自身はかつて、「日本リスク研究学会」の理事職や会長職を歴任したことがある。すると、この「理系六割、文系四割」の学会において、人々の口に上るのは専ら「リスク」だけであって、「不確実性」の「フ」の字も問題にされないことが判明した。学会名の中に既に「リスク」の文字があるように、数学、物理学、化学、生物学、医学など、いわゆる理系の各分野はいずれも計測化・数値化が進んでおり、何らかの確率分布の存在を前提した「リスク研究」や「リスク科学」が全面的に幅を利かしているのだ。さらに、物理学の「不確定性」の英語名は経済学の「不確実性」と同じ単語（uncertainty）であるので、後者の日本語が理系の分野で用いられることは期待できないであろう。

今日の新聞やテレビを見ると、地震リスク、津波リスク、戦争リスク、失業リスク、コミュニケーション・リスクなど、まさにリスク、リスク、リスクのオンパレードである。そこで、小生自身、上記の処女作以降の著

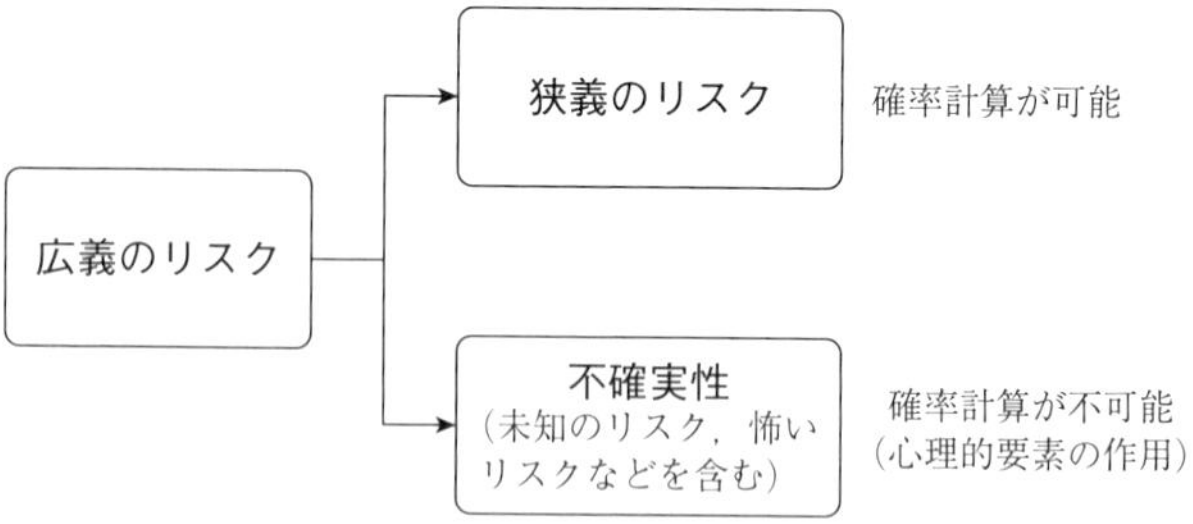

図３‐３　リスク概念の拡張と不確実性の位置――現代のアプローチ

（出所）筆者が作成。

作においては、「リスクの経済学」とか「リスク経済学」とか、世間の日常用語として定着した感のある「リスク」を一般的に採用し、（ナイトとは逆に）「不確実性」をむしろリスクの一部として包含させるように努めてきている。この点を図示すれば、図３‐３のごとくになる。

まず、「広義のリスク」として、幾多の自然リスク、社会リスク、モラルリスクなど、考えうる全てのリスク事象を包含する。ナイトの分類とは異なり、ここでは「初めにリスクありき」という感じである。これを確率計算が可能か否かによって、「狭義のリスク」と「不確実性」にクラス分けをする。

普通に「リスク、リスク」と連呼する場合には、もちろん包括的な「広義のリスク」が言及されている。その中で、先験的・数学的であれ統計的・実証的であれ、何らかの確率計算が可能なリスクが、不確実性と区別された「狭義のリスク」に他ならない。人間の知識は不完全であり、その部分的情報だけでは確率分布を特定できないかもしれない。確率計算が不可能であり、かつ並の人間の心理的要素が微妙に働く場合には、我々は「不確実性」の世界に入るわけだ。後述するように、心理学の分野で扱われるリスクは実に多様であり、「未知のリスク」（unknown risk）や「怖いリスク」（dreadful risk）など、分布関数の特定化が困難なリスクが輩出することになる。このような一見「異質なリスク」も、広く「不確実性」の中に取り込むのが得策であると考えている。

「リスクの質」を考える

「酒井さん、リスクの《量》に関する君の数学的な議論はよく分かりました。でも、僕にはまだ納得が行かない所が残っています。それはリスクの《質》についてなのです。君はリスクの《量》と区別された《質》に関して、どのような御意見をお持ちでしょうか」

私が生活経済学会の長老から右のような質問を受けたのは、まだ若きころの一九八〇年代の後半のことである。私の専門はもともと理論経済学・数理経済学であった。日本経済学会やヨーロッパ経済学会（European Economic Association）や世界計量経済学会（Econometric Society）など、理論計量系の諸学会においては、経済データの「量的側面」が専ら研究対象とされてきた。例えば、「日本の*GDP*はアメリカの三分の一」だとか、「平均株価が一万円から九〇〇〇円へと下落した」とか言う場合には、*GDP*や株価の動きなど、量的に測定可能な「量的側面」のみが問題になっている。

ところが、生活者の豊かさや多様性をも取り扱う生活経済学会においては、人間生活の「質的側面」もが大変重要になってくる。例えば、「*GDP*が非常に小さいブータンが、国民が世界一幸福に感じる国」という場合、我々は「人間の幸福とは何か」について、量的・質的の両側面から総合的に検討する必要に迫られる。

振り返ってみると、「生活の質」が問われる生活経済学者を前にして、当時の私が包括的な多様な「リスクの質」の側面を軽視して、ひたすら計測可能な「リスクの量」に限定して数学的モデル展開をしたことは汗顔の至りであった。それは単なる「若気の至り」を超えて、「数理経済学の傲慢さ」を示すものだったかもしれない。

その後、私は生活経済学会の理事職や会長職につくのであるが、次第に人間生活データの「量的側面」と

「質的側面」の双方に気配りするようになった。そして、日本リスク研究学会の会長に就任した時には、多くの理系の研究者を前にしても「リスクの質」の問題を意識的に取り上げるようになったわけである。

未知のリスクと怖いリスク

リスクの質の問題を考える際に、参考になるのは経済学の隣接分野である社会心理的分析である。アメリカの著名な心理学者ポール・スロヴィックは、次のような一八種類の個別事象を調査対象として選んでいる（Slovic 1987）。

原子力発電、核実験落下物、放射性廃棄物、ＤＮＡ技術、ＳＳＴ、人工衛星落下、マイクロウェーブ、オーブン、アスピリン、カフェイン、自転車、喫煙、ダイナマイト、ピストル、飛行機事故、炭鉱事故、天然ガス爆発、核戦争

その分析視角として注目したのは、二種類の質的に異なるリスクである。

未知のリスク（unknown risk）　得体が分からず、人に不安感を与える
怖いリスク（dreadful risk）　スケールが巨大で、人に恐怖感を与える

スロヴィックは上記の一八の個別事象の各々を取り上げ、それがどの程度に「未知のリスク」であり、またどの程度に「怖いリスク」であるかについて、大ざっぱにランク付けを行った。その調査結果の概要を図示すれば、図３－４のごとくになる。

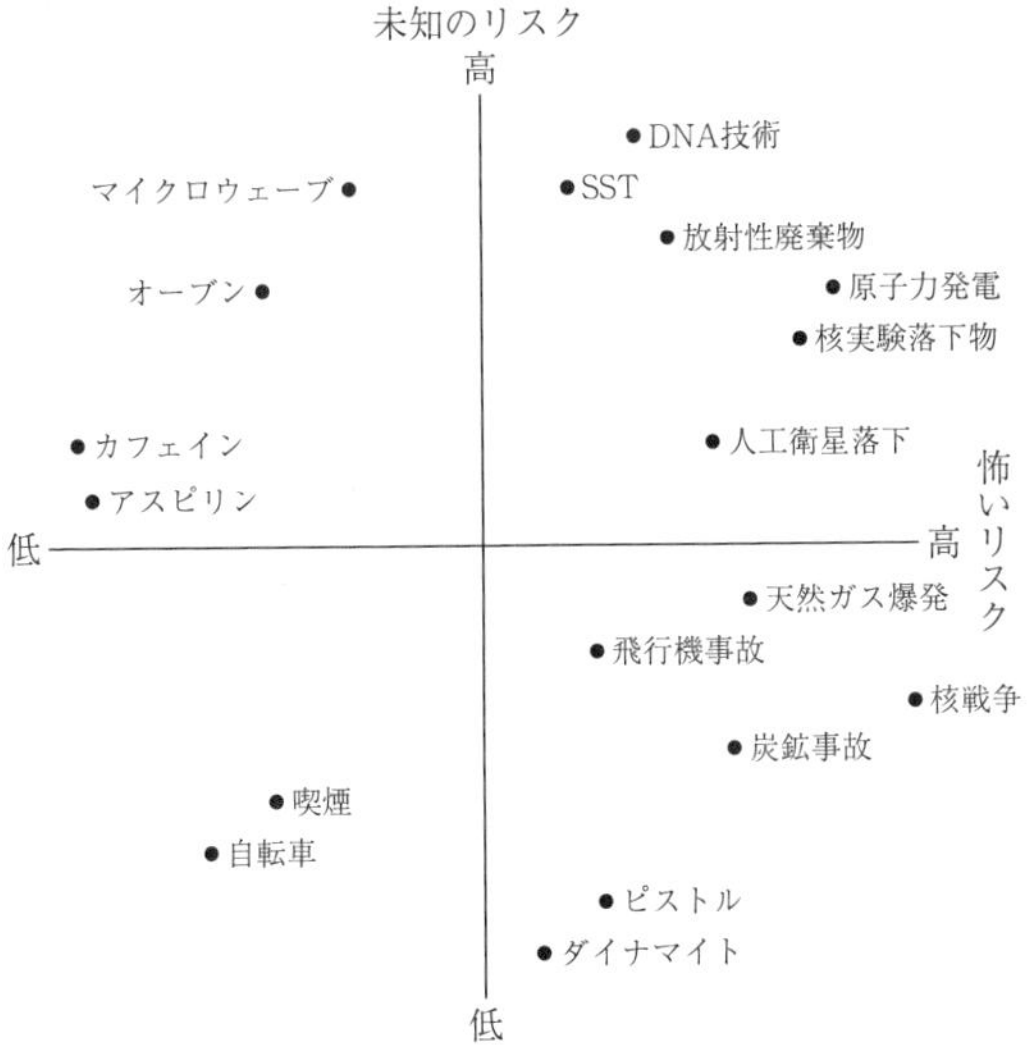

図3-4 未知のリスクと怖いリスク――社会心理学的分析

（出所）Slovic（1987）を参照し，筆者が改訂作成。

スロヴィックのリスク調査は、いくつかの点で非常に興味深い。第一の特徴は、色々考えられる諸々のリスクの中で、未知のリスクと怖いリスクという二つのリスクが人間心理的に最も影響を与えるものと考えている点である。第二に、原子力発電、放射性廃棄物、核実験落下物、核戦争というように、原子力関係のリスク四種類が調査対象に入っている。確かに、発表年はベルリンの壁崩壊以前の一九八七年であり、核抑止と東西冷戦はいまだ存続していた。だが、このことを別にしても、スロヴィック自身が恐らく個人的理由のために、原子力リスクに並々ならぬ関心を寄せていたのではないだろうか。

第三に、「原子力の平和利用」と喧伝された原子力発電が、全ての事象の中で最も得体が知れず、最も怖いリスクと認定されている。一九八〇年代のアメリカ社会においてさえ、原子力は腫れ物に触るような存在だったらしい。チェルノブイリ、スリーマイル島、フクシマでの原発事故を得た現在では、その怖さは三倍にも四倍にも増大していることだろう。他方、十分予想されることだが、喫煙や自転車は、未知でも怖くもなく御し易いリスクとみなされている。

第四に、天然ガス爆発や飛行機事故は、良く知られているが怖いリスクである。それとは対象的に、マイクロウェーブやオーブンは怖くはないが、正体のよく分からないリスクと受け止められている。興味あることに、自動車社会における調査にもかかわらず、自動車事故が調査対象から「わざと外されている」ような印象を受ける。友人の友人スロヴィックにこの点を確かめてみたいと思う。

従来のリスク経済学においては、リスクの質的分析が不得意であり、リスクの大小を単に量的に測るだけで満足していたきらいがある。上記のスロヴィックの分析はまだ完璧なものと言えないが、質的分析のための第一歩として評価したいと思う。

4 ナイト理論の現代的評価

期待効用理論とナイト理論

現在のリスク経済学において、主流の位置を占める理論は、ダニエル・ベルヌーイやフォン・ノイマンの流れをくむ「期待効用理論」(expected utility theory) である。この理論では、各状態と各利得が互いに明確に識別でき、しかもこの両者の関係が確率分布関数によって完璧に表示されることが想定されている。例えば、「雨が降れば収穫は三〇%アップ、降らないと収穫は四〇%ダウン」であり、しかも「降雨確率が七五%」であると量的に正確に予想可能である。

気象衛星が天空を回る現在においては、天気予報の精度は相当に上がってきている。だが、それでも国内の予報が外れることは時々あることだし、ましてや外国の天気は軍事機密との関係でよく分からないのが実情だろう。二〇一一年三月の東日本大震災の時には、マグニチュード9・0の大地震や一五メートルの大津波の発生は、当初から「想定外の事象」として簡単に処理されるところだった。水素爆発と放射性物質拡散を伴う深刻な原発事故などは、「人知の全く及ばぬサプライズ」として、政府や電力会社は免責されるのは当然だ、という空気が流れていた。

結論から言うと、主流派の期待効用理論は、量的に測定可能なリスクを扱う理論としてそれなりに有効である。だが、質的に次元が異なり、測定困難な不確実性を問題にする段になると、期待効用理論の有効性は急速に低下してしまう。なるほど、主観的確率上のバイアスや、効用関数の上下シフトを考慮することによって、既成の「期待効用理論の一般化」を図ることが色々試みられている。だが、こういう試みはいわば「古家の一部修繕作業」に過ぎず、「根本的な新築作業」を企てるものではないのだ。(6)

私見によると、後者の新築作業を目指す理論として、ナイトの理論は一つの有力な分析手段を提供している。従来の期待効用理論はそれなりに有益な理論ではあったものの、一定の限界が存在していた。ナイトの立場に立てば、期待効用理論は（狭義の）リスクを上手に処理するが、肝心要の不確実性の取り扱いが不得手であると言わざるをえない。期待効用理論はナイト理論を超えるものではないのである。我々は期待効用理論の限界を乗り越えて、ナイト理論の領域に入り、さらには後者の拡張作業を積極的に推進する必要がある。

ナイトとシューマッハーの警告——現代に通じる教訓

本章の出だしの所で、ナイトへの知的関心が高まりつつある、と書いた。このことは、当初「想定外の事象」と一蹴されかけたフクシマ原発事故以降において特にそうであると思う。

リスク経済学の歴史を繙くと、意外なことには、原発事故への言及が少ないのである。ヒロシマやナガサキの悲劇があるにもかかわらず、学界において「原子力の平和利用」がいわば当然の事実として黙認されてきたことが関係しているのかもしれない。例えば、碩学アローの歴史的著作『リスク負担理論に関する論文集』（1970）や、ダイヤモンドとロスチャイルド編の重要著作『経済学における不確実性――論文集と演習問題』（1978）を読んでみても、原子力や原発への言及がほとんど見当たらない有様である。

そこで、私が視野の狭い理論・数理関係の著作を離れて、もっと広範に経済一般の書物を渉猟したところ、（恥ずかしいことに）「灯台下暗し」の事実があることに気が付いた。その忘れていた書物とは、シューマッハーの名著『小さいは美しい――人間重視の経済学』（1973）のことである。英語原著の正確な副題が“*Economics as if People Mattered*”であることに注意して欲しい。シューマッハーから見ると、現代経済学には「人間が存在しない、人間の心がない」ように映ったのであろうか。だから、「あたかも人間が存在するかのように、既存の経済学を再構成すればこのようになるのだよ」と彼は叫びたかったのであろうと推測する。

この名著を開けると、第二部第四章が「核エネルギー――救済か断罪か」（Nuclear Energy : Salvation or Damnation?）と題されている。シューマッハーによると、人間が自然界に対して加えた最も危険で深刻な変化は、大規模な原子核分裂である。一般の人々は原子爆弾のほうに注意を払いがちであるが、いわゆる「原子力の平和利用」が人類に及ぼすリスクのほうがはるかに大きいのである。だが、大多数の人間は原発の真に恐るべき悪影響を全く勘定に入れていないのだ、とシューマッハーは慨嘆している。

火力発電所を作るべきか、それとも原発を作るべきかは、既存の経済理論によれば「リスクの下での意思決定」の問題であった。実際、発電所の建設コストは十分計算可能であるし、事故確率も事前に測定可能であるから、発電所建設からくる「ベネフィットの期待値」と、建設・運転に要する「コストの期待値」とは、双方の発電方式において計算可能である。たとえ、もっと高級な期待効用理論を援用するにしても、「ベネフィットの期待効用値」と「コストの期待効用値」とは、頭の上では容易に比較可能である。そのような比較作業の上で「原発のほうがやはり有利だ」というのが、原発推進派の言い分である。

ところが、シューマッハーは単なる経済計算だけで、原発を推進するのは余りにも一方的な議論であると看破していたのである。その主たる理由は、核分裂たるものが「人間生命に対する信じがたく類例のない特異なハザード」(incredible, incomparable and unique hazard for human life)であるからだ。それは「類例がない」わけであるから、計測ができず、繰り返しも可能でない事象なのである。このことは、火力か原子力かの選択は、もはや(測定可能な)リスクの下での意思決定問題ではなく、(測定不能な)不確実性の下での意思決定問題であることを意味する。ここにおいて、まさに「ナイト流の不確実性問題」が顕著な形で現出するわけである。

私はこれからの研究方向として、ナイトとシューマッハーの間の橋渡し作業を進めることが非常に重要であると信じている。「温故知新」という言葉が示すように、故人の教訓から我々が学ぶべきことは想像以上に大きいのである。

私と同世代でドイツの著名な社会学者ベックは、好著『リスク社会——新しい近代への道』(1986)において、「原子力時代のリスク」について言及し、以後の著作において何度もシューマッハー流に、「計測できない類例のない特異なハザード」としての原発問題の解明に力を注いでいる。我々経済学者は在来の狭い領域に留まることなく、隣接の社会学や人類学・生物学の分野にも積極的に踏み込んで「ナイト流の不確実性の科学」の再構築に全力を傾注しなければならない。新世紀に相応しい新学問の構築が切に待たれている。

注

(1) 私はここ四〇年間、「リスクと不確実性の経済学」が自分の主要研究テーマであったために、フランク・ナイトの業績に言及することも少なくなかった。私の直近のナイト研究については、酒井泰弘（2010）を参照されたい。

（2）私の日本経済新聞寄稿論稿については、酒井泰弘（2012）を御覧願いたい。世界経済と経済学自体とが混迷している現在、「危機・先人に学ぶ」ことの重要性がますます大きくなっている。

（3）ブロンフェンブレナー先生は自分自身に対しても厳しい人であり、私の友人の故三辺誠夫氏への私的な手紙には、次のような署名と捺印が添えられていたものだ。「ブロンフ・フォン・ブレナー、絶滅不名誉教授」（Bronf Von Brenner, Extinguished Professor Demeritus）。ここで「フォン」とは貴族出身を表わす名称であることに注意されたい。先生の洒落加減を倍加させるかのように、署名の後には「莫迦」という大きい印鑑が鮮やかに捺印されていた。この点は、Goodwin（1998）によっても言及されている。さらに、先生は三辺氏に対して、次のような助言をすることを好んだ。「君は私の言うように行いなさい。でも、私の行うように行っては駄目ですよ」（You should do as I say, but not as I do）。

（4）ブロンフェンブレナー先生による高田保馬とマーシャルとの関係については、橘木俊昭（2012）を参照されたい。福岡正夫先生によるナイトとマーシャルとの関係は、これまで余り注目されてこなかった。いずれの関係もさらに深く研究されるべきだと思う。

（5）中山智香子（2010）は大戦間期を彩る主要な学者として、シュンペーター（1883-1950）、カール・ポラニー（1886-1964）、モルゲンシュテルン（1902-1977）の三人に注目している。私はこれに加えて、フォン・ノイマン（1903-1957）、J・M・ケインズ（1883-1946）、フランク・ナイト（1885-1972）、さらには高田保馬（1883-1972）にも分析の光を照射したいと思う。いずれにせよ、動乱と戦争は社会と経済を激しく動揺させるが、その中でこそ偉大な学者群が束になって育ってくる。ちなみに、シュンペーターとケインズと高田保馬の三人の誕生年は、同じ年（すなわち一八八三年）であることに注目して欲しい。

（6）期待効用理論の展開・一般化の作業は、過去四〇年間にわたって筆者がそれこそ命を賭けて頑張ってきた一大プロジェクトである。その成果の詳細については、酒井泰弘（1982, 1996, 2011）などを参照して頂きたい。これからは、気力をさらに絞って、ナイト流のリスク理論の展開・拡張作業を推し進めたいと思う。この点については、複雑性経済学の重鎮・塩沢由典氏の試論的力作（2012）も大いに参考になる。

参考文献

Arrow, K.J.（1970）*Essays in the Theory of Risk-Bearing*, North-Holland.

Beck, U.（1986）*Risikogesellschaft : Auf dem Weg in eine andere Moderne*, Surbkamp.（Translated by Lash, S. & Wynne, B.〔1992〕*Risk Society : Towards a New Modernity*, SAGE publisher. ベック〔1998〕『危険社会――新しい近代への道』〔東廉・伊藤美登里訳〕法政大学出版局。）

Borch, K.H.（1968）*The Economics of Uncertainty*, Princeton University Press.

Diamond, P. and Rothschild, M.（eds.）（1978）*Uncertainty in Economics : Readings and Exercises*, Academic Press.

Galbraith, J.K.（1977）*The Age of Uncertainty*, Houghton Mifflin.（ガルブレイス〔1978〕『不確実性の時代』〔都留重人監訳〕TBSブリタニカ。）

Goodwin, C.D.（1998）"Martin Bronfenbrenner, 1914-1997," *Economic Journal*, Vol. 108.

Kahneman, D., Slovic, P. and Tversky, A.（eds.）（1982）*Judgment under Uncertainty : Heuristics and Biases*, Cambridge University Press.

Kahneman, D. and Tversky, A.（1979）"Prospect Theory : An Analysis of Decision under Risk," *Econometrica*, Vol. 37.

Keynes, J.M.（1936）*The General Theory of Employment, Interest and Money*, Macmillan.（ケインズ〔1995〕『雇用、利子および貨幣の一般理論』〔塩野谷祐一訳〕、間宮陽介訳〔2008〕上・下、岩波文庫。）

Knight, F.H.（1921）*Risk, Uncertainty and Profit*, Houghton Mifflin.（ナイト〔1969〕『危険、不確実性及び利潤』〔奥隅栄喜監訳〕文雅堂銀行研究社。）

Knight, F.H.（1935）*The Ethics of Competition and Other Essays*, University of Chicago Press.（ナイト〔2009〕『競争の倫理――フランク・ナイト論文選』〔高哲男・黒木亮訳〕ミネルヴァ書房。）

小出裕章（2011）『原発のウソ』扶桑社新書。

益川敏英（2011）「益川教授、原発を語る」『京都新聞』対談記事、二〇一一年一〇月一七日付。

松尾隆（2012）『アレン・ヤングの経済思想――不確実性と管理の経済学』ミネルヴァ書房。

中山智香子（2010）『経済戦争の理論』勁草書房。

日本リスク研究学会編（2006）『増補改訂版　リスク学辞典』阪急コミュニケーションズ。

Polanyi, K.（1944）*The Great Transformation : The Political and Economic Origins of Our Times*, Farrar & Rinehart.（ポラニー〔2009〕『新訳　大転換』〔野口健彦・栖原学訳〕東洋経済新報社。）

酒井泰弘（1982）『不確実性の経済学』有斐閣。

酒井泰弘（1996）『リスクの経済学――情報と社会風土』有斐閣。

酒井泰弘（2010）『リスクの経済思想』ミネルヴァ書房。

酒井泰弘（2011）「原発のリスク経済分析」『彦根論叢』三九〇号。

酒井泰弘（2012）「危機・先人に学ぶ――フランク・ナイト」日本経済新聞「やさしい経済学」欄、二〇一二年一月二四日、二五日、二六日、二七日、三〇日、三一日、二月一日、二日の計八回。

Schumacher, E.F.（1973）*Small is Beautiful : Economics as if People Mattered*, Blond & Briggs Ltd.（シューマッハー〔1986〕『スモール　イズ　ビューティフル――人間中心の経済学』〔小島慶三・酒井懋訳〕講談社。）

Schumpeter, J.A.（1942）*Capitalism, Socialism and Democracy*, Charles E. Tuttle.（シュンペーター〔1995〕『資本主義・社会主義・民主主義』〔中山伊知郎・東畑精一訳〕東洋経済新報社。）

塩沢由典（2012）「ギンタス（2011）から進化経済学を考える」進化経済学会二〇一二年度大会企画セッション基調報告、摂南大学。

Slovic, P.（1987）"Perception of Risk," *Science*, Vol. 236.

橘木俊詔（2012）『課題解明の経済学史』朝日新聞出版社。

橘木俊詔ほか（2007–09）『リスク学入門』全五巻、岩波書店。

高田保馬（1937）『利子論』有斐閣。

高田保馬（1941）『経済と勢力』日本評論社。

高田保馬（1955）『ケインズ論難――勢力説の立場から』有斐閣。

Taleb, N.N.（2007）*The Black Swan : The Impact of the Highly Improbable*, Random House Publishing Group.

Von Neumann, J. and Morgenstern, O.（1944）*Theory of Games and Economic Behavior*, Princeton University Press.（フォン・ノイマン、モルゲンシュテルン〔2009〕『ゲーム理論と経済行動』〔銀林浩他訳〕ちくま学芸文庫。）

インターネット（2012）"Frank H. Knight, 1885-1972". (http://cruel.org/econthought/profiles/knight.html)（二〇一五年七月二六日アクセス。）

第4章　時代の子ケインズと新しいヴィジョン——ナイトへの接近と離反

1　難解な悪書

ケインズと私の学生時代

私の本棚の左側上段部の片隅に、手垢で薄汚れた小型の洋書がある。その最初の頁の文章は当時の時代の空気をよく表しているので、ここに再現しておこう。

THE GENERAL THEORY OF EMPLOYMENT, INTEREST AND MONEY
by John Maynard Keynes, Fellow of King's College, Cambridge
London : Macmillan & Co., Ltd.
Tokyo : Maruzen Co., Ltd.

書物のタイトルは『雇用、利子および貨幣の一般理論』という。ここで、不定冠詞のAではなく、定冠詞のTHEが堂々と用いられ、さらにGENERAL THEORYと続くことに注目したい。著者が本書で展開する理論は、色々考えられる中の一つの考え方程度ではなく、まさに「これしかないという決定版の理論」なのである。しかも、それはごく限定された場合にのみ成り立つ「特殊理論」ではなく、考えうる全ての場合に対して適用可能な（極め付きの）「一般理論」なのである。本書公刊に対して抱く著者の意気込みの高さが、これによって極めて明白であろう[1]。

出版社は英国ロンドンの名門マクミラン社であるが、その後で日本・東京の大手業者・丸善が併記されているのは、誠に興味深い。だから、私が所有するのはマクミラン社発行の原書でもなく、一時アジアで流行した最廉価の「海賊版」でもなかった。マクミランが丸善に対してのみ複製を許可した、いわば中間の「日本限定版」であったのだ。

上のように「鼻息が極めて荒い」著者がジョン・メイナード・ケインズその人であり、その肩書はケンブリッジ大学キングス・カレッジの「フェロー」（Fellow）であったことが分かる。大学の講座を預かる正教授（Professor）でも、サポート役の講師（Lecturer）でもなく、もっと控えめな地位の研究員程度に過ぎなかったわけである。この低い地位のフェローが、本書によって下剋上よろしく、主任教授のピグーに対して異論を述べるというのだから、事態は決して穏やかではない。分かり易くいうと、これは「先輩に喧嘩を売り、学界に殴り込みをかける」たぐいの大論争書なのである。

さて、上記の見開きのすぐ裏のページの上部には、次のような文章が見られる。

First Edition, February 1936
Reprinted March and December 1936
Reprinted 1939, 1942, 1946, 1947, 1949, 1952, 1954, 1957

初版第一刷は一九三六年二月であるが、売れ行き好調なようで、第二刷が翌三月に早速出され、第三刷が年末の一二月に出版されている。それから、四刷目が三年後の一九三九年、五刷目が著者他界の一九四六年に出版され、それ以後も順調に印刷部数を増やし続けている。序ながら、同じページの下方部分には、次のような興味ある文章が記録されているのだ。

Reprinted by permission of the Executors of the late Lord Keynes
Estate and of Macmillan & Company, Ltd.
FOR SALE IN JAPAN ONLY
Printed in Japan

これによって、私の所有する英書は、故ケインズ卿の資産管理者及びマクミラン社によって複製許可が下り、日本においてのみ印刷・販売が許された限定版であったことが判明する。この「日本複製版」は、マクミラン社出版の原著より一回り小型であり、紙の質も本の値段も相当に低い。戦争に敗れたが、活字に飢えていた日本の読者層を意識して、この種の廉価複製版が当時流行したということだろう。貧乏学生の私は、財布を空にしてでも、ケインズの書物に飛びついたものである。そして、一気呵成に読破し、その証として最後のページに、次のような「落書き」を鉛筆書きした[2]。

「1962年6月19日、これを読了す」

私が神戸大学経済学部四回生だった梅雨の時期である。あれから早や五〇年以上の星霜が流れた。この間、ケインズに対する評価は時と所によって上がったり下がったり、目まぐるしく変貌したが、彼が二〇世紀最大の経済学者だったことを疑う人は誰もいないだろう。本章の主題は、このケインズのマクロ理論を多角的に再検討し、現代的評価と残された課題を考察することである。その際、同時代人のライバルであったフランク・ナイトの所説との比較検討も合わせて論じてみたいと思う。

出版一〇年後の状況——サミュエルソンの感慨とナイトの反目

私の現在の書斎には「ケインズ・コーナー」とも言うべき一角があり、その片隅にケインズ『一般理論』の日本限定廉価本があることは上で述べた。実は、その隣にレカチマン編集の論文集『ケインズの一般理論——三〇年間の影響の記録』(1964) が鎮座しているのだ。その英語原文を書いておけば、次のようである。

Keynes' General Theory : Reports of Three Decades
St. Martin's Press & Macmillan, 1964
Edited by Robert Lekachman

裏表紙の上部を見ると、ロチェスター大学留学時代の私の次のような署名がしてあった。同大学書籍部にて、いまから四〇年前の一九七〇年四月に、私がわざわざ注文入手したものらしい。

Yasuhiro Sakai
Rochester, April 1970

私の個人的体験はここまでにして、上述のレカチマン編集の本に戻ろう。その最後の所で、当時まだ若きサミュエルソン（1915–2009）が「一般理論」（1946）なる一文を寄稿し、その中で「一般理論の影響」や「一般理論へ至る道程」を興味深く述べている。それから七〇年の歳月が流れているが、不確実性と混迷の現時点において、その骨子を再吟味することは極めてタイムリーであるように思われる。

まず、非常に注目したいのは、若き日のサミュエルソンによる次のような名文である。(3)

「一九三六年以前に生まれた経済学者は幸福であった。だが、それよりはるか以前に生まれた学者は不幸だったのだ。

無上の幸福は、曙の時に生まれしこと
げに若きことは、まさに天国なるかな

『一般理論』は、年齢三五歳以下の経済学者に襲いかかった。それはまるで南海の孤島の住民を突然に襲い、感染を広げていった伝染病のごとくであった。年齢五〇歳以上の学者は伝染病の感染から免れていることが判明した。時が経過するにつれて、三五歳と五〇歳の間の多くは熱病にかかり始めていた。だが、熱病の何たるかを知らなかったり、病状をも認めないことが度々起こったのである」

（Samuelson〔1946〕「一般理論一〇年後」より）

一九一五年に誕生したサミュエルソンは、一九三六年には弱冠二一歳、将来を嘱望されていた「若きライオン」であった。だから、前述の文章のとおり、サミュエルソンは遅かれ早かれ「ケインズ病」にかかってしまった。もっとも、英才サミュエルソンをもってしても、『一般理論』の内容は当初全く理解できなかったらしい。そして、愛弟子クラインの学位論文、後には研究書の題名が同じく『ケインズ革命』（*The*

Keynesian Revolution, 1950）であったことにより、ケインズによる「新しい経済学」の革命性が漸く理解されたということだ(4)。

当時の学界の長老たち（五〇歳以上）が、流行の「ケインズ病」にかからず免疫があったことは、興味ある歴史的事実である。フランク・ナイトはかつてはケインズとともに「不確実性研究の道」を開拓していたはずだが、大恐慌真っ最中の一九三六年には、既に長老とも言える五一歳に達していたのだ。事実、ナイトは、かの『一般理論』出版の翌年の一九三七年には、舌鋒鋭いケインズ批判の論文「失業――ケインズ氏の経済理論革命」を執筆し、次のように述べていたのだ。

「私（ナイト）は（ケインズ氏の近著）『雇用、利子および貨幣の一般理論』を読破するために大変な労力を費やしたものの、そこに強い失望感が残るだけだったと告白せざるを得ない。本書の主たる価値を考えると、それは読破のために要する並々ならぬ労力そのものの中に存するようであり、まさに問題把握のための格闘力がそれによってますます強化されるのである」

（Knight〔1937〕「失業――ケインズ氏の経済理論革命」より）

それでは、碩学ナイトは異才ケインズの第二の主著に対して、かくも強い失望感を持つようになったのはなぜだろうか。この二人の第一の主著が、「蓋然性・不確実性」なるテーマを共有していただけに、第二の主著を境として、両巨人の離反や反目は際立っている。この点の詳しい解明は後に論じるとしても、ナイトが一九五〇年一二月二五日、アメリカ経済学会会長就任演説の中で、厳しいケインズ批判を再度展開していることを記録しておきたい。

「最新の《新経済学》は、私見によると、誤った学説と有害な結果を生む点で最悪の経済学と思うのだが、これは実はいまは亡きケインズ卿によって推進されたものである。経済の考え方は過去一〇年間のあいだ、ケインズによってはるか暗黒時代にまで後戻りしたのであるが、かような学問風潮が近時過ぎ去りつつあるのを見るのは、誠に幸いと言うべきである」

（Knight〔1951〕「経済学・政治学の分野における諸原理の役割」より）

これを見ると、ナイトはケインズの「新しい経済学」に対して、一九三〇年代と四〇年代は深い失望感と嫌悪感を抱いていた。だが、一九五〇年代に至ると、「ケインズ退潮の兆し」が少し出てきて、少し安堵感を感じ始めたようである。

ケインズとナイト――接近と離反と再接近の歴史

本書のタイトルは「ケインズ対ナイト」であるので、ここで両者の接近と離反と再接近の歴史を総括しておくのが得策と思われる。注目すべきことに、両巨頭の経済学を比較対照する研究が、私の知る限り、内外の学界においてこれまでほとんどない。これは経済思想史の「七不思議」の一つであろう。

図4-1を御覧いただきたい。これを見ると、両巨人がこの世に生誕した一八八〇年代冒頭から、本書執筆の二〇一〇年代を経て二〇二〇年に至る一四〇年のあいだ、どのように接近と離反、そして最接近と復活を経験してきたかを視覚的に理解することができよう[5]。

ケインズとナイトはともに一八八〇年代に生誕している。ケインズは一八八三年、イギリスのエリートの家に「銀の匙」を持って生まれた。ナイトは二年遅れの一八八五年、アメリカ中西部の田舎の家に「木の匙」を持って生まれた。イギリスとアメリカ、銀の匙と木の匙というから、二人の出自は地理的にも身分的

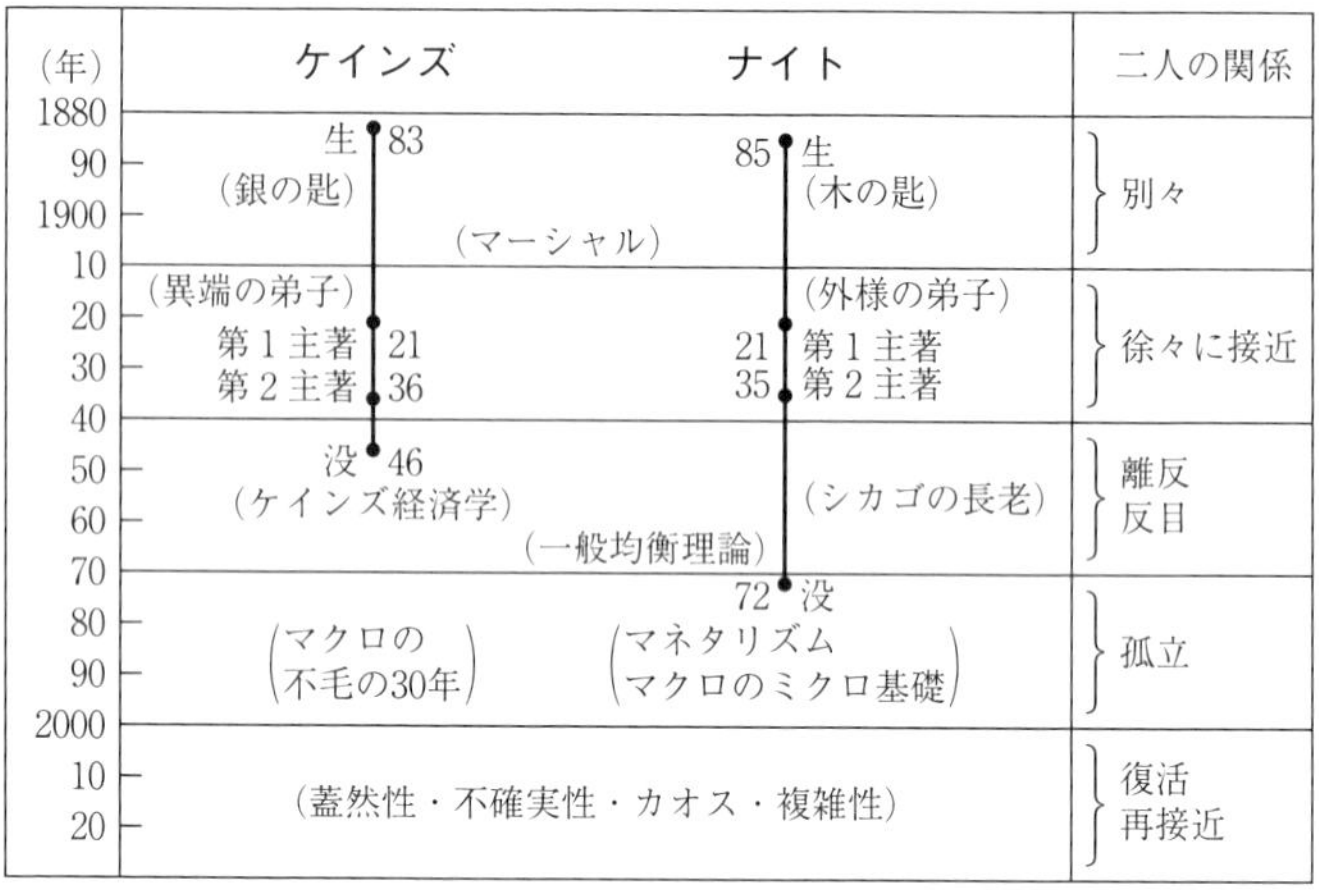

図4-1　ケインズとナイトにおける接近・離反・再接近の歴史

（出所）筆者が作成。

にも大変異なっていた。

ところが、一九〇〇年代から一九二〇年代にかけて、二人は研究者として徐々に接近してくる。ケインズはケンブリッジ大学にてマーシャルの薫陶を受け、まず愛弟子として学問的に成長し、しかしやがては「異端の弟子」としての歩みを始める。ナイトはシカゴ大学の教壇に立ってからは、マーシャルの「押しかけ弟子」ないし「外様の弟子」としての道を着実に進み始める。このように、直接か外様かの相違があるものの、二人がともにマーシャルの弟子を自認していたことは記憶に留める価値がある。

ケインズとナイトの研究分野はこの期間において、非常に接近したものになる。ケインズは一九〇八年のフェロー資格試験の時から蓋然性や不確実性の研究に没頭し、一九二一年には第一の主著『蓋然性論』を公刊し、学界の注目を浴びた。これに対して、ナイトは一九一六年の博士取得論文のころからリスクや不確実性の分野に全精力を注ぎ、一九二一年には第一の主著『リスク、不確実性および利潤』を出版し、一躍にしてこの分野の第一人者の地位を確立した。

二人は大西洋の東岸と西岸というように、地理的に相当隔絶した位置に住んでいたが、学問的に非常に近い関係を取り結んでいた。二人の間の直接的交流はないようであるが、恐らく書物を通して互いに尊敬し合っていたに相違なかろう。だが、一九三〇年代の世界恐慌はお互いの「蜜月時代」に一時的な終焉をもたらしたようで、二人の関係は学問的にだんだん疎遠となってくるのだ。ケインズは一九三六年に第二の主著『雇用、利子および貨幣の一般理論』を執筆し、この「生煮えのシチュー」のような悪書でもって経済学の革新をもたらすことになる。これが世にいう「ケインズ革命」である。ナイトはほぼ同年の一九三五年に第二の主著『競争の倫理』を世に問い、「前期シカゴ学派」の基軸として相応の存在感を示した。だが正直に言って、ナイトの新著はケインズのそれと比べてやや地味な本であり、以後しばらくは華々しいケインズの陰に次第に隠れていく。

ケインズの『一般理論』の衝撃は、当時五一歳だったナイトにも相当なものだったようだ。実際、上述したように、ナイトは当初より反発したが、一九五〇年のアメリカ経済学会会長就任挨拶の時には異例と思えるほどの嫌悪感を口にした。ケインズ自身は一九四六年に過労のために急死しているにもかかわらず、こういうむき出しの反対意見を儀礼的な会長講演の中で開陳したことは、当時の学界におけるケインズ流マクロ経済学の席巻ぶりを逆に示していたとも解釈できよう。

一九六〇年代に入ると、アメリカにおいて一般均衡理論やノン・リニア・プログラミングなど、高級な数学を駆使する数理経済学が俄かに台頭し、ケインズの難解な原著『一般理論』は大学で読まれなくなってしまう。さらに、ナイトが「大長老」として畏敬されていたシカゴ大学では、フリードマンやスティグラーを旗手とする「後期シカゴ学派」が反ケインズ主義の狼煙を上げてきた。ただし、これらの新旗手たちには、ナイトの自由主義のみが継承されたに過ぎず、ナイト好みの倫理主義は忘却されてしまった。

大長老ナイトは一九七二年に八七歳の高齢で他界した。ナイトはケインズより二年遅く生まれたものの、二六年も長生きしたわけである。一九七〇年代から八〇年代においては、マネタリズム、合理的期待形成、実物的景気循環論などの「マクロの新潮流」があり、伝統的なケインズ主義は背後に押しやられてしまった。いわゆる「マクロ経済のミクロ基礎」が厳密なモデル展開で論じられ、「ミクロ基礎のないマクロ分析」はアメリカの一流学術雑誌から門前払いをされるようになった。

一九七〇〜九〇年代の三〇年間は、フリードマン流の反ケインズ主義が全盛を極めた時期であった。推測するに、「あの世のケインズ」は首を横に振っていただろう。「シカゴの大長老」として表面的には畏敬されつつ、実質的には不遇な最晩年を経て他界したナイトも、天上界で多分顔をしかめており、むしろ孤独感をつのらせていただろうと想像する。

「奢れる人も久しからず、ただ春の夜の夢のごとし」という言葉がある。二〇世紀から二一世紀へ移行するにつれて、経済学の潮流のいわば「潮目」が再び変化した。潮目変化の象徴が二〇〇八年のリーマン・ショックである。この世の春を謳歌していた「反ケインズのマクロ経済学」はショック死に近い状態に陥り、学界におけるマクロ経済学への信頼が急激に薄らいでしまった。一九七〇年から二〇〇〇年までの三〇年間は、いまでは「マクロの不毛の三〇年」(クルーグマン)とも揶揄される有様である。

そして、我々はいまや「新世紀」に突入している。二〇〇〇年代から二〇一〇年代に至る時代は、「不確実性と混沌の時代」である。さすがのアメリカ経済も土台が揺らいでおり、昔日の面影はない。日本も「失われた二〇年」のあいだ、ゼロ成長の経済状態に悩んでいる。中国・インド・ブラジルなど「中進国」の経済発展は目覚ましいが、アメリカ経済を追い抜く保証はない。日本では、「アベノミクス」なる新経済政策が安倍内閣によって発動されているが、その中長期的効果のほどには疑問符が付いている。また二〇一一年三月一一日の東日本大震災と原発事故のことも忘れてはならない。原発建設の是非は「不確実性下の意思決定」の格好の問題なのである(これについては第7章で詳述する)。

情けないのは、わが経済学界の現状である。不確実性と混沌の時代を迎えて、その新時代にふさわしい「新経済学」の構築こそが求められているのに、その見通しは依然として闇の中なのだ。新構築のために重要なキーワードは、「不確実性・蓋然性・カオス・複雑性」である。そこで、「温故知新」よろしく、こういう問題に早くから取り組み学問の新機軸を推進してきた二人の経済学の巨人――ケインズとナイト――が再び脚光を浴びつつある。上述のように、この二人は別々に生まれたが徐々に接近し、やがて離反と反目、死別と孤独を味わってきたが、新世紀を節目に学問の潮流は再び反転した。いまやケインズの蓋然性論とナイトの不確実性論は再びスポットを浴び始めている。ケインズとナイトの二人は復活し、急速に再接近しつつある。[6]

時代がケインズやナイトを呼び戻したのだろうか。思うに、二人の学問の原点がともに蓋然性・不確実性にあることを想起すれば、これはある意味で当然のことであろう。二人の立場はもともと近かったのだから、これは不思議でも何でもない。それより、むしろ不思議と思えるは、この二人が一時期のあいだ激しく離反し反目していたことである。

反目の理由は色々あろう。まず最初に挙げられる理由は、性格上の違いである。ケインズは大学に真面目に通う学者というよりも、有能な実務家であり、バレリーナを妻に持ち、絵画収集にも余念がない「粋な通人」でもある。ベルサイユの講和会議で華々しく自説を展開し、世界銀行やＩＭＦ創設のために命を削って奔走した。これに対して、ナイトはアメリカ中西部の大学から終生離れることがなく、常にコーンパイプでタバコを愛用しながら、同僚たちとの間で皮肉っぽい議論を楽しんだ「大学の奇人」であった。極端に言えば、ケインズは「陽の人」であり、ナイトは「陰の人」であった。

次に挙げられるべき理由は、もっとアカデミックなスタイル上の問題である。ケインズの第二の主著『一般理論』は元来、第一の主著『蓋然性論』の延長線上にあるものと位置付けられるべきであった。前者は、哲学的な後者の経済学的応用とでも形容できるはずであった。ところが、実際においては、研究時間の余裕がなかったケインズは、通例の叙述スタイルに従わず、挨拶なしにいきなり相手に切り込んでしまったのだ。その結果、『一般理論』のスタイルは「喧嘩を売る過激本」のようになった。

『一般理論』の悪書ぶりについては、はるか後年、宇沢弘文教授がケインズの高弟リチャード・カーンから直接に聞いた言葉が非常に印象的である[7]。

「自分（カーン）は昨年（一九七八年）初めて『一般理論』を読み通したが、『一般理論』の書き方はまったくひどい。一体何を言い、何を伝えようとしているか私にはまったく理解できない」

（宇沢弘文〔1984〕『ケインズ「一般理論」を読む』より）

ケインズの高弟の一人であるカーンですら、『一般理論』の書き方がまったくひどい、と言っているのである。だから、学界・実業界・マスコミ界の一般読者が頭をかかえて、この「悪書の解釈」に励むことになったのも首肯できよう。そして、第二の主著の評釈をあれこれしているうちに、ケインズ研究で最も大切とみなされる側面、つまり「第一の主著『蓋然性論』から第二の主著への連携作業」という側面が軽視ないし無視されてしまったと言える。ちなみに、私が『一般理論』の公刊八〇年後に本書を執筆する最大目的は、まさにこの「不当に過小評価された側面」に再び分析の光を照射することである。

2 「古い考え方」と「新しい考え方」

「喧嘩本」としての『一般理論』――ナイトとの異同

『一般理論』がどういう種類の本であったかを知るには、「序文」の末尾の文章を見るのが一番である。

「著者（ケインズ）にとって本書を書くことは、慣習的な思考・表現様式からの長い脱出の闘いにほかならなかった。大方の読者にとってもまた、それらに対する著者の攻撃が功を奏したとするなら、本書を読むことはそのようなものであるに違いない。苦心惨憺して本書に示された見解は極めて単純明快であるはずである。困難があるとしたら、それは新しい考えの中にではなく、我々のように育ってきた者たちの、精神の隅々にまで染みわたっている古い考え方から脱出することにある」

（Keynes〔1936〕『一般理論』より）

ケインズは「古い考え方」と「新しい考え方」を対比している。そして、これまでの「古いケインズ」は古い考え方の虜になり、そこから逃げ出ることは並大抵でなかったと告白している。要するに、新著『一般理論』の出版は、伝統的思考様式からの「長い脱出」(a long struggle of escape) の歴史に終止符を打つことであった。ケインズの眼には、新著が「闘争と革命の書」にほかならないことは明々白々であった。

これに対して、ナイトは代表作『リスク、不確実性および利潤』初版を一九二一年に公刊し、再版を一九三三年、以後一九四八年と一九五七年に版を重ねているが、その執筆動機は非常に控えめであった。例えば、一九二一年初版本「序」の冒頭は、次のような文章でもって始まるのだ。

「本書には、基本的に新しい事柄はほとんど存在しない。その狙いは、伝統的経済学説の基本原理を従来のものより一層正確に論じ、かつかかる原理の意味する所を一層明確に述べることである。すなわち、その目的は一層の精緻化に過ぎず、新規な構築ではない。それは「純粋理論」に関する一研究にほかならない(8)」

（Knight〔1921〕『リスク、不確実性および利潤』より）

このように文面を辿るかぎり、ナイトにはケインズのごとき「伝統的思考様式からの脱出」を試みる気概が全く感じられない。だが、これはあくまでナイト独特の「皮肉な言い回し」に過ぎず、一〇〇％額面通りに受け取るわけにはいかないだろう。実際のところ、ナイトは同じ「序」の最後のところで、自作の内容の新規性を次のように宣言しているのだ。

「本書は自由企業理論への特別の技術的貢献を意図している。それはすなわち、企業システムの「中心人物」たる「企業家」の役割について、及びその特別機能に対する報酬決定力について、従来のものより一層完璧かつ一層綿密な検討を行うことである」

（Knight〔1921〕『リスク、不確実性および利潤』より）

ナイトはやはり「基本的に新しい事柄」を研究していたのだ。そのことを「陽の人」ケインズのごとく「序」の最初の所ではなく、最後の所で言及していることは「陰の人」ナイトの性格だろう。さらに、ナイトはケインズのごとく「伝統的思考様式からの脱出」というような「新規事業の全面実施」を意図していなかった。ナイトは「従来のものより一層正確に」（more accurately）「一層明確に」（more clearly）「一層完全かつ一層綿密」（fuller and more careful）というように、英語の比較級表現がお好きであり、その限りにおいてせいぜい「改良工事の暫時推進」を目指していたに過ぎない。

要するに、ケインズの新著『一般理論』は学界に殴り込みをかける「論争書」であるのに対して、ナイトの代表作『リスク、不確実性および利潤』は学界に一陣の風を吹かせる「問題提起書」であった。ただし、文章表現だけを頼りに、ケインズを徒に過大評価したり、ナイトを不当に過小評価してはならないだろう。なるほど、ケインズは二〇世紀最大の経済学者かもしれないが、時代を代表する立派な学者が他にも若干名いるのだ。ナイトは間違いなく、この若干名の一人であろうと私は信じている。あたかも、オリンピック競技において、金メダル以外にも、銀メダルや銅メダルその他の入賞者が若干名おり、これらの人間が揃い踏みして初めて、当該競技種目が非常な盛り上がりを見せるようにである。

3　ケインズの新しいアプローチ

モノの流れ、カネの流れ、情報の流れ——古典派とケインズ

ケインズの経済学は、思想上において一つの革命をもたらしたとされる。これまでも、「ケインズ革命」の核心とは何かについて、それこそ山ほどの書物や論文が存在するのだ。二一世紀の現時点において、私自身が従来と全く同じ視点を提供することの価値は少ないだろう。そこで、本書の「限界効用」を高めるためにも、いくらかでも新しい分析視角を提供したいと願っている。

ケインズは『一般理論』の執筆において、従来の「古典派理論」の限界を意識し、それからの脱出に全力を捧げた。そして、ケインズは「古典派」という名称を、次のごとく広範に捉えている。

「《古典派経済学者》とは、リカード、ジェイムス・ミル、及び彼らの先行者たち、すなわち、リカードの経済学において最高潮に達する理論の創設者たちをひっくるめて言うために、マルクスがひねり出し

た呼称である。通常の用法とは外れるかもしれないが、私は私なりに、リカードの追随者、すなわちリカードの経済理論を採用し完成させた人たち、（例えば）J・S・ミル、マーシャル、エッジワース、それにピグー教授も一緒に「古典派」に含めることにしている(9)」（Keynes〔1936〕『一般理論』より）

ケインズはもともと「マーシャルの愛弟子」であったが、このころになると「父離れ」が顕著であり、次第にむしろ「マーシャルの鬼弟子」の様相を帯びてくる。とりわけ、「兄弟子」ピグーに対して元来複雑であったケインズの内的感情は、時とともにますます反発し異論を唱える方向へと傾いていった。私見では、「ピグー教授」とわざわざ「教授」の肩書を付けているところに、才子ケインズ独特の皮肉ぶりと慇懃無礼さが垣間見えるようである。このままでは、『一般理論』がピグー教授に対する「宣戦布告の書」と解釈されかねない。そこで、ケインズは「教授」の呼称を付けて、少なくとも形の上で尊敬の念を示したものであろう。

さて、ケインズの「新理論」は、マーシャルやピグーを含む「旧来の古典派理論」とどのように異なるのだろうか。この点の多角的解明こそが本章及び次章の主題である。そのために、私はまず市場経済における「三つの大きな流れ」の視点から、ケインズ理論の特徴を古典派理論との比較において浮かびあがらせたいと思う。この三つの大きな流れとは、「モノの流れ」「カネの流れ」及び「情報の流れ」のことである。ここで「情報の流れ」は「不確実性」と表裏の関係にある概念である。情報の流れが良くなれば良くなるほど、不確実性や蓋然性要因が介入する余地が小さくなるであろう。

ケインズは「フェロー資格請求論文」（1908）の提出以来、生涯一貫して「蓋然性・不確実性」の理論と応用に最大限の関心を持ち続けた。その成果は、まず哲学的思考の色合いが濃厚な第一の主著『蓋然性論』（1921）として結実した。そして第二の主著『一般理論』（1936）においては、第一の主著の経済学的応用の側面が非常に大きい。この点は、伝記面からのケインズ研究の第一人者スキデルスキーによる次の指摘に賛意を表するものである。

「ケインズの基本的なものの見方は、将来何が起こるかについて、我々人間が何も知らない、つまり計算できないということである。このような世界においては、貨幣こそが不確実性に対処する心理的保障を提供する。貯蓄する人たちが将来の見通しについて悲観的となる時には、彼らは自分の貯蓄をビジネスに投資するよりも、そのままため込むことを選択できるのだ。このようなわけで、稼得した所得全額が支出される保障はさらさらない。このことはつまり、利用可能資源の全てが実際に利用ないし雇用される自然傾向など存在しない、ということを意味する[10]」（Skidelsky〔1997〕「ケインズ」より）

ケインズ経済学の基本的特徴は、モノやカネの流れに加えて、（不確実性増減に関係する）情報の流れを新たに注目し、これら三つの流れのぶつかり合い（接近と離反）を多角的に分析したことにある。このような私の立場は、スキデルスキーの見解を別の角度から支持するものであろう。ただし、私は二つの主著間の「連続性」を積極的に示すことによって、スキデルスキーよりも分析的・学術的であろうと思う。

ここでは思い切って、上記の三つの流れの「イメージ図」を描くことによって、古典派とケインズ理論との相違を視覚的に明らかにしたい。

図4－2において、左のパネルⒶは古典派、右のパネルⒷはケインズ理論の見方を視覚的に表示する。古典派の基盤にあるのは、「モノ」と「カネ」との「二分法」である。モノの流れとカネの流れは別々に存在し、互いに交差することがない。もっと正確に言うならば、古典派の世界では、「物々交換経済」が基本であり、モノはゆったりと横方向に流れている。カネは一般交換価値と価値保存の役割を担う「特殊なモノ」

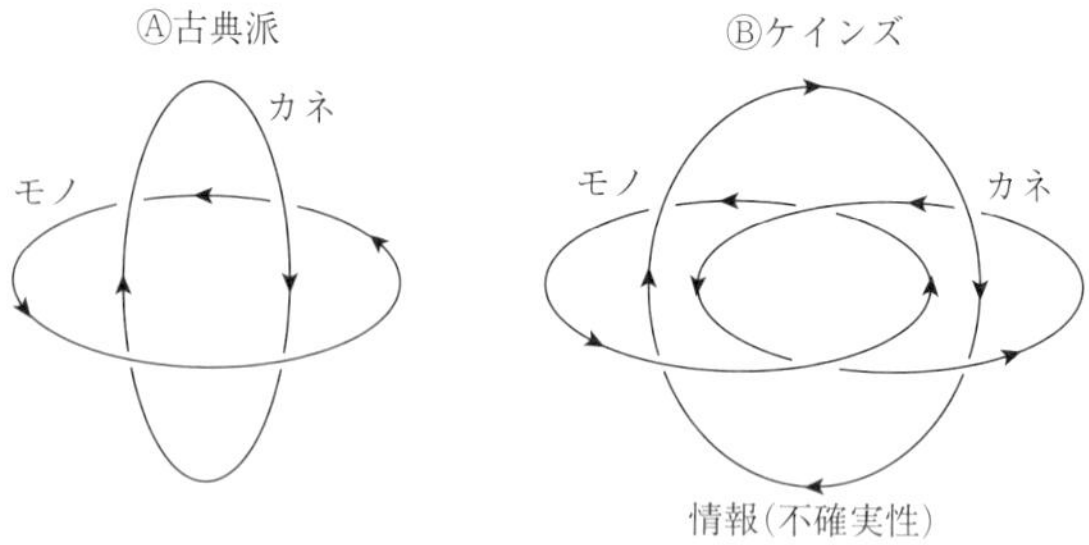

図4－2　古典派とケインズ――モノの流れ，カネの流れ，情報の流れ

（出所）筆者が改訂作成。

である。カネは表層の「ヴェール」として、基盤としてのモノの流れの背後にある。ここでは、カネの流れを縦方向に描き、しかもモノの流れの内側に位置し（外側にあってもよいのだが）、両者の流れが交差することはない。かかる古典派の立場を典型的に示すものは、いわゆる「貨幣数量方程式」である。

$$MV=PT$$

定式において、M（money）は発行された貨幣数量、V（velocity）は貨幣の流通速度、P（price）は物価水準、T（transaction）は当該経済の取引数量を示す。いま左辺のMとVが一定であれば、右辺の積PTも一定となり、取引数量Tの増加（または減少）は物価Pの低下（または高騰）を引き起こす。モノの流れが経済システムの運行の「主役」であり、カネの流れは「脇役的存在」である。

もっと興味ある場合は、カネの突然の一方的増大があったとして、それが経済の運行にどのような影響を及ぼすかである。もし流通速度Vと取引数量Tが直ちに反応できず、ほぼ一定値のままであれば、その結果は物価Pの急上昇となろう。歴史的に見ると、赤字財政に悩んだ政府当局による金貨改鋳による通貨量の大量発行は、金貨の値打ちを著しく低下させ、庶民の生活を非常に悪化させた。

これに対して、ケインズの世界はパネルⒷによって図示されるように、古典派の世界よりもっと複雑にして、もっと現実的である。ここでは、古典派のごとく、「モノ」と「カネ」との二分法が成り立つ世界ではない。そればかりか、「不確実性」を制する「情報」という「第三者」の役割が決定的に重要となるのだ。

換言すれば、パネルⒷが示すように、モノの流れとカネの流れと情報の流れの三つは独立でなく、互いに交差し合い、複雑に入り組んでいる。ケインズ経済学は何よりもカネの流れを重視する「貨幣経済学」であり、さらに情報の流れを積極的に取り組む「不確実性の経済学」である。パネルⒷでは、モノの流れは横方向に、カネの流れは縦方向に、情報の流れは斜め方向に描いているが、もちろん「縦」とか「横」とか「斜め」とかに、特別の意味があるのではない。これら三つの流れが別々の方向に位置することが重要であり、しかも三つの「流れのリング」が互いに絡み合っており、一つだけが外れることはできないのだ。

日本の有名なケインジアンである岩井克人氏は、市場経済における貨幣（カネ）の特殊性に注目し、次のように雄弁に述べている。

「貨幣というのは、それを根拠づけるなんの実体ももっていない。それは、その貨幣が未来永劫にわたって貨幣としてつかわれつづけていくという期待、いや幻想によってささえられているだけなのです[11]」

（岩井克人〔1997〕『資本主義を語る』より）

確かにモノの流れは「米の流通」や「布の流通」であり、目に見え、実体のあるものだ。それに対して、いったんカネが経済に導入されると、初めはおとなしくモノの流れのサポート役に徹しているかもしれない。だが、岩井氏の言われる通り、カネは「魔性のもの」であり、モノの裏付けもなく実体もなく、一人歩きする危険を内蔵している。現代では、カネがカネを生み、さらにカネを生むという「ハイパーインフレ」をも発生させるかもしれない。このようなカネの流れは、人々の期待や幻想によるところが大きいのだ。したがって、カネの流れを円滑にするためには、我々は同時に情報の流れをも上手に制御しなければならない。

序に、ナイトに言及すれば、ナイトも立場は基本的に古典派的である。マーシャルやオーストリア学派に依拠しながら、専らモノの流れを重視していた。カネの役割に気を配りながらも、「貨幣数量説」の立場から大きく離れることはなかった。ケインズとともに不確実性を当初から重視したあのナイトが、なぜケインズの「三つの流れ論」に与することができなかったのだろうか。これは一見不可思議かもしれない。だが、ケインズ理論はやはりサミュエルソンが観察したとおり、五〇歳以上の老人が素直に呑み込むのには「余りにも過激な劇薬」であったようである。ナイトにはケインズに対するライバル意識も手伝って、半ば無意識的に「ケインズ病」に伝染しない行動をとったのであろう。

ミクロとマクロの関係

古典派理論とケインズ理論を区別する第二の点は、「ミクロとマクロの関係」についてである。

この関係については、大きく二つの立場がありうる。一つの立場は、ミクロはマクロの構成分子であり、ミクロの動きを細かに観察すれば、総体としてのマクロの大きな動きがほぼ完全に予想できる、という立場である。ここでは、各ミクロの動きはほぼ一様であり、相互間の干渉作用は第二次的なものとして無視できる。

第二の立場は、なるほどミクロはマクロを構成するものであるが、各ミクロの動きは相互に独立的であり、(比喩的に言うと)右に行くものも、左に行くものも、前に進むものも、後ずさりするものもある。しかも、各ミクロ間において相互に干渉可能だから、総体としてのマクロの動きは一様ではなく、下方や上方にスパイラルしたり、もっと複雑なカオス的な混沌状態を示すことがありうる。

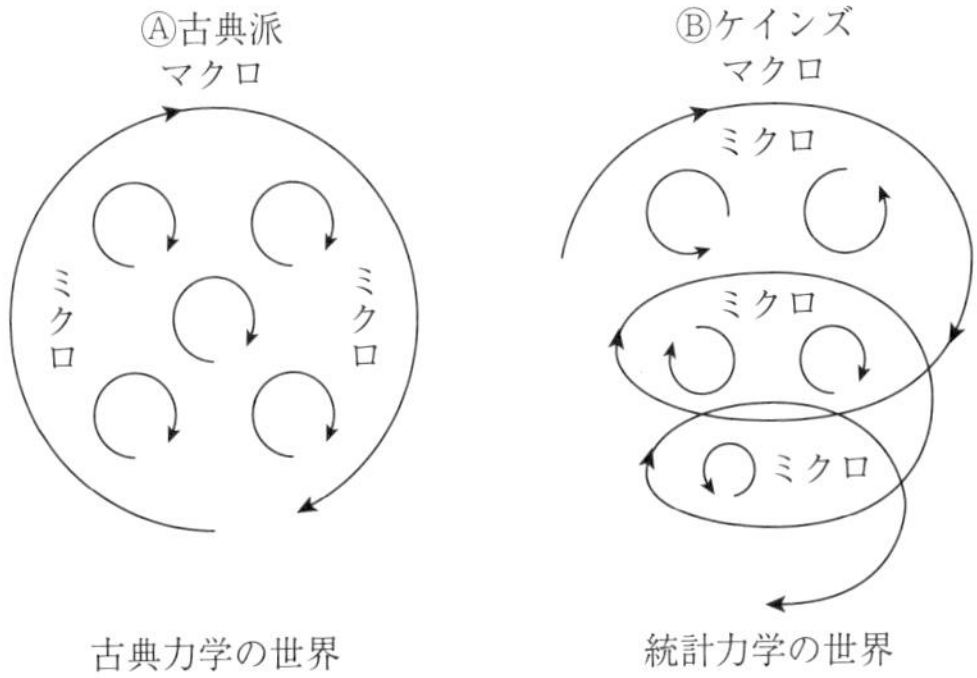

図 4 - 3　古典派とケインズ――ミクロとマクロ

（出所）筆者が作成。

経済思想の歴史を繙くと、ケインズが批判の対象とした「古典派理論」は、基本的に第一の立場に立っている。特に、ケインズ直近のミル、マーシャル、ピグーなどの学者の思想的基盤はこれである。これに対して、「新しい分析視角」を標榜するケインズ自身の立脚点は、第二の立場なのである。したがって、ケインズが古典派に真っ向から異議を唱え、古典派がケインズに激しく再反論した「方法論的対立」の懸隔は深く広いものがある。このギャップの存在と確定こそが、ケインズ理論が「革命」と称される所以である。

これら相対立する二つの立場を、視覚的に表示するのは決して生易しい仕事ではない。図 4 - 3 は、それこそ「清水の舞台」を飛び降りる気持ちで、私があえて描いたイメージ図である。左のパネルⒶは、古典派理論におけるミクロとマクロの関係を端的に示している。各ミクロはいずれも、同一方向の時計周りに動いていると想定しよう。すると、総体としてのマクロの大きな動きも、同じく時計回りに動くことになってしまう。このように、マクロは単にミクロの総計であるから、マクロ経済学自体の価値は小さいと言わざるをえない。これを逆に言えば、「マクロのミクロ的基礎」が頑健であるならば、「マクロ総体の建屋」は頑丈であり、いささかの揺るぎも見せないだろう。

これに対して、右のパネル図Ⓑは、新しいケインズの世界を表示している。各ミクロは自由独立的に、てんでバラバラの動きを見せうる。例えば、図のように、右に行ったり、左に進んだり、はたまた上へ昇ったり、下へ降りたりすることも可能である。そのうえ、各自はその間で相互干渉することも稀ではないのだ。その結果として、総体としてのマクロの動きはさまざまなものが考えられる。

パネルⒷでは、マクロ総体が「下方スパイラル」の動きをすることを示しているが、これはもちろん想定されうる諸々の可能性の一つに過ぎない。別の可能性としては、上へ上へと渦巻く「上方スパイラル」や、同じところをグルグル回転する「リミット・サイクル」や、これらの組合わせとして実に複雑怪奇な軌道を描くことも想定されうる。

ミクロとマクロ、あるいは「個」と「全体」の間の微妙な関係を究めるのは、いかなる学問においても非常に重要である。この点に関しては、戦前日本が生んだ偉大な応用物理学者・寺田寅彦による次の文章は、我々経済学者にとっても傾聴に値するであろう。

「人間のごとき最高等な動物でも、それが多数の群集を成している場合について統計的の調査をする際には、それらの人間の個体各個の意志の自由などを無視して、その集団を無機的物質の団体であると見なしても、少しもさしつかえのない場合がはなはだ多い[12]」

（小宮豊隆編〔1947〕『寺田寅彦随筆集第4巻』より）

寅彦が喝破しているように、人間が多数の群集を成している場合には、集団全体は各個人の自由意思を無視して、団体としてユニークな、時には突飛な行動をとるものである。いわゆる「団体行動」や「群集心理」などは、これの良き例証である。

ケインズは「経済の寅彦」なのである。ケインズは若き日の「蓋然性論」の研究以来、首尾一貫して「ミクロとマクロの関係」に注目し、「マクロはマクロで」という新しい分析方法を確立したのである。

古典力学と統計力学

経済学の発展の歴史を見ると、それが先輩科学である物理学から多大の影響を受けてきたことが分かる。例えば、マーシャルはもともと数学・物理学の専攻の学生であったが、ロンドンの貧民街における人々の窮乏した生活ぶりを散策して、「民を救う」学としての経済学研究に転向した。ケインズ自身も、師マーシャルの影響のもとで、専門分野を数学・物理学から哲学・経済学へと大転換している。

前にも触れたが、ここで経済の古典派理論とケインズ理論の関係が、物理の「古典力学」と「統計力学」の関係に照応していることに注目したい(13)。

さて、ニュートン以来の「古典力学」の特徴とは何であろうか。世界は個々の質点の全体である。各質点は、次のようなニュートンの運動方程式に従うものと想定される。

$$F = m \times a$$

ここで、Fは力（force）、mは質量（mass）、aは加速度（accelerator）を表す。ニュートンの古典力学の世界では、質点の各々の動きが上述の運動程式に従うことによって、一定の秩序と法則性を持つ。さらに、分析にとって有難いことには、世界全体の運動を説明するのは、このような各方程式を包括する、巨大な連立方程式体系なのである。したがって、個々の質点の振舞いを正確に知り、それらを単に包括すれば、システム全体の振舞いが理解できる。各質点とシステム全体とは、共通の秩序と規則性を持っている。

言うまでもなく、このような美しい秩序ある古典力学の世界は、まさに経済の古典派理論が理想パラダイムとして描く世界である。使用する数学は微積分学と微分方程式論であり、古典力学や、経済の古典派理論の分析は、いかにも力学的・機械的に、見た目には秩序立って美しく行われる。

これに対して、近年において発展した「統計力学」の世界では、個々の質点は一様でなく、実にバラバラの動きを見せる。個々のレベルにおいては、秩序や法則性がないように見える。例えば、空気中を浮遊する数多のチリの動きを個別的に捉えることは不可能であろう。換言すると、ミクロのレベルにおいては、定点確定ではなく、蓋然性やランダム性に富んだ振舞いが観察される。そして、ミクロとミクロの間では、相互干渉や外部効果が作用しても、もちろんおかしくない。

ところが、かくも勝手な振舞いを見せる個々の質点ではあるが、システム全体を見ると、集団としての秩序と規則性を持つことがある。これこそが、統計力学が得意とする対象分野であり、数学的には非線形数学論やカオス理論などが応用される。統計力学の世界では、ミクロのレベルに個々の運動方程式を求めるのは放棄して、むしろシステム全体としての「一つのマクロ方程式」が樹立され、その単一マクロ方程式の解明こそが最重要事となる。

このような統計力学の世界は、当然ながら経済のケインズ体系に通じるものである。一方において、古典派では、ミクロ分析に喧しく、マクロはせいぜい「ミクロの総計」の扱いしか受けない。ここでは、ミクロが経済の「主役」であり、マクロはミクロの延長線上にある「端役の存在」に過ぎない。他方において、ケインズ理論では、経済全体の運行を採り扱うマクロ分析こそが「圧倒的な主役」であり、個々のミクロは「その他大勢のチョイ役」的存在に過ぎない。

要するに、古い古典派理論と新しいケインズ理論との違いは、物理の古典力学と統計力学の違いにほぼ対応している。そして、ケインズ自身は若き日の「蓋然性論」の時から、中年の「一般理論」に至るまで、生涯を通じて「経済の統計力学的アプローチ」を究明展開してきたわけである。

4　ケインズ・スピリッツの衰退と再復活

後期シカゴ学派の盛衰とケインズ主義の復活

ケインズは第一の主著『蓋然性論』(1921) の中で人間行動における蓋然性や不確実性の役割について哲学原理的議論を行い、第二の主著『雇用、利子および貨幣の一般理論』(1936) において蓋然性論の経済学的応用を積極的に展開した。特に、大不況期における失業の問題解決のためには、「マクロはマクロで」という「新しい経済学」を樹立展開した。

ケインズは実務家として、戦後直後から世界銀行やＩＭＦの創設に中心的役割を果たした。ケインズがそのために蓄積した疲労は極度にたまり、早くも一九四六年に波乱万丈の人生を閉じることになった。享年六三歳であった。

ケインズの死後、一九五〇年代から六〇年代の終わりごろまで、マクロ経済学におけるケインズ主義は生前よりも隆盛を極めた。積極的な財政金融政策は戦後復興に対して、大きな貢献をしたことは疑いようもなかった。

ケインズ主義の「横行」に眉をひそめていたナイトは、一九七二年に学者一筋の長い人生の終焉を迎えた。享年八七歳。ケインズより二歳若いナイトは、ケインズの没後二六年の長きにわたってシカゴ大学の大長老として、初めは周囲から畏敬され、晩年には時として孤独感を味わった。というのは、「前期シカゴ学派」の中心として市場経済の倫理性を問題にしたナイトは、フリードマンのマネタリズムやルーカスの合理的期待形成主義など、効率一辺倒で倫理抜きの「後期シカゴ学派」の傲慢さにやりきれない気持ちを抱いたからである。

一九七〇年ごろから二〇〇〇年ごろに至る時期は、一方においてケインズ主義の衰退とナイト主義の孤立を意味していた。だが、他方において、その三〇年間は、マネタリズムや合理的期待形成によって代表される「反ケインズ主義」の台頭の時期でもあった。ルーカスは二〇〇三年、アメリカ経済学会の会長講演の中で、次のような勇ましい「最終解決宣言」を行った。

「マクロ経済学という学問は、大不況を契機に一九四〇年代に誕生しました。その当時においてマクロ経済学に期待されたのは、大不況の再来を防ぐ体系化された知識でありました。私が会長講演で訴えたいことは、このような意味におけるマクロ経済学の目的は十分果たされたということです。すなわち、深刻な不況を除去するという最大の問題は、完全に解決されたと言ってもいいのです[14]」

（Lucas〔2003〕「アメリカ経済学会会長講演」より）

ルーカスの言い分では、マクロのミクロ基礎が頑強である限り、つまりマクロの問題が全てミクロの集計量として処理される限り、ケインズ理論のようなマクロ経済学は不用の長物である。「ミクロはもちろんミクロで、そしてマクロもミクロ的に」処理した結果、大不況や大量失業の問題は完全解決したという。ところが、二〇〇八年におけるリーマン・ショックと世界同時不況の到来は、全ての「経済学的景色」を一変させた。上述のようなルーカス流「勝利宣言」は、もはや説得力を持たない。例えば、リーマン・ショックから一年後の二〇〇九年六月、才子クルーグマンはロンドン大学にて、次のような激しい調子の講演を行っているのだ。

「過去三〇年間のマクロ経済学の大半は、良く言って無用の長物、悪く言って有害物であった」

（Krugman〔2009〕『ライオネル・ロビンズ記念講演』より）

クルーグマンの見方は、幾分過激であるとはいえ、おおむね正しいように思う。いまから見ると、一九七〇年ごろから二〇〇〇年ごろに至る期間は、ルーカスの勝利宣言とは異なり、むしろ「マクロ不毛の三〇年」として記録されるのはないだろうか。この間、「ケインズは古い」とか「ケインズは死んだ」とか揶揄されたこともあるが、これは全くの錯覚であることが判明した。「００７は二度死ぬ」と言われるが、ケインズは二度も三度も死んでは、元気に復活するのである。

マクロ経済学の再構築を目指して——ケインズは二度生きる

スティグリッツと言えば、私と同世代で同じ分野「リスクと不確実性の経済学」の旗手の一人である。彼は二〇一〇年に一般経済誌『フィナンシャル・タイムズ』の中で、「必要なのは、新しい経済学パラダイム」という警告の論説を執筆している。長々しい文章なので、その要旨だけでも抜粋しておきたい。

「大不況以来の最悪の不況は、一体誰の責任なのだろうか。……経済学者にも大いに責任がある。経済学を専門としない人たちには、主流派のマクロ経済学の理論モデルがどれほど奇妙なものなのかを理解するのは困難だろう。……あまりに多くの経済学者が誤ったモデルに、あまりに多くの労力を注ぎ込んできた。……パラダイムの転換以外には道はない[15]」

（Stiglitz〔2010〕雑誌『フィナンシャル・タイムズ』論説より）

二〇〇八年のリーマン・ショックに起因する世界同時不況は、世界の経済学者たちに深刻なインパクトを及ぼした。もちろん、その深刻度は人によってまちまちである。アメリカン・ケインジアンの旗手の一人であるスティグリッツは、事態の深刻さを感じた一人である。シカゴ流の合理的期待形成理論やマクロのミクロ基礎理論は、もはや経済の現実を反映するものではない。

しからば、「ケインズに戻れ」ということになりそうだが、事態はそんなに簡単ではないのだろう。何しろ、かの『蓋然性論』の刊行以降一〇〇年近くの歳月が流れ、『一般理論』の出版以来八〇年近くの年月経過しているのだ。現代に生きる我々がせいぜい言えることは、「ケインズ・スピリッツに戻れ！」ということだろう。それによってのみ、「ケインズが二度生きる」ための道筋が見出せるだろう。

私見によれば、かかるケインズ・スピリッツを持った「マクロ経済学の再構築」の試みが、日本を一つの中心に行われている。それは「経済学と物理学との新しい融合」としての「経済物理学」(Econphysics) の誕生と発展である。そこでは、統計力学の基礎の上に、ミクロ主体間の動きのランダムネスと相互干渉作用を解明することが、研究の中心課題となる(16)。

私の見るところ、経済物理学はいまだ完成しておらず、まだまだ改良と発展の余地がある。例えば、ここでも一定の確率分布の想定が必要であり、ナイトの言う「リスク」概念の導入にとどまっているようである。ナイトの「真の不確実性」やケインズの「アニマル・スピリッツ」がどのように関係してくるのかが、いま一つ明らかではないのだ。さらには、原発事故を含む「想定外の経済学」との架け橋作業が、ほとんど着手されていない。

それにもかかわらず、私自身は、ケインズ・スピリッツを根底に持つ「新しい経済学」の誕生と、将来への発展可能性に大いなる希望の気持ちを抱きたいと思う。

最後に、日本人として、非常に誇れる歴史的事実がある。それは、「道楽科学者」とも揶揄される、かの寺田寅彦が「経済物理学のパイオニア」の一人とみなされていることである。実際、寅彦はケインズやナイトと同時代人であり、この二人の第一の主著がともに出た年の翌年（大正一一年つまり一九二二年）に、注目すべき論稿「電車の混雑について」を雑誌『思想』の中で発表している。

「相次いで来る車の満員の程度におのずからなる一定の律動のあることに気がつく。六、七台も待つ間には、必ず満員の各種の変化の相の循環するのを認める事ができる[17]」

（寺田寅彦〔1922〕「電車の混雑について」より）

駅のプラットフォームは乗客であふれている。電車は五分刻みで定期的に到着する。もし人間が合理的行動をとれば、各電車の満員度はほぼ同じであるはずだ。ところが、現実の人々の行動を観察すると、ある電車は二〇〇％の満員度、次の列車も一五〇％の満員度であり、しばらく続くと七〇％程度の乗客しか乗っていない電車となり、次の電車も五〇％程度となる。このように、満員の電車に一定の律動やサイクルがあるのはどうしてだろうか。

寅彦が指摘したのは、人間行動の合理性と不合理性の問題、さらにミクロとマクロの違いである。ミクロの各々を単に足し算するだけでは、マクロの全体量の動きは決して分からない。各電車の混雑ぶりから、全体の律動とサイクルを推定するという学問方法は、まさに現代の経済物理学に通じるものである。この点からすると、ケインズと寅彦を結合すること――ここから「経済学の新しい地平」が開けてくる蓋然性が大きいのである。

注

(1) ケインズは『一般理論』の冒頭の文章で、次のように述べている。「私は、本書のタイトルを「雇用、利子および貨幣の一般理論」と呼んでいるが、強調したい所は形容句「一般」にある」。ケインズの狙いは、既存の「古典派理論」が一般妥当性を欠き、自分の理論の「特殊ケース」に過ぎないと主張することであった。

(2) 一九七一年、私がピッツバーグ大学にて経済学を教えていたころ、アメリカの学部四年生なら私以上に、ケインズの『一般理論』など既に自家薬籠中のものにしていると錯覚していた。私は同僚のジーン・グルーバー教授に「アメリカの学生はケインズを読んでいないので驚きましたよ」と報告したところ、「いやあ、日本人の君が既に読んでいたほうが、まさに不思議だね」と逆襲されてしまったことがある。

(3) 「若きサミュエルソン」によるこの文章は、『一般理論』出版一〇年後の一九四六年に執筆されたものだ。それから一七年後の「中年のサミュエルソン」は、展望論文「ポスト・ケインジアン理論の展開――簡潔な展望」を書き、以下のような感慨を冒頭に述べている。「ケインズの『一般理論』出版後の二五年間に、実に多くのことが起こった。……経済学の本体が同様なショックを再度経験することは、二〇世紀中には起こらないであろう」。詳しくは、これら二つの論文を同時掲載した Lekachman (1964) を見られたい。

(4) 私が広島大学に勤務していた一九七八年、ポール・サミュエルソンの双子の弟ロバート・サマーズがローレンス・クラインの俊秀ぶりを評して、このように語っていたことが想起される。「クラインは兄ポールの最優秀学生だったよ。何しろクラインは学術論文を一気に書き上げ、あとはほとんど修正したことがないのだから」。実際、「ケインズ革命」というクラインの命名は、まさにズバリ的中していた。

(5) ケインズの生涯と伝記については、愛弟子ハロッドの古典 (Harrod 1951)、及びスキデルスキーの評伝三部作 (Skidelsky 1983, 1992, 2000) が定評ある著作である。スキデルスキーのより短い評伝 (Skidelsky 1997) や近著 (Skidelsky 2009) も、私には非常に有益であった。これに対して、ナイトの確固たる伝記本はいまだ存在しないようである。ナイト著『競争の倫理』の最新版 (2009) に対するリチャード・ボイドのやや長文の「新しい序文」が、私には最も役に立ったと言える。

(6) 近年における風雲児ケインズの復活については、Skidelsky (2009) が興味深い分析を行っている。これと比べて、象牙の塔に住んでいたナイトの存在はやや地味で、マスコミ界に取り上げられることは少なかった。本書ではケインズとナイトについて、その関係の栄枯盛衰について、従来にはない視点を提供したいと思う。

(7) 宇沢弘文 (1984) はカーンの印象的な言葉をかく紹介したあとで、次のように御自身の言葉を続けておられるのがさらに印象的である。「近年、とくにアメリカの経済学者の間で、皮相的な解釈にもとづいたケインズ批判が流行しているが、大恐慌の理論としての意味をもっていた《一般理論》がどのような内容であったかということを今改めて考えてみることは意味のないことではないように思われる」。ここで宇沢先生がやや遠慮気味に「意味のないことではない」と述べているが、これは一九八〇年代の時代の空気を幾分反映したものであろう。二〇一〇年代には時代の空気が一変したので、いまでは「大変意味のあることである」ともっと積極的に言い換えるべきだろうと思う。

(8) 「一九五七年版序文」のところで、ナイトは一九二一年公刊の代表作『不確実性』について、「その本は青年の労作 (ドイツ語の Jugenarbeit) であった。それは元来、古い伝統的意味での「マスターピース」(masterpiece)、つまり往時の職人組合ギルドへの入会資格を得るための提出作品であった」と述べている。ナイトの心の中には、ケインズと異なって、「ドイツ文化圏」への郷愁が潜んでいたようである。

(9) これは注目すべきことに、Keynes (1936)、三ページ、脚注1の中で言及されている。ケインズの「本音」の部分が、「本文」よりは、むしろ「脚注」に現れる格好の例証であろう。

(10) これは、スキデルスキーによるコンパクトな評伝 (Skidelsky 1997) の冒頭の文章である。私見では、スキデルスキーのような歴史家の見方のほうが、視野の狭い理論家の分析より的を射ぬいていることが多い。自戒したいものである。

(11) 私の畏友・岩井氏は文才があり、パラドックス的表現を大いに好む才人である。彼の十八番の表現によれば、「貨幣は貨幣だからこそ、貨幣なのである」。この一見不思議な表現の中に、市場社会における貨幣の特別な役割が理解されうるというものである。

（12）この点については、青木・青山・有賀・吉川監修（2011）に所収の、青山秀明氏論文「社会経済物理学の思想と流れ」が非常に有益な論点を提供している。

（13）以下の論点については、高哲男編（2002）に所収の力作である荒川章義「確率革命の経済学——J・M・ケインズ」から大いなるヒントを頂戴している。

（14）この点について、青木・青山・有賀・吉川（2011）に所収の吉川洋氏の一連の論文「マクロ経済学における統計物理学的方法」「マクロ経済学の再構築」は、伝統的ケインジアンからのルーカス批判として必読の文献であろう。

（15）スティグリッツは「現代のマルクス」とでも言える風貌をしている。彼の育った風土は極めて多彩であり、アメリカのサミュエルソン、イギリスのロビンソン、日本の宇沢弘文氏それぞれの弟子であることは、極めて興味深い事実であろう。これこそが、彼のユニークでリベラルな精神を生んだ土壌なのだろうか。

（16）経済物理学に関する明快な概説書が、青木・青山・有賀・吉川監修（2011）である。専門書としては、Aoki & Yoshikawa（2007）が大変な力作である。

（17）寺田寅彦の論考「電車の混雑について」などの名作は、小宮豊隆編（1947、改版1963）の中に収められている。思うに、寅彦の人気にも、一定の律動やサイクルがあるのだろうか。自然の天災は忘れたころに来るかもしれないが、人間の天才は忘れぬころに必ず来るものである。

参考文献

Aoki, Masanao and Yoshikawa, Hiroshi（2007）*Reconstructing Macroeconomics：A Perspective from Statistical Physics and Combinatorial Stochastic Processes*, Cambridge University Press.

青木正直・青山秀明・有賀裕二・吉川洋監修（2011）『50のキーワードで読み解く経済学教室——社会経済物理学とは何か？』東京図書。

Bailey, M.J.（1962）*National Income and the Price Level：A Study in Macrothe*, McGraw-Hill.

Dillard, D.（1948）*The Economics of John Maynard Keynes：The Theory of a Monetary Economy*, Prentice-Hall.

Harrod, R.F.（1951）*The Life of John Maynard Keynes*, Macmillan.（ハロッド〔1967〕『ケインズ伝』上・下〔改訳版〕〔塩野谷九十九訳〕東洋経済新報社。）
伊東光晴（1962）『ケインズ――〝新しい経済学〟の誕生』岩波新書。
伊東光晴（2006）『現代に生きるケインズ――モラル・サイエンスとしての経済理論』岩波新書。
岩井克人（1997）『資本主義を語る』ちくま学芸文庫。
勝海舟著、江藤淳・松浦玲編（2000）『氷川清話』講談社学術文庫。
Keynes, J.M.（1921）*A Treatise on Probability*, Cambridge University Press.
Keynes, J.M.（1933）*Essays in Biography*, Cambridge University Press.
Keynes, J.M.（1936）*The General Theory of Employment, Interest and Money*, Macmillan.（ケインズ〔1995〕『雇用、利子および雇用の一般理論』〔塩野谷祐一訳〕東洋経済新報社、間宮陽介訳〔2008〕上・下、岩波文庫。）
Klein, L.R.（1950）*The Keynesian Revolution*, Macmillan.
Knight, F.H.（1921）*Risk, Uncertainty and Profit*, University of Chicago Press.（ナイト〔1969〕『危険、不確実性及び利潤』〔奥隅栄喜監訳〕文雅堂銀行研究社。）
Knight, F.H.（1935, 2009）*The Ethics of Competition*, University of Chicago Press.（ナイト〔2009〕『競争の倫理――フランク・ナイト論文選』〔高哲男・黒木亮訳〕ミネルヴァ書房。）
Knight, F.H.（1937）"Unemployment：And Mr. Keynes's Revolution in Economic Theory," *Canadian Journal of Economics and Political Science*, Vol. 3（February 1937）. Reprinted in Emmett, R. B.（ed.）（1999）*Selected Essays by Frank H. Knight, Volume 1*, University of Chicago Press.
Knight, F.H.（1951）"The Role of Principles in Economics and Politics," *American Economic Review*, Vol. 41. Presidential address delivered at the 63rd Annual Meeting of the American Economic Association, Chicago, December 25, 1950. Reprinted in Emmett, R. B.（ed.）（1999）*Selected Essays by Frank H. Knight, Volume 2*, University of Chicago Press.
小宮豊隆編（1947、改版1963）『寺田寅彦随筆集』全四巻、岩波文庫。

Krugman, P.（2009）“Lionel Robbins Lectures,” London School of Economics, June 2009.

Leijonhufvud, A.（1966）*On Keynesian Economics and the Economics of Keynes：A Study in Monetary Theory*, Oxford University Press.（レィヨンフーヴッド〔1978〕『ケインジアンの経済学とケインズの経済学――貨幣的理論の一研究』〔根岸隆監訳、日本銀行ケインズ研究会訳〕東洋経済新報社。）

Lekachman, R.（ed.）（1964）*Keynes' General Theory：Reports of Three Decades*, St Martin's Press & Macmillan.

Lucas, R.E.（2003）“Macroeconomic Priorities,”（Presidential Address）*American Economic Review*, Vol. 93.

宮崎義一・伊東光晴（1964）『コンメンタール　ケインズ／一般理論』日本評論社。

三好行雄編（1986）『夏目漱石論集』岩波文庫。

Nasar, S.（2011）*Grand Pursuit*, Robbins Office.（ナサー〔2013〕『大いなる探究』〔徳川家弘訳〕上・下、新潮社。）

日本経済新聞社（2012）『経済学の巨人　危機と闘う――達人が読み解く先人の知恵』日経ビジネス文庫。

新野幸次郎・置塩信雄（1957）『ケインズ経済学』三一書房。

Samuelson, P.A.（1946）“The General Theory,” *Econometrica*, Vol. 14.

Samuelson, P.A.（1963）“A Brief Survey of Post-Keynesian Developments.” Reprinted in Lekachman, R.（ed.）（1964）*Keynes' General Theory: Reports of Three Decades*, St. Martin Press.

Skidelsky, R.（1983）*John Maynard Keynes：A Biography, Vol. 1： Hopes Betrayed, 1883- 1920*, Macmillan.（スキデルスキー〔1987〕『ジョン・メイナード・ケインズ――裏切られた期待　一八八三～一九二〇年』〔古谷隆訳〕東洋経済新報社。）

Skidelsky, R.（1992）*John Maynard Keynes：A Biography, Vol. 2：The Economist as Saviour, 1920-1937*, Macmillan.

Skidelsky, R.（1997）“Keynes,” in Thomas, Keith（ed.）*Past Masters：Three Great* Economists, Oxford University. Press.

Skidelsky, R.（2000）*John Maynard Keynes：A Biography, Vol. 3：Fighting for Britain, 1937-1946*, Macmillan.

Skidelsky, R.（2009）*Keynes：The Return of the Master*, Peters, Fraser& Dunlop Group.（スキデルスキー〔2010〕

『なにがケインズを復活させたのか？――ポスト市場原理主義の経済学』（山岡洋一訳）日本経済新聞出版社。）

Stiglitz, J.（2010）“Needed：A New Economic Paradigm,” *Financial Times*, Friday, August 20, 2010.

高哲男編（2002）『自由と秩序の経済思想史』名古屋大学出版会。

高橋伸彰（2012）『ケインズはこう言った』ＮＨＫ出版新書。

寺田寅彦（1922）「電車の混雑について」『思想』大正十一年九月号。

宇沢弘文（1984）『ケインズ「一般理論」を読む』岩波書店。

第5章　ケインズの新理論――『一般理論』の衝撃

1　二つの「一般理論」と解説論文

「一般理論」と題された二つの著作

ケインズは大恐慌真っ最中の一九三六年、学界をやがて震撼させる問題書『雇用、利子および貨幣の一般理論』（*The General Theory of Employment, Interest and Money*）を刊行した。この書物は非常に慌てて執筆されたために、学界の反応は必ずしもケインズの思惑通りではなかったようだ。実際、何度も触れたが、「未整理のままに書き殴られた難解な警世書」という印象が、一般に非常に強かったらしい。ケインズの「一の矢」は、期待通り遠くに飛ばなかったわけである。

そこで、ケインズは早くも「二の矢」を放つ必要に迫られた。そして、翌一九三七年に、難解書の「解説論文」をアメリカの経済学術雑誌に公表するという羽目になってしまった。この解説論文のタイトルが原著に比べて、単に「雇用の一般理論」（The General Theory of Employment）へと大幅に縮約されたのが印象的である。それはあたかも、「自分の最新書は《失業の特殊理論》ではなく、《雇用の一般理論》ですよ」と、学界主流派の専門家たちに冷や水をかけるような感じであった。イギリスのピグーやアメリカのナイトのような「当時の若き重鎮たち」は、同輩ケインズの型破りの「若気の至り」に激しく反発したと伝えられている。若さと若さの衝突は、理性よりは感情の土俵の上で行われ、時には過度と言えるほどの激しい火花を散らせがちだった。

学界において、ケインズの「解説論文」の効果はてきめんであった。特に、アメリカの若手学者に対する効果は鮮烈であったらしく、一九五〇年には、サミュエルソンの愛弟子・クラインが博士論文（一九四四年にＭＩＴに提出）を大幅に拡張して、『ケインズ革命』（*The Keynesian Revolution*）という名の話題作を公刊した。これによって、ケインズ理論の「革命性」がいわば学界で公認されたわけである。その「序文」の所には、次のような叙述が見られる。

「ケインズの理論は、本文の中で明らかとされるだろうように、次の意味において革命的理論である。すなわち、導出された理論的帰結が、その執筆当時に支配的だった経済思想の総体とは全く異なるものである、という意味で革命的理論なのである。ここで言及する「革命」とは、思想上の革命そのものなのであって、単なる政府の経済政策上の革命だけではない(1)」

（Klein〔1950〕『ケインズ革命』序文より）

アメリカの研究者たちの多くは以後、ケインズ経済学を勉強する際には難解な原著のページを開かずに、クラインのこの明快な書物から始めた。それとともに、ケインズの一九三六年の「一の矢」と、一九三七年の「二の矢」との間の連結性がうっかり忘れ去られたばかりではない。はるか昔の処女作『蓋然性論』（1921）から『一般理論』（1936）とその解説論文（1937）へと至る、学者としての「遠く長き一貫性」までもがほとんど忘却の淵に投げ込まれてしまったのである(2)。

本章は前章に引き続き、ケインズ理論の革命性を深く広く解明したい。前章では広く総括的にケインズの「新しいヴィジョン」とは何かを明らかにしたが、本章ではもっと理論的に深く掘り下げて、ケインズ経済学の「新しい骨格」について詳しく論じる予定である。

解説論文の現代的解説

「隗より始めよ」という言葉がある。ここでは、アメリカの学術雑誌 *Quarterly Journal of Economics*、一九三七年一一月号に掲載されたケインズの解説論文「雇用の一般理論」を現代的に解説することを通じて、ケインズ理論の「真の骨子」を明らかにしたいと思う。この解説論文の中でケインズは、まず原著（1936）に対する「論評」が四本あったことを挙げ、時に感謝、時に反論している。特に、イギリスの先輩学者ロバートソンに対しては、随分厳しい反発をしている。

「私の見解はロバートソン氏の見解から大きく異なっている。私が確信する所では、二人の意見はいずれも昔の学者たちから離れているものの、二人の間における基本的立場の対立のほうがはるかに大きいと言える」

（Keynes〔1937〕解説論文「雇用の一般理論」『ケインズ全集』第14巻より、以下では単に「解説論文」と言及）

ケインズによれば、新しい理論の基礎となる基本的アイディアは、比較的に単純明快である。そのためには、従来の古い理論から脱出ないし離反することが必要不可欠である。ケインズはとりわけ、既存の理論においては、「期待、リスク、不確実性」の問題が満足いく形で論じられてこなかったと指摘する。

「蓋然性（確率）の計算においては（それが前面に躍り出ることはなかったものの）、不確実性なるものが、確実性の時と同じように計算可能であると想定されていた。その間の事情はあたかも、ベンサム流哲学が人間の倫理的行動一般に影響を及ぼすと仮定しており、その功利的な苦痛と快楽の比較計算、ないし利益と不利益の比較計算が問題となっていたのと同様である」

（Keynes〔1937〕「解説論文」より）

この辺りの文面を読むと、『一般理論』（1936）におけるケインズの考え方は、『蓋然性論』（1921）の延長線上にあることが判明する。ケインズは若きころから、「相対頻度の極限」としての客観的確率の概念に疑問を感じ、もっと人間臭い「信頼度」に対応する「論理的蓋然性」の考え方に傾いていった。自然科学の「確率」は公理的に演繹される客観的概念かもしれないが、社会科学の「確率」なるものは、せいぜい有限回の観察から帰納的に導出される「蓋然性」ないし「確からしさ」に近いものである。

この点はナイト流の論法を用いると、「リスク」は「確率」に密接に関係する概念であり、「事象Xの生起確率が三五％である」という風に計算可能である。それに反して、「不確実性」は、計算式として処理可能ではないのだ。ケインズの言う「蓋然性」とは、確実性と不確実性の間に位置する、茫漠たる中間概念であり、単純な計算処理が困難である。

ケインズ以前の経済学は、苦痛度と快楽度との比較計算が可能であると考えるベンサム流思考方式から、多大の影響を受けていた。その典型例がジェヴォンズであり、マーシャルやピグーもほぼ同類項とみなされていた。ケインズはこのような単純な「計算学派」から離別し、もっと複雑な蓋然性を根本におく考え方を採用したと言える。

ケインズは、この点について次のように高らかに宣言している。

「将来に関する我々の知識が変動し、曖昧で、かつ不確実なものである、という事実が厳然と存在するのだ。そのことから、富に関する研究をするにあたっては、古典派経済理論の方法が全く不適切であることが判明する」

（Keynes〔1937〕「解説論文」より）

さて、それでは「不確実な」知識とは、一体全体どういう種類の知識なのだろうか。ケインズは、この点の理解を深めることが、斬新な研究書（1936）を古風な学界に売り込むために不可欠だと考えたようで、極めて雄弁に語っているのだ。やや長い文章ではあるが、「ケインズ革命」のエッセンスを表すものとして、忠実に引用しておきたいと思う。

「《不確実な》知識とは何かを説明しよう。私（ケインズ）がその言葉を用いるのは、一〇〇％確実な知識と、ただ蓋然的な知識とを区別するためだけではないのだ。例えば、ルーレット遊びや宝くじの当選見込みは、この意味における不確実性ではない。さらに、人の平均余命も不確実な事象とは言えない。天候の状態も、ほどほどに不確実なものであろう。私が「不確実性」なる用語を用いるのは、例えば、ヨーロッパ戦争の見通しが不確実であるとか、いまから二〇年後における銅の値段や利子率が不確実であるという意味合いである。さらにまた、新規イノベーションの償却期限が不確実であるとか、一九七〇年の時点における私的財産の社会的地位が不確実であるという意味合いなのである。上記のような事柄については、何がしかの確率計算を行えるような、科学的根拠が全く存在しない。我々はただ知らないだけなのだ。それにもかかわらず、何か意思決定や行動をする必要に迫られることから、我々は実務家として、知らないという事実を無理矢理に誤魔化してしまうのだ。そして、あたかもベンサム流の損得計算家として一連の利益不利益の見込み計算を行いつつ、各見込みに適宜必要な確率を乗じて総和を求める、というような行動をとるように仕向けられてしまうのである」

（Keynes〔1937〕「解説論文」より）

ケインズは自分を形容して、研究三昧の書斎人というよりは、むしろ世界に雄飛する「実務家」（practical man）と考えていた。ベンサム流の快楽苦痛の損得計算にひたすら精を出すような「合理的経済人」ではない。時に戦争の動静に気を使い、時にバレエや美術の鑑賞を楽しむ「情緒的市井人」なのであった。

2　不確実性、失業、貨幣及び利子

『自由放任の終焉』から『一般理論』へ

従来のケインズ研究において、第一の主著『蓋然性論』（1921）から第二の主著『一般理論』への連続性や首尾一貫性が軽視されがちであったことは、本書の中で再三指摘してきた。さらに、同世代で同分野の碩学ナイトとの比較研究も等閑にされてきた。

さて、これら二つの主著の間に、ケインズはいくつかの書物やパンフレットを公にしている。その中で、一九二六年七月に出版されたパンフレット『自由放任の終焉』（*The End of Laissez-Faire*）は、「橋渡し」の役割を演じた著作の一つとして非常に注目されるものである。その最後のところで、次のような文章がある。少し長いが、注目すべき記録として引用しておきたい。

「現代における最大の経済的邪悪の多くは、リスク、不確実性及び無知から生まれたものである。その理由はけだし、境遇か能力に恵まれた特定個人が、不確実性と無知を有利に活用できるからであり、そして同じ理由によって、ビッグ・ビジネスとは、富の著しい不公平さを生む宝くじのごとき存在だからである。さらにまた、これと同様な理由によって、労働者の失業が発生したり、ビジネスの期待が外れたり、能率や生産の低下がもたらされたりするからである。しかしながら、それを直す救済策は、個人の活動範囲の埒外にあるのだ。時には、経済の病状悪化を招く策さえもが、むしろ当該個人の利益となるかもしれない。私が思うに、上記の事柄を救済するためには、まず中央当局による通貨流通や国債発行に対する意識的統制が必要となるだろうし、そして次にはビジネス状況に関する大規模データの収集と伝播（有用な全ビジネス・データの法的全面開示をも含めて）が必要となるだろう」

（Keynes〔1926〕『自由放任の終焉』『ケインズ全集』第9巻〔1972〕より）

不思議なことには（あるいは当然のことかもしれないが）、『一般理論』の公刊から一〇年前に、既にケインズの新理論のエッセンスが見事に叙述されているのだ。新しい体系樹立のために必要なのは、何よりも現代の経済的邪悪の根底を注視すること、そしてそれに徹底的な分析のメスを入れ、実践的な救済策を講じることなのである。それでは現代の経済的邪悪とは、一体何であろうか。それは「リスク、不確実性及び無知」であると、ケインズは明快に述べている。したがって、ケインズ体系の理解にとって最重要なキーワードは、リスクと不確実性であり、無知（逆に言えば情報）の有無や程度なのである。

現代社会経済においては、経済的に恵まれた少数の人間がいるものの、そうでない人間も多数存在する。一方において、ビッグ・ビジネスは当たり外れの甚だしい宝くじのようなものである。境遇や能力に恵まれた企業家は、不確実性や情報を自己に有利になるよう積極的に投資活動を行う。その結果は明暗二様であろう。すなわち、将来の「読み」が冴えて大儲けをした企業家もいるが、「読み」が外れ不運な結末を迎えざるをえない企業家も少なからず出てくるだろう。いずれにせよ、投資活動を背後から支える最大ファクターは、不確実性に立ち向かう企業家の「ヤル気」や「血気」なのである。そして、単なる損得計算などは、第二次的ファクターに過ぎない、とケインズは考えたのである。

他方において、労働者の失業は現代経済最大の問題であるが、その存在根拠や救済策も不確実性や情報に深く関係している。経済的に恵まれない労働者は、毎日毎日の生活をどう無事に送るかが喫緊の課題であり、自ら投資活動を行うだけの資金的余裕がないのだ。たとえ働く意欲や能力が旺盛であるとしても、経済全体の状態が思わしくなければ、働き口が見つからないかもしれない。労働者の悲惨な失業状態を救済するためには、各個人の力量を超えた「何者か」が不可欠である。ケインズによれば、このような「何者か」は個人の活動範囲を超えており、中央当局による積極的介入以外にありえない。いわゆる「自由放任の経済」はここに終焉し、大なり小なりの「意識的統制の経済」へと変貌せざるをえないのだ。失業者の多くは決して「怠け者」でない、むしろ勤労機会を奪われた「社会の犠牲者」だというのが、天才ケインズの鋭い時代認識であった。

このような基本認識の下で、国家が積極的にとれる失業救済策としては、まず通貨流通や国債発行、さらには財政出動に対する中央当局（中央銀行や大蔵省など）の裁量的政策が考えられる。そして、これらの裁量的政策が効果を十分発揮できるためには、経済全体の状態に関する大規模データの収集や発信活動が是非必要であろう。このように、ケインズ的裁量政策の根底には、不確実性や情報などの基礎的ファクターが必ず存在し作用している点を忘れてはならないのである。

考えてみれば、ケインズの短いパンフレット『自由放任の終焉』が出版されたのは、かの大恐慌が始まる数年前であり、少なくとも表面的には活況を迎えていた「黄金の一九二〇年後半」であった。天才ケインズは見かけだけの上滑りの好景気に何ら惑わされることなく、「自由放任の時代はもはや終焉した、これからは意識的統制の時代だ」と冷静な時代判断を下し、然るべき市場経済の局面変換に対処できる、心と執筆活動の準備を整えつつあったかのようである。

天才とは、時代を先取りする能力に長けている人間のことである。ケインズはかの大恐慌の発生以前に、人間活動や経済のワーキングの根底には、蓋然性や不確実性、さらには無知や情報のファクターが存在し作用していることを見抜き、生涯を通じて冷静に時代判断を下していた。このように、『蓋然性論』(1921)、『自由放任の終焉』(1926)、『一般理論』(1936)など、諸々の著作を貫く「一本の太い赤い糸」が存在するのである。その太い糸を一言で言えば、それは「不確実性」である。「不確実性のないケインズ」とは、まるで「王子でないハムレット」や「魂のない仏」のような、空虚な存在に過ぎないのである。

新理論の核心——失業問題はミクロ的かマクロ的か

ケインズの新理論の核心は、上述のように簡単明瞭である。それは一言で言えば、「非自発的失業」の問題解明、すなわち「働く意欲と能力を持ちながら働き口が見つからない失業者」の解消策なのである。失業者の多くは怠け者ではない。失業の有無は決してミクロ的に捉えるべきではないのだ。「不当に高い」賃金率を下げれば、労働市場の超過供給が自然に解消されるはずだという従来の論理は、事態の本質を余りにも矮小化するものである。

ケインズによれば、失業の問題は元来、一会社や一個人のレベルの問題ではない。それはむしろ、経済全体の景気状態に関わるマクロ的問題である。一方において、もし全体の景気が悪い場合には、有効需要が総じて縮小し、人間の働き口が縮小してしまうだろう。他方において、もし何らかの理由によって景気が回復すれば、有効需要量が拡大するから、人々の就職口が大幅に拡大するだろう。

例えば、現代日本において、新卒者の多くはなかなか適当な就職先が見つからない。学生一人当たり最低五〇回の面接試験を受けるも、無事に受かる「正規労働者」は全体の三分の一程度、残りの三分の一は低賃金と任期制で働いている「非正規労働者」、最後の三分の一は自宅待機かわざと留年している「偽装失業者」

であるという。このように、新卒者の就職問題を考えただけでも、雇用や失業の問題は決して一会社や一個人のミクロ的問題ではなく、日本社会全体で考えるべきマクロ的問題であることが判明する。

ケインズの基本的考え方の根底には、常に不確実性の問題がある。マクロ的な景気状態を決めるものは、現在及び将来にわたる不完全な知識・情報である。一人ひとりの個人は、必ずしも経済的損得計算だけで動く合理的存在ではなく、その場、その時の「空気」によって動く反合理的ないし半合理的存在かもしれないのだ。例えば、正月の初売りの時に、何が入っているかよく分からない高価な「福袋」に対して、だれもかれもと群がる人々の行動は、部分情報の下で「えいや！」と即断する不可思議な「血気」に基づいているのだろう。ましてや、人々は将来のことになると、まるで見当が付かないことが多い。例えば、「来年も株は上がる！」と確信もしくは盲信した結果、年末の「大納会」では破格の「御祝儀相場」がついたものの、そのような楽観的雰囲気が新年どれだけ維持できるかは、全くの保証がないのだ。全て、「五里霧中」であり、「一寸先は闇」の世界である。こういう不確実性の世界の中において、マクロ経済全体のワーキングとパフォーマンスを徹底的に考え抜こうとするのが、以下において詳述する「ケインズの新体系」なのである。

古典派の雇用理論――ピグー教授

ケインズは自分の「新理論」を売り出すために、「古典派経済学」という言葉を独特な意味で用いている。「古典派」は元来、スミス、リカード、J・S・ミル、マルクスなどの経済学を総称する言葉であるが、『一般理論』の中ではケインズの師マーシャルや先輩ピグーなどの業績をも包括する用語として使用している。要するに、自負心の強いケインズは、自分以外の経済学を伝統的理論として一括し、それに「古典派」という名称を冠している。

かかる古典派の代表的著作は、ケンブリッジ大学におけるマーシャルの後継者たるピグー教授によって公刊された『失業の理論』（*The Theory of Unemployment*）である。血は水より濃く、兄弟喧嘩はそれだけ荒々しくなるという。事実、先輩ピグーの所説に対する後輩ケインズの舌鋒は大変厳しいものがある。

「伝統的理論が主張するのは、企業者と労働者との賃金交渉が実質賃金を決定する、ということだ。だから、もし雇用者の間で自由競争が行われ、かつ労働者の競争制限的な団結が存在しない場合には、労働者は自らの実質賃金を、その下で雇用者が提供する雇用量の限界不効用とちょうど一致させることが可能となるだろう」（Keynes〔1936〕『一般理論』より）

これはピグー理論を総括した文章といってよい。ピグーによれば、雇用ないし失業の問題は、すぐれてミクロ的な問題であり、専ら労働市場のワーキングに焦点を絞れば十分である。詳しく言えば、雇用量と実質賃金とは、労働市場における企業者と労働者の間の交渉によって決まる。もし労働市場の不均衡が起こり失業が発生するとすれば、その最大理由は労働者サイドによる「不当に高い賃金要求」なのである。だから、もし労働者が素直な気持ちで応分の賃下げに応じるならば、労働市場の均衡が再び回復し、失業問題は解決するであろう。

この点は非常に重要な論点なので、図表の助けを借りて解説したいと思う。図5－1において、横軸は雇用量N、縦軸は実質賃金率Rを測っている。当然ながら、右上がりの曲線SSは労働の供給曲線であり、右下がりの曲線DDは労働の需要曲線である。二つの曲線SSとDDの交点Qは、労働市場の均衡点である。その時の均衡雇用量はN^0、均衡実質賃金率はR^0である。

さて、労働者サイドの団結によって、仮に実質賃金率がR^0からR^1へと上昇したとしよう。すると、労働市

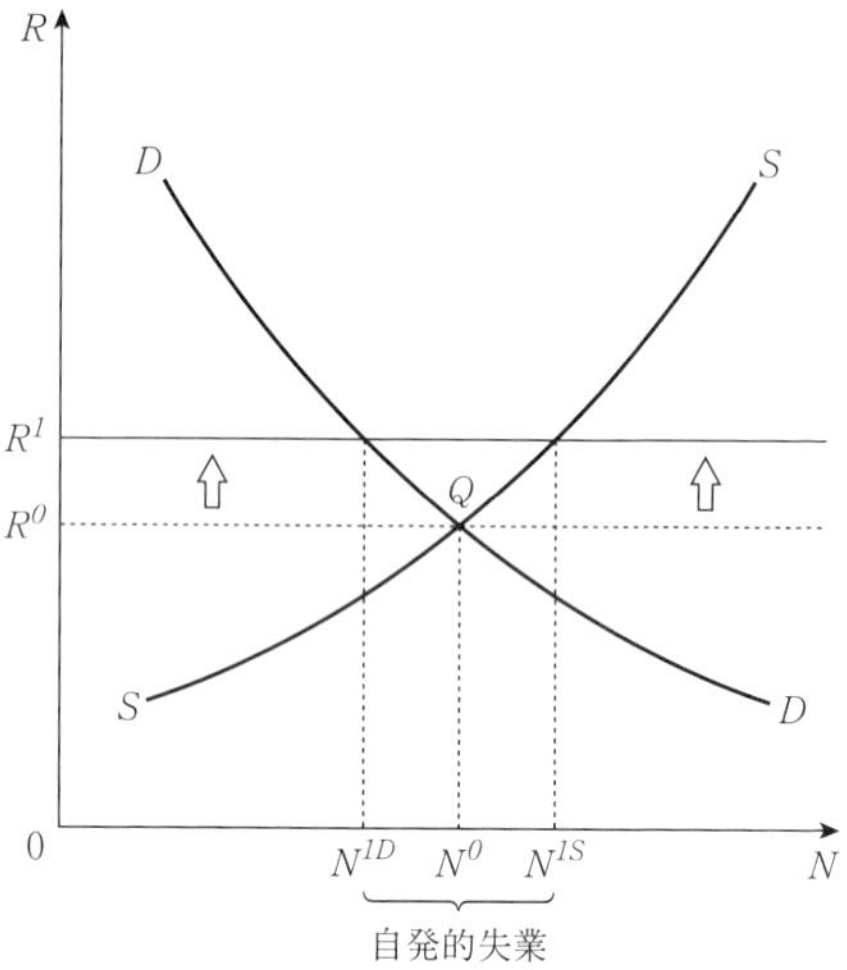

図 5 - 1　雇用問題に対する古典派の考え方

場の均衡がもはや破れてしまう。実質賃金率がR^1の下では、労働者の要求する実質賃金率はN^{1S}であるが、雇用者が受け入れる実質賃金率はN^{1D}に過ぎない。両者の差（$N^{1S}-N^{1D}$）は、一体何を表すのだろうか。それは古典派によれば、労働者サイドが高賃金の代償として自発的に受け入れざるをえない失業の大きさ、つまり「自発的失業」の大きさを示している。

だが、実際の社会経済を見ると、街中には仕事を求める人たちが溢れている。彼らのほとんどは自ら好んで失業者になっているのではない。たとえ現行賃金が低下しても、職にありつけない人間がゴロゴロしているのが現実である。

実務家としてのケインズは、古典派理論の恐るべき楽天主義と、失業者がゴロゴロしている厳しい現実の姿との間に横たわる、深く広いギャップの存在を認識し、解決策の模索を始めた。そして、「何とかしなければならない、このままではイギリスが、いや世界全体が崩壊するかもしれない」として、新しい理論の樹立への決意を次第に抱くようになった。この間の事情は、次のようなやや長いが、雄弁なケインズの文章によって鮮明となるだろう。

「伝統的経済理論の何ともお目出度き楽天主義！　この楽天主義によって経済学者たちは、浮世離れの畑仕事をし現状満足に浸っておれば、全ての事が考えうる最善世界の最善状態へと向かうのだ、と説くカンディードにも擬せられてきたほどである。だが、この楽天主義のよって立つ根拠をツラツラ考えてみると、その根拠とは思うに、有効需要不足が繁栄の足を引っ張る可能性について、経済学者たちが一顧の考慮すら払わなかったことに因るようだ。というのは、古典派公準によって運行する社会では、資源を最適雇用状態へと導く自然傾向が存在することは間違いないところだからである。古典派理論とは、経済がかくのごとく振る舞って欲しいものだ、と人々が望む願望のあり方を体現しているとも言える。しかし、現実も願望の通りに動くと想定するのは、まるで困難などそもそも存在しないのだ、と最初から決めつけるのと同然である(3)」

（Keynes〔1936〕『一般理論』より）

ケインズの『一般理論』は概して論理が曲がりくねっていて、明快さに欠ける難解書である。だが、さすが雄弁家の天才ケインズ、一般読者を唸らせる名文句があちこちに散見されるのだ。上の引用文は、そのような珠玉の文章の一つである。ここで、ケインズは一八世紀フランスの啓蒙思想家ヴォルテール（1694–1778）の筆になる風刺小説『カンディードあるいは楽天主義』（1759）を引き合いにだして、学のあるところを見せつけている。

理論と現実との間には、明白なギャップが存在している。その時、理論が正しく現実の間違っているというのは、余りにも強弁すぎよう。現実の姿を知って、正すべきは理論のほうである。ケインズはこのように思索を進めて、古典派とは異なる新しい考え方の提示に成功したのである。

ケインズによる新しい考え方

ケインズが最大の疑問を抱いたのは、一般実質賃金が労使間の交渉によって決定される、という古典派の考え方である。まず、労使間の間で取り決められるのは、「時給八〇〇円」とか「月給二〇万円、夏冬ボーナスの四〇万円」とかいう「貨幣賃金率」である。実質賃金率とは貨幣賃金率を物価水準で割ったものであるが、労使双方ともに物価水準を決める立場にはないのだ。デフレとかインフレという言葉が示すように、一般物価水準を決めるのはむしろマクロ経済の状態なのである。この点について、ケインズの考え方は明快である。

「労働者たちが企業者たちとの間の貨幣賃金の改定交渉によって、その実質賃金を所定水準にまで切り下げうる便法など、この世に存在しないかもしれない。これこそが我々の主張である。一般実質賃金水準を決定するのは、第一義的には、何か他の諸力であることを示すように努めたい」

（Keynes〔1936〕『一般理論』より）

ケインズは新著『一般理論』の全体を通じて、一般実質賃金を第一義的に決める「何か他の諸力」を探索する「苦闘の長い旅」に出た。その苦闘状態が如何ばかりであったかは、『一般理論』の最初の諸章における難解な叙述方式から明らかであろう。ここでは、原著の持つ難解さを避けるために、廻りくどい用語解説を止め、むしろ単刀直入的に新理論の核心を抉り出したいと思う。

図5－2を御覧頂きたい。横軸と縦軸とは図5－1と同様に、雇用量Nと実質賃金率Rである。ここで、Rとは貨幣賃金率wを物価水準pで除したものであることに注意されたい（つまり、$R=w/p$である）。

図5－2において、労働の供給曲線は右上がりの実線SSによって示される。労働の需要曲線は右下がりに描かれているが、点線DDと実線$D'D'$と二本あることに注意されたい。これら二本の需要曲線の中で、現実に存在するのは実線$D'D'$のほうであって、点線DDのほうは「そうあって欲しいと願うものの現実には存在しない」いわば幻の曲線なのである。

二つの需要曲線の間のギャップを決めるものは、ケインズの言う「何か他の諸力」であり、それは端的に言えば現存する「有効需要」の大きさなのである。現実の需給均衡点はQであって、Q^0ではないのだ。したがって、労働市場で現実に決まる実質賃金率はR^0であるものの、それに対応する現実雇用量は（N^0ではなく）N^1にしか過ぎない。

労働者は現行賃金率R^0のもとで、N^0の量だけ働きたいのに、実際にはN^1の量しか雇用されない。N^0とN^1との差（N^0-N^1）は、労働意欲がありながら雇用されない「非自発的失業」(involuntary unemployment) の大きさを表している。ケインズが力説したように、従来の古典派理論が見逃してきたのは、このような非自発的失業の存在なのである。

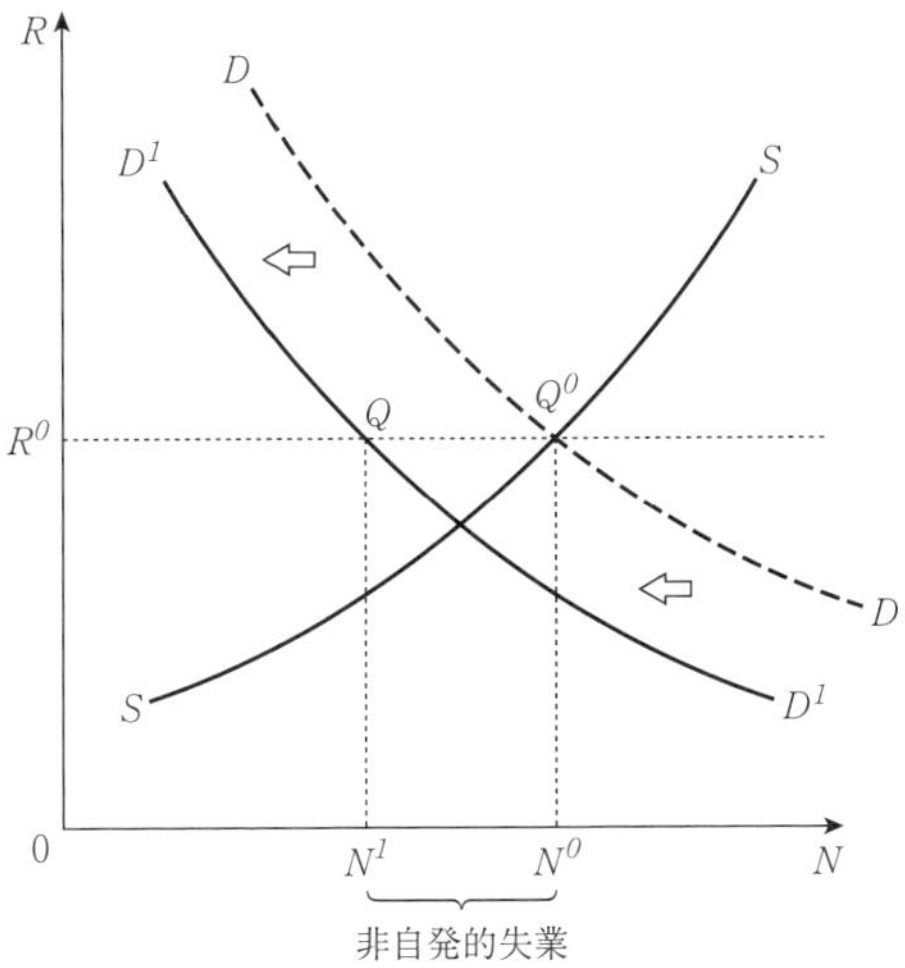

図5-2　ケインズによる新しい見方

有効需要の原理

ケインズが注目した非自発的失業の大きさを決めるものは、いわゆる有効需要の大きさである。この有効需要が十分でない時には、実質賃金率の水準とは関係なく、町中に職を求める失業者が大量発生する可能性がある。

それでは、かくも重大な有効需要の構成要素とは、一体何であろうか。一国経済の規模は、いわゆる国民所得Yの大きさによって示される。簡単化のために、外国貿易が存在せず、政府の財政支出や税収も無視できるケースを取り上げると、次式が成り立つはずである。

$$Y=C+S \tag{1}$$

右式が意味する所は、国民所得Yの一部は消費C、残りの一部は貯蓄Sに回されるということである。国民所得Yについて、また別の見方も可能である。それは「何を需要するか」という側面からみるものであり、かかる需要面に焦点を当てると、Yは消費財購入にあてられる部分Cと、設備投資や在庫投資のために需要される部分Iとから成るとみなされる。

$$Y=C+I \tag{2}$$

右の二つの式(1)と(2)から、次のような国民所得の「均衡式」がさしあたり導出できよう。

$$S=I \tag{3}$$

右式は、ある特殊な場合にのみ成立する「均衡式」であって、いかなる場合にも必ず成立する「定義式」ではないことに注意されたい。換言すれば、ケインズの世界では、「供給が需要を必ず創出する」というセイ法則が全く前提されないわけである。

以上の議論をまとめよう。社会全体の雇用量Nを決めるものは、企業や個人との交渉というごときミクロ的ファクターではなくて、むしろ主として次の三つのマクロ的ファクターである。①経済全体の景況状況を測るものとしての国民所得（ないし有効需要量）の大きさ（Y）、②Yを構成する一つの中核要素としての総消費量（C）、及び　③Yのもう一つの重要要素としての総投資量（I）。国民所得のレベルが均衡式

$Y=C+I$としてマクロ的に決まる以上、Yに対応する現実の総雇用量Nが、理想の完全雇用量N^fと一致する必然性は全くないのだ。かくして、ケインズ的世界においては、（完全雇用レベル以下の）過少雇用の状態、すなわち非自発的失業の存在が俄然として脚光を浴びてくるのである。

総消費量を決める諸要因と不確実性の影響

ケインズによれば、総消費量（C）を決める要因は、客観的ならびに主観的要因を含めて、実に色々なものがある。しかも、これらの諸要因は決して安定的に決まるものではなく、不確実性や不完全情報の影響を微妙に受けている。

まず、ケインズが指摘した「人間の標準的な心理法則」を取り上げてみよう。その法則とは、「社会の実質所得が増減すれば消費もそれに応じて増減するが、その増減は所得の増減ほどでないという心理法則」のことである。ケインズが特に注目したのは、「消費変化分の実質所得変化分に対する比率」である。これは「限界消費性向」と呼ばれ、離散的には$\Delta C/\Delta Y$、連続的にはdC/dYとして定式化できる。

ケインズによれば、「時と所が与えられれば」比較的安定しているようではあるが、諸々の外部要因や将来要因における不確実性や無知によってさまざまな影響を受けざるをえない。第一に、裕福な資産家階級による「きらびやかな消費」は、貧乏人の基礎消費とは異なり、手持ち資産の貨幣価値の思いもよらない変化に対して著しく感応的であろう。実際のところ、突然のバブル崩壊によって手持ちの外国債価格が暴落すれば、当該個人の顔色が一変し、財布の紐は絞められることになるだろう。第二に、今期の消費計画は、今期の所得のみならず、来期以降の所得系列の有り様によって影響を受けるものである。「万事は諸行無常、来年以降のことは何も分からない」のが世の常である。早い話、来年度における年金額の減少や消費税の増税の話が国会で論議されるだけで、年金生活者の懐具合はそれだけ寒々したものになるだろう。さらに、人間とは所詮、心理と感情の動物であり、世間の空気に敏感に反応するものだ。極端な話、日本の戦時中には、「欲しがりません、勝つまでは！」というスローガンが横行したのである。

ケインズ自身はほとんど言及していなかったけれども、消費の大小に関係する重大要因が他に存在している。その要因とは、国民の限界消費性向の大きさが「文化的歴史的要因」によって少なからず影響されることだ。例えば、一人当たりのGDPで測って、わが日本とアメリカとはほぼ同じである。だが、両国間では、その消費傾向が非常に異なっている。これまでの日本人は伝統的に慎ましい生活態度を堅持し、最寄りの郵便局や銀行におカネを預けるのが「倫理的に正しい行為」とみなされてきた。それとは対照的に、典型的なアメリカ人はおカネを蓄えることが嫌いであり、「明日のことは明日がきめるさ！」という楽観的な生活態度をとってきた。アメリカで近年起こった、(返済能力を無視して多額の借金をするという)「サブプライム問題」の発生は、イケイケどんどんのアメリカ人気質を抜きにしては説明できないだろう。

限界消費傾向と社会文化的要因との絡みを考える場合には、社会文化のあり方を大きくAタイプとJタイプに大別するのが便利である。アメリカ社会によって代表される「Aタイプの社会」の人間は、将来のことよりもいま現在の生活をエンジョイすることを優先する。たとえ多額の借金しても、「あとは何とかなるさ！」という楽観的享楽的気分が個人の意思決定に対して決定的な影響を及ぼす。このために、時には、個人所得額の限度一杯に消費ないし浪費を行い、貯蓄分に回る部分はたかだか数％、時にはマイナスの貯蓄、つまりローンからの借金が生まれるかもしれない。これに対して、わが日本や現代中国によって代表される「Jタイプの社会」では、貯金箱にコインを入れる子供の風習から始まり、大人になっても倹約と貯蓄に励むのが「社会の風習」になっている。

図5‐3から分かるように、消費曲線は下に凹な曲線である。その理由は、消費量は所得の増加とともに増加するが、その増加分は概して逓減するということ、つまり「限界消費性向逓減の法則」が概ね成立する

からである。この点はケインズ自身も認めているが、AタイプとJタイプの区別は筆者独自のものであることに注意されたい。

図では、二本の曲線 $C^A(Y)$ と $C^J(Y)$ が描かれている。上方に来るAタイプの曲線は、かの「イソップ寓話」の譬えによれば、享楽主義的な「キリギリス型の生活態度」を反映しているだろう。下方に来るJタイプの曲線は、厳しい冬の生活不安に備える「アリ型の生活態度」を表示すると言えよう。注意して欲しいのは、これら両曲線の安定性である。当然ながら、それぞれの曲線は将来の不確実性と無知の程度に応じて、上下に揺れることだろう。また、生活態度の世代間格差が顕著なわが日本社会においては、総消費曲線が $C^J(Y)$ から $C^A(Y)$ へとシフトしつつあり、また各タイプの曲線自体もそれ相応に揺れ動いているように推測される。この点の実証分析が切に待たれている。

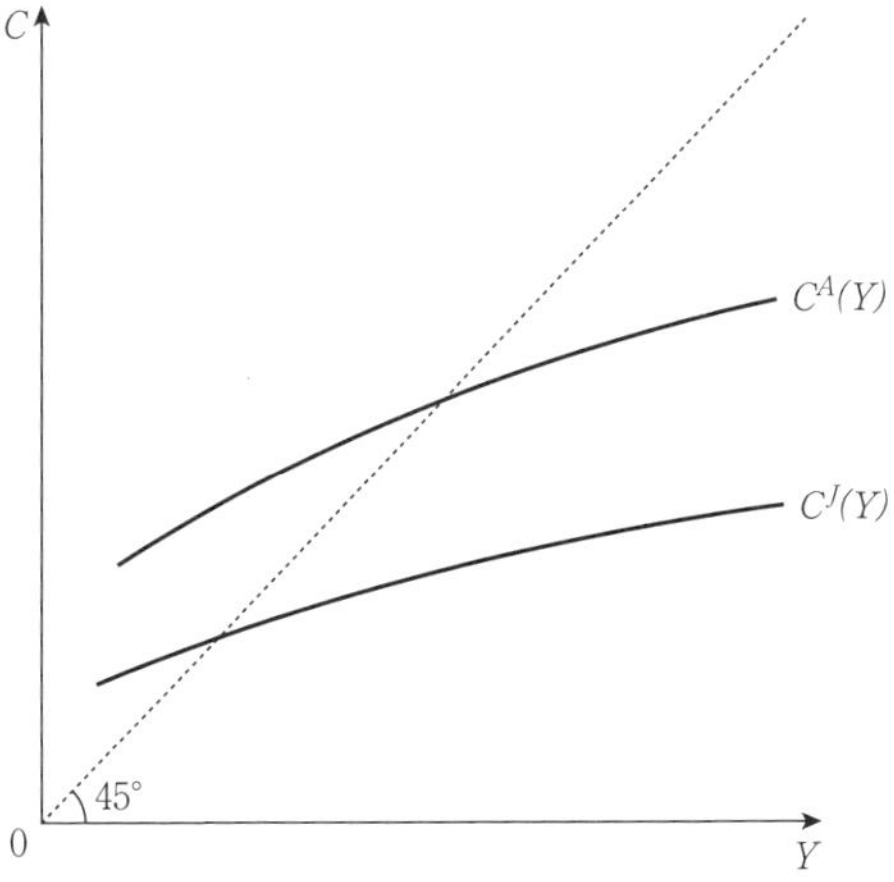

図5-3 消費曲線と社会文化的要因
——AタイプとJタイプ

3 投資行動と不確実性

社会の総投資量と不確実性要因

社会の有効需要（Y）の決定要因として、もう一つ重要な要因は総投資量（I）である。ケインズによれば、人々の投資誘因は大きく言って二つの要因、つまりプラス要因としての「資本の限界効率」（the marginal rate of capital）と、マイナス要因としての「利子率」（the rate of interest）とに依存するが、重要なのはもちろん前者の要因のほうである。

より正確に言えば、次のようになる。いま今期において人が資本資産を価格Pで購入すれば、来期以降において見込める収益系列Q_1, Q_2, ……, Q_Nを得るものと期待される。このような期待収益系列の割引現在価値を、その購入価格Pにちょうど等しくするような特定割引率mが、ケインズの定義する「資本の限界効率」である。

$$Q_1/(1+m)+Q_2/(1+m)^2+\cdots\cdots+Q_N/(1+m)^N = P$$

投資家はプラス要因としての限界効率mと、マイナス要因としての現行利子率iとを比較する。もし前者が後者を上回れば（$m>i$）、すなわち当該投資物件が「お買い得品」だと期待できれば、その購入を実際に行うと考えるわけである。

一見すれば、そのプラス要因とマイナス要因を比較するだけだから、（名奉行の遠山金四郎ならずとも）投資の話は「これにて一件落着！」と発したいところである。だが、もちろん事態はこんな簡単に済む話ではなく、まさに天才ケインズ独特の「味付け」がなされるのだ。ケインズは、資本の限界効率における期待の役割に注目し、時には限界効率の凄まじい変動の可能性までも言及しているのだ。


「与えられた資本ストックの限界効率が期待の変化によって左右される、という点を理解することは大切である。というのは、景気循環を説明する要因は資本の限界効率の凄まじい変動の中にあるけれども、その変動自体が主として限界効率の期待への依存によって惹起されるからである」

（Keynes〔1936〕『一般理論』より）

ケインズによる新マクロ理論の精髄を代表するのが、資本の限界効率の概念である。それは決して確固不動のものではなく、むしろ不確実性や期待によって凄まじく変動するというのは、極めて革命的な考え方であった。

ケインズによれば、投資量に影響を与えるリスクには、二種類のものが存在する。第一種のリスクとは、「借り手のリスク」(the borrower's risk) である。それはすなわち、借り手の望む期待収益が見込通りに得られるかどうか、そこに疑念が生まれることから発生する。第二種のリスクとは、「貸し手のリスク」(the lender's risk) であり、いわゆるモラル・ハザードに関係するリスクである。この種のリスクは、貸し手側が相手側の意図的な債務不履行や担保能力不足を予め見抜けなったことから発生する。実務家ケインズは象牙の塔の学者ではなく、時には大蔵省の役人、時には保険会社の社長、さらに時には美術品の収集家でもあったわけで、借金の取り立てに忙しかったり、担保品の価値下落などに頭をかかえることが多かったのであろう。

このようなわけで、資本の限界効率表の重要性は、いくら強調しても強調し過ぎることはない。というのは、将来に関する期待が現在の行動に影響を及ぼすのは、かかる限界効率なるルートを経由するからである。これに対して、利子率の大小は、実質的に現在の現象であって、将来期待の影響はマイナーなものである。限界効率と利子率を同列に論じることは、断じて許されるべきではない、とケインズは考えている。

確信の状態と投資行動の関係――経済学者対実務家

ケインズによれば、資本の限界効率は利子率と比較して、将来の期待の状態によってはるかに大きく影響され、それゆえに上下に激しく変動するものである。そのことは換言すれば、実務家たちが投資計画を策定実施する場合の「確信」(confidence) の程度に依存する。景気が将来上昇（あるいは下落）するだろうと確信する人々は、それだけ積極的に（あるいは控えめに）投資を行うものなのだが、従来の経済学者はかかる「実務家の機敏な判断」を軽視してきた。専門家は「専門バカ」になりがちであり、実務レベルでは当たり前の事柄さえも直視できなくなっていた。

「いわゆる《確信の状態》（the state of confidence）は、実務家たちが常に細心かつ機敏に注意を払っている。だが、経済学者たちはそれを入念に分析することなく、当たり障りのない一般論を述べるだけに甘んじてきた。とりわけ、確信の状態が資本の限界効率表に大きな影響を及ぼしており、かくして経済問題と深く関わっていることは、従来の議論では明確にされてこなかった。投資率に及ぼす二つの要因――つまり資本の限界効率表と確信の状態――は個々バラバラに論じるべきものではない。確信の状態は、（投資の需要表としての）資本の限界効率を決定する一大要因なのであり、それ故にこそ経済問題と深い関わりを有している」

（Keynes〔1936〕『一般理論』より）

ケインズによれば、投資行動と限界効率と確信状態の三つは、互いに不可分な関係を取り結んでいる。実務家の将来への期待が高く、確信状態が良好であれば、その場合には、（所与の利子率に対して）資本の限界効率がそれだけ大きくなり、かくして投資量もそれだけ増大する。それに反して、将来期待度が低く、確信が十分持てないならば、実務家の投資行動は萎えてしまうだろう。

資本の限界効率と投資量の関係は、実務家の確信状態の有り様によって大きく変化する。この点を筆者なりに図表化したものが、図5-4である。横軸は投資量I、縦軸は資本の限界効率m（及び利子率i）を測る。便宜上、二本の限界効率曲線が描かれているが、いずれも右下がりの曲線である。右下がりの理由はもちろん、投資量が増大するにつれ、投資の効果がそれだけ薄れ、かくて資本の限界効率がますます減少するためである。もし確信の状態が強ければ（もしくは弱ければ）、限界効率曲線は上方の曲線 m^S（もしくは下方の曲線 m^W）となり、投資決定量は I^S（もしくは I^W）となる。当然ながら、I^S は I^W より大きい。二つの曲線 m^S と m^W との間の距離は、確信の度合いの違いの程度を示している。

ケインズの一般理論は、概して難解な悪書として有名（むしろ悪名？）である。だが、その中で第一二章「長期期待の状態」は例外的に平易に書かれており、光彩陸離たる文章も少なくない。その点は、ケインズが本論を離れて少し脱線し、経験に基づく事例に触れるときに顕著となる。例えば、実務家は期待収益を見込む時には、知識や情報量が十分利用できることが前提されている。ところが、ケインズによれば、こういう前提そのものが大変怪しいのが実情である。

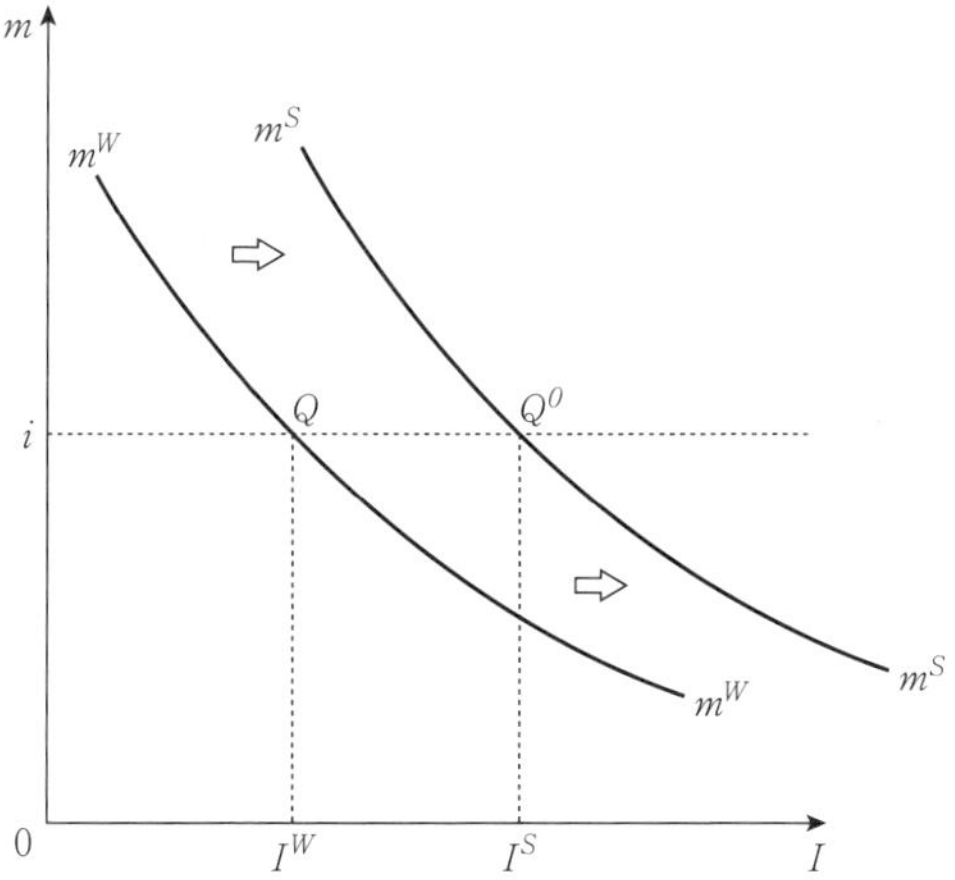

図5－4　資本の限界効率と投資量——確信状態の変化

「期待収益を予測するにあたって、際立った事実がある。その事実とは、我々が頼るべき知識の根拠が極めて怪しいということだ。数年先の投資収益を左右する要因について、我々が有する知識量はごくわずかであり、たいていは無視できる程度のものである。鉄道、銅山、織物工場、特許薬品のブランド、大西洋航路の定期船、ロンドンのシティーのビル群——これらの一〇年後の収益の予測に必要な基礎知識量は概してごくわずかであり、時には皆無であることは認めざるをえない。いや一〇年先は言うに及ばず、五年先でさえ無知同然なのである」

（Keynes〔1936〕『一般理論』より）

ケインズの筆はここまで来て、ますます滑らかさを増してくる。ケインズによれば、企業家とは「腕と運の混合ゲーム」（a mixed game of skill and chance）を競うような種類の人種である。

「その昔には、企業は主として事業者本人、あるいは友人仲間たちによって所有されていた。そのころには投資行動は、ヤル気満々で建設衝動に駆られたり、また創業こそわが命なのだという人間が多数存在したことに依存していた。こういう人間は、期待利潤の綿密な計算によって行動決定するというのでは全くなかった。当該事業の最後の顚末は概ね、経営者の才覚・気骨の問題（つまりそれが並より上か下か）に依拠していた。だが、それにもかかわらず、事業は富くじの側面（つまり当たるか外れるか）をも併せ持っていた。失敗する者も、成功する者もいたであろう」

（Keynes〔1936〕『一般理論』より）

投資行動を決めるのは、冷徹で合理的な損益計算ではなくて、イケイケどんどんの血気や反合理的衝動なのである。この点は昔の話だけでなく、現在でも十分通用することである。人間が一か八かの賭けの気持ちがなければ、工場・鉄道・鉱山・農園の建設経営などに従事することは、それこそ「ミッション・インポシブル」であろう。

投機による不安定性——プロ筋の裏読みと騙し合い

ケインズは、書斎派の学者ではなくて、現実の株式取引を積極的に行う実務家であった。彼がそこで注目したのは、プロの投資家ないし投機家の精力と技能である。プロ筋の「売ったり買ったり」の錬金術は、理論の上では概ね株式市場の安定化作用を果たすように見えるかもしれないが、実際には時に他人を出し抜いたり、時に群集心理を利用（悪用？）しようとする不確実性要因である。ケインズは、次のように事態を冷静に観察しているのだ。

「今日において、最も熟練した投資家の個人的目的とは――アメリカ人が巧みに表現しているように――《狩猟仲間を出し抜くこと》（to beat the gun）、つまり一般群集の裏をかくこと（to outwit the crowd）や、目減りした悪貨（つまり質の劣化した半クラウン硬貨）を他の連中にわざと掴ませることである」

（Keynes〔1936〕『一般理論』より）

恐らくケインズ自身も「半ば熟練した投資家」として、人気上昇中の優良株を他人より一瞬でも早く購入し、大儲けをしようと図ったことであろう。だが、その成果は必ずしも見込み通りにいかず、目減りした悪貨を自ら掴むこともあったと言われている。それでも、証券取引所はまるで知的な賭博場のようであり、そこではステップ・ババ抜きゲーム・椅子取りゲームなどを面白おかしくエンジョイすることができたのである。

裏読みの極意――ポオの推理ゲームから

上述の引用文においては、相手を出し抜いたり、裏をかいたりする「裏読みの技術」がしきりに語られている。思うに、この点を鮮明に浮かび上がらせる逸話が、米国の文豪エドガ・アラン・ポオ（1809-1849）の傑作「盗まれた手紙」（*The Purloined Letter*, 1844）の中にある。それは、探偵ジュパンが自分の推理力を誇るために得意げに話す「ビー玉遊びの天才少年」の話である。

ケインズが先人ポオの作品を果たして読んでいたのかどうか、現時点では定かではない。だが、ケインズの諸々の著作を読んでいると、ケインズ自身が推理小説の愛好家であったのではなかろうか、と思われるふしがある。論より証拠である。ポオの次の文章に注目しよう。少し長いが引用しておこう。

「警視総監は捜査中の事件について、余りにも深く考えすぎたり、また余りにも浅く考えすぎたりして、いつも失敗するんだ。この点では、あの男より頭の良い少年が沢山いますよ。自分が知っている八歳の少年は、《偶数・奇数ゲーム》（the game of 'even and odd'）をすれば、見事な推理で相手を常に打ち負かすので、大変な評判でしたよ。

これは単純なビー玉ゲームでしてね。ある一人のプレーヤーがビー玉を幾つか掌中に握って、《玉の数が偶数か奇数か》をもう一人に推理させるのさ。推理した者は、答えが正しければビー玉を一つ取り、間違っておれば一つ失うという具合に進行する。

例の少年は、何と学校中のビー玉を全て手に入れてしまったのだ。少年にはもちろん、推理の原理と言えるもの、つまり相手の賢明さを観察し推理する程度のものが存在したんだ。例えば、相手のお馬鹿さんが、握った手を突き出し、《偶数か奇数か》（even or odd?）と尋ねるとしよう。少年は《奇数》と答えて、負けるかもしれない。でも、二回目には必ず勝つんだな。何故かと言えば、少年は心の中でこう呟くからだ。《お馬鹿さんは一回目のとき、偶数のビー玉を握っていた。ところが、こいつの利口の程度は、二回目にはせいぜい奇数に変える程度だろう。そこで、俺は奇数だと推理しよう》。そこで少年は実際に奇数と答えて、勝つというわけだ。もし相手がお馬鹿さんより少し利口と感じるときには、こういう風に頭を巡らすわけだ。《こいつは一回目のときには俺が奇数と推理したことを知っている。だから、二回目のときには心情的にはとりあえず、さっきのお馬鹿さんと同じように、偶数から奇数へという単純な変換を行

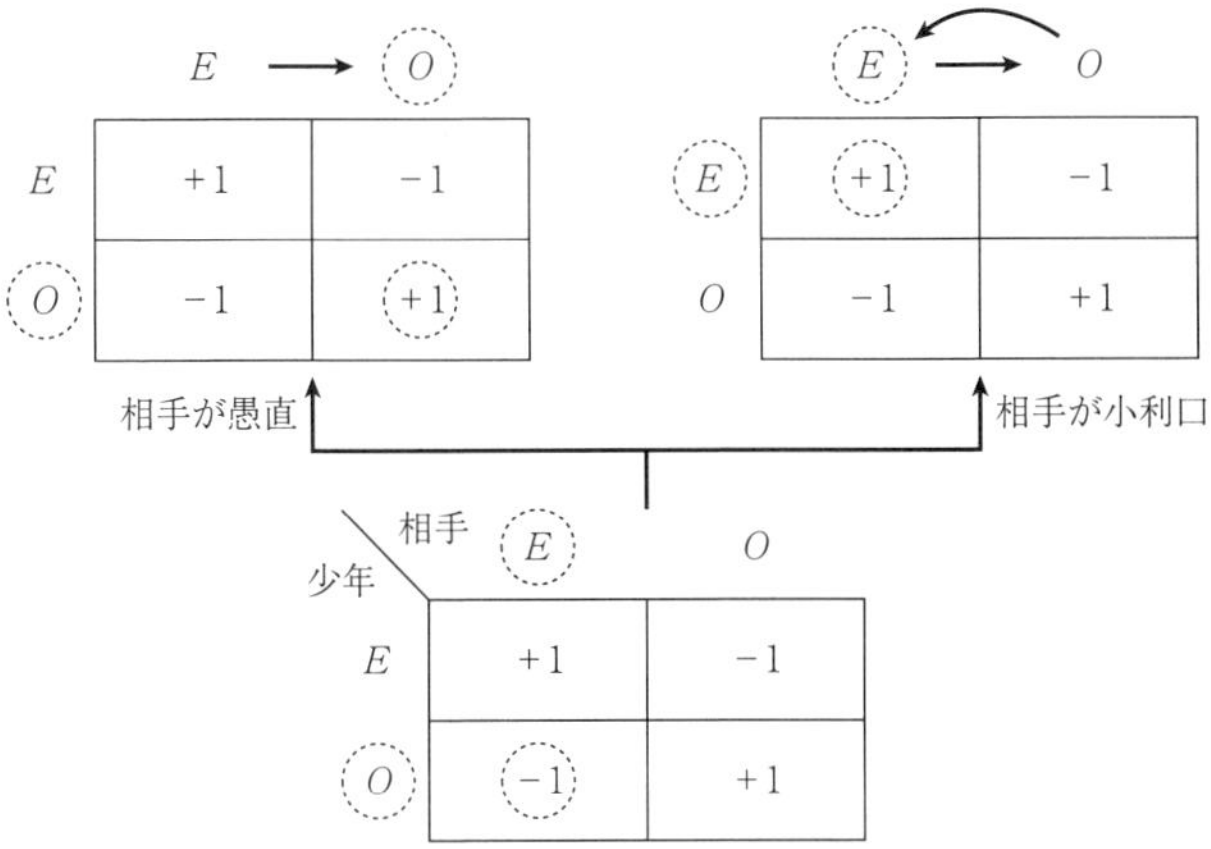

図5－5　ポオの推理ゲーム——天才少年の三次元思考

いたくなるだろう。でも、小利口さんはこれでは余りにも単純すぎると思い直し、結局のところ元通りの偶数にしようと決心するだろうよ。だから俺は偶数と推理することにしよう》。その結果、少年は実際に偶数と答えて勝つわけなんだ」

（ポオ〔1844＝1974〕「盗まれた手紙」〔丸谷才一訳〕）

この話はすぐれてゲーム論的である。図5－5を眺めよう。下の利得行列が示すように、プレーヤーは「少年」と「相手」の二人であり、各人の戦略はビー玉が「偶数」（E）か「奇数」（O）かの二つである。相手がまずビー玉をいくつか握り、少年がその数が偶数か奇数かを当てようとする。もし答えが正解なら少年の勝ち、不正解なら少年の負けである。

よく知られているように、この種のゲームは「純粋戦略」だけでは解が存在せず、鞍点も存在しない。ここで我々は二つの選択肢に直面することになる。一つの選択肢は、フォン・ノイマンやモルゲンシュテルンがかつて採用した方法で、戦略の範囲を一層拡大し「混合戦略」までを視野の中に入れるという理論拡大路線である。その時には明らかに、各プレーヤーが採る混合戦略が「偶数（E）と奇数（O）が五分五分」である時に、ゲームの解が存在し、対応点が鞍点となることが証明できる。

もしゲームが繰り返しプレーされる場合には、二人のプレーヤーは勝ったり負けたり、その勝ち負けが均等に配分されるだろう。つまり、一人だけが「バカ勝ち」したり、「バカ負け」したりすることは、理論上は発生しないはずである。(4)

ところがである。上述したように、ポオによれば、ゲームの繰り返しにより、勝ち負けの割合が二人の間で二分の一に収束する保証は全くないのだ。それどころか、二人の間での裏読みの技術が異なる以上、勝負はますます一方的に進行しかねない。実際のところ、「少年」が「バカ勝ち」し、相手が「バカ負け」したのである。その理由はもちろん、少年と相手の間では、「裏読み」の推理能力が著しく違っているからである。

思うに、ポオの熱心な現実観察は、フォン・ノイマン＝モルゲンシュテルン流の「灰色の冷たい理論」(「空理空論」と言わないまでも)よりはるかに説得力があると言うべきである。しかも、このことはケインズが注目した「仲間を出し抜く、裏をかく」ことと大いに関係しているので、やや詳しく議論を展開したいと思う。図5-5を再び眺めよう。第一回目において、相手の握っているビー玉の数が「偶数」なのに、少年が「奇数」と答えたと想定しよう。その時の利得は「マイナス1」であり、少年の負けとなる。

ところが、第二回目からは、ゲームの状況は一変するのだ。裏読みの天才少年がいまや本領を発揮し、ゲームに一方的に勝つようになるだろう。少年はもはや普通の二次元思考を離れて、より高度の「三次元思考」を行うのだ。ここで「三次元」と形容する理由は、「自分の戦略」と「相手の戦略」の組み合わせを単に考慮するだけでなく、相手の知能程度やくせに応じてわざと巧みな戦略変換を行うという、「裏読み戦略」が新たに導入されているからである。少年が第一に行うべきことは、相手が愚直な「お馬鹿さん」か、それとも「小利口な人間」かを見極めることである。相手の知能程度を知り心理の裏を読むことによって、少年の作戦は意識的・陽動的に対応変化せざるをえないのだ。

一方において、もし相手が「お馬鹿さん」であれば、次回の戦略は前回の戦略を愚直に変える程度であるだろう、と少年は推理する。すなわち、相手の戦略変更が「偶数→奇数」に留まるだろう、と少年は推理し「奇数」と答えるのだ。その結果は、推理が見事に当たり（利得が「プラス1」）、少年の勝ちとなる。他方において、もし相手が小利口な人間であるならば、その戦略が少し捻ったものになるだろうな、と少年は裏読みする。相手はまず戦略を偶数から奇数に変更したい衝動に駆られるかもしれない。だが、小利口な相手もさる者、「ちょっと待てよ、これでは少年の罠にかかるかもしれないぞ」と考え直すだろう。だから、相手の戦略が「偶数→奇数→偶数」という風に迂回するだろうと、少年は見事に推理を働かせ、「偶数」と答えるのだ。その結果は、やはり少年が相手を打ち負かすのである（ここでも利得は「プラス1」となる）。

上のようなわけで、ゲームの第二回目からは、少年は相手をドシドシ打ち負かし、挙句の果ては教室中のビー玉を全て吸い上げてしまった。ポオによると、少年の採用した戦略とは、相手の賢さの程度を正しく推理することによって、最適な純粋戦略を弾力的に求めるという「推理的純粋戦略」であった。ポオによれば、人々の間で知性や資質上の差異が歴然と存在する以上、勝者と敗者が一方的に偏ってしまうことは、むしろ当然の帰結だったのである。

このような「優勝劣敗の帰結」は、ポオの好んだ文学的世界だけでなく、プロの投資家が跋扈するビジネスの世界において、その現実的妥当性を増大するのではなかろうか。こうケインズは思料したわけだ。証券取引所は一種の賭博場である。そこでは熟練度や知性の異なる投資家ないし投機家が、相手の心理を裏読みし、相手を出し抜くことを競い合う。中でも、クラウン硬貨の素材の変化は大きく、歴史的に金貨から銀貨へと、さらには白銅貨へと劇的に劣化していった。思うに、「額面が同じでも、価値の減じた硬貨」を握らされるのは、ポオの言う「お馬鹿さん」か「小利口者」であっただろう。「正直者が馬鹿を見る」のは、悲しきかな、生き馬の眼をくり抜くビジネス世界では決して珍しいことではないのである。

美人投票——三次元思考の魔力

ケインズは、上述のポオの推理ゲームと三次元思考とに触発されたのであろうか。それはいまや知る術もないが、執筆中のケインズは気分がやたらに高揚し、裏読みという三次元思考に言及するようになる。その典型例が、かの有名な「美人投票」（the beauty contest）の話である。思うに、ケインズは新聞紙上による美人コンテストにいたく感動したらしく、かの若き時代の名著『蓋然性論』にも、同類項の議論が熱情的に語られていたことがある。『一般理論』における美人投票のことは、ケインズ理論のエッセンスを構成すると信じるので、以下に引用しておこう。

「プロ筋の投資は思うに、新聞紙上の美人コンテストに譬えることができよう。そのコンテストには独特の趣向があり、各参加者は女性写真一〇〇枚の中から最高の美女六人を選び出す。そして賞品が授与されるには、参加者全員の平均的な選考に最も近い選択をした人である、という趣向である。この種の美人コンテストでは、一人ひとりの参加者は、自分が一番美しいと感じる美女ではなくて、他の参加者の心を最も射止めそうだと思う美女をあえて選抜しなければならない。参加者の全員が同じ問題を同じ観点から見ているのだ。ここまで来ると、最大の熟慮の上で最高の美女を選ぶということは、もはや問題外である。平均的意見（the average opinion）が最高の美女を選ぶという問題でもない。我々がいまや到達しているのは、（自分の知力を総動員して）平均的意見が平均的意見だとみなすものを予測するという、三次元（the third degree）の段階の話である。思うに、さらに四次元や五次元、もっと高次の次元の段階まで来ている者もいるだろう」

（Keynes〔1936〕『一般理論』より）

ケインズが喝破するように、プロ筋の投資は、当時の新聞紙上の美人コンテストのようなものである。現代日本に当てはめてみると、歌って踊る人気絶頂の美少女グループ「AKB48」の選抜投票がこれに近いものと言えるだろうか。そこでは某スポーツ新聞の読者たちが、何百人という美少女の中から、ステージに上れる四八人を投票によって選出する。最も関心を呼ぶのは、誰が「センター」の位置をキープするかである。ちょっと軽く考えれば、素直な投票者は自分の好みだけによって、「ユーコさん」を指名投票したいと思うかもしれない。だが、この試みは恐らく無駄な結果に終わるかもしれないのだ。もっと利口な人間なら、周囲の情勢や人気の偏りに鑑みて、いわゆる「死に票」を避けるために、「本命」に近いという噂の「キョウコさん」にあえて投票する誘惑にかられるだろう。ところがである。この噂は「実体のない噂」に過ぎず、予想が外れる事態も起こりうるのだ。そうすれば、「相手はこう思う、と自分は思う。そして、相手はそう思う自分を予想して、次の一手を打つ。そして自分は、そのように巧みに動く相手を推量して、あのように陽動的に動く……」というように、いわば無限の「予測の無限連鎖」が続くかもしれない。あれやこれやの推理推測の次元は、三次元どころか、四次元、五次元にも及ぶことであろう。

このようなわけで、新聞投票によって選出された「トップの美少女」は、公正かつ客観的な基準で選出されたとは限らない。それはむしろケインズが喝破したように、「平均的意見が平均的意見だとみなす」というような、群集心理にも流された異次元の選抜であるかもしれないのだ。これはある意味では、実体のない「バブル」に近いものかもしれない。事実、ある時にはバブルが破裂して（例えば変なスキャンダルが流されて）、「トップ」が「ボトム」に近いところまで急降下することもありうる。まさに「奢れる人も久しからず、ただ春の夜の夢のごとし」というわけである。

ケインズは美人投票の話をさらに敷衍して、企業の着実な潮流と、投機の不安定な渦巻との関係について、実に鋭い洞察を行っている。ケインズによれば、どの「企業」（enterprise）も入手可能な基礎データに基づいて、将来期間にわたる資産の期待収益を手堅く予測することが必要である。これに対して、「投機」

(speculation) とは基礎データとは別に、現行の浮かれた市場心理を主観的に予測する活動に関係している。この両者は一見似ているようであるが、実態は全く異なる。実際、企業活動が優勢で、散発的な投機バブルを抑え込んでいるうちは、市場経済は順調に運行するだろう。だが、もし両者の力関係が逆転し、投機の規模が単なる泡沫程度から、巨大な竜巻を形成するようになると、事態は深刻なものとなるだろう。

「資本市場の組織化が進むにつれて、投機が優勢となる危険性が高まっている。世界最大の資本市場の一つであるニューヨークでは、投機の影響力が絶大である。アメリカ人というのは、(金融以外の分野においても) 平均的意見が平均的意見だとみなす事象に対して、異常な関心を抱く傾向がある。因果なことには、アメリカ国民性の有するかかる弱点は、株式市場にもはっきり表れているのだ。アメリカ人が (イギリス人の多くが実はいまでもそうなのだが)「所得のために」(for income) 投資する、ということはごく稀の事象だと言われている。アメリカ人は、資本価値上昇の期待がなければ容易に投資物件の購入には走らないだろう。このことは換言すれば、投資物件を購入せんとするアメリカ人が、その見込収益の大小よりは、むしろ在来物件の資本価値そのものが都合よく変動してくれるだろうと期待する、ということである。すなわち、この種の人間は上述の意味での投機家なのだ、ということである。投機家たちが企業の堅実な潮流上の泡沫として存在する程度であれば、事態は無害無影響であるかもしれない。しかし、企業そのものが投機の大渦巻に巻き込まれる泡沫と化す事態に至ると、局面は重大深刻となる。もし一国の資本発展がカジノの賭け事の副産物となるならば、それこそ始末に負えない状態が出現するのである」

(Keynes〔1936〕『一般理論』より)

上の文章を現時点で読み直していると、新たに気付くことがある。それはイギリス人のケインズが資本市

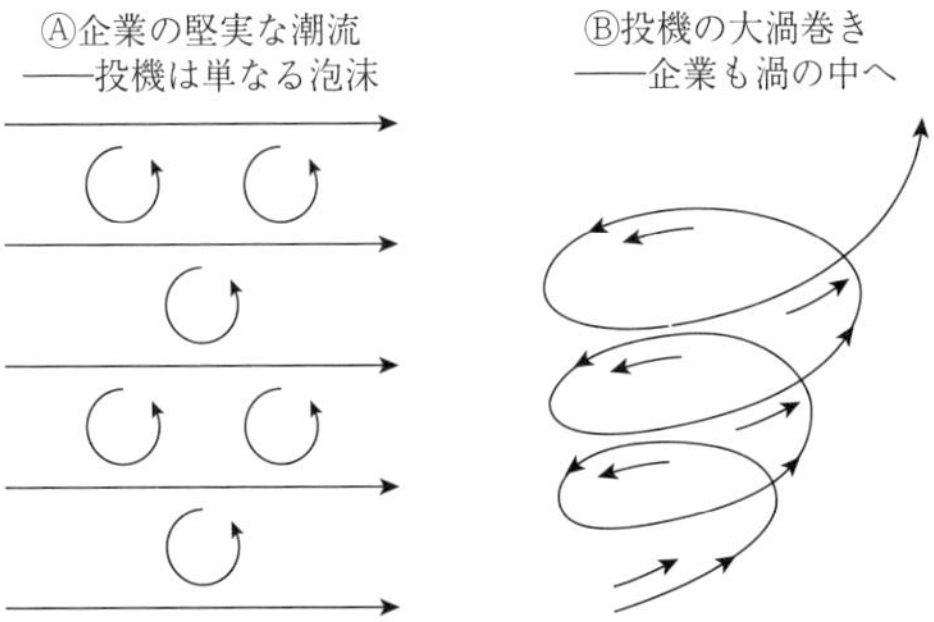

図5‐6　企業と投機の関係

場のワーキングに関して、アメリカ国民性との違いに注目していたことである。人が株式投資をする場合、主として二つの目的がある。その一つは伝統的目的とも言えるもので、フローとしての所得のために投資する、すなわち株式保有がもたらす配当金収入に期待するものである。当時のイギリスの金利生活者の多くは、その資産の相当部分を多額の株式保有に充てていた（それ以外にはもちろん、国債や社債の保有、不動産の保有と賃貸収入、さらには貴金属と美術品の保有などがあった）。もう一つは投機的目的であり、ストックとしての資本価値の増大、すなわち株式の売買価格の変化に基づくものである。当時の投機熱に浮かれたアメリカ国民の多くは、株式を売ったり、買ったり、果ては空売りしたりすることに夢中になっていた。ケインズはかかる「マネーゲーム」こそが「アメリカ国民性の弱点」と糾弾し、一九三〇年代の大恐慌を引き起こした背景にあるのだと喝破している。

　企業と投機の関係にかんするケインズの鋭い指摘は、まことに「お見事！」と感嘆せざるをえない。ケインズは稀に見る文学的才能があったようで、投機が時に泡沫となったり、時に大渦巻になったりする。その点のイメージ表示をあえて試みれば、図5‐6のごとくであろう。左のパネルⒶにおいて、左から右の方向へと延びる何本かの矢線は、企業活動が経済の堅実な潮流を表す。そこに浮かぶいくつかの小さなサークルは、単なる泡沫的存在に過ぎない投機活動を示す。ここではもちろん潮流の威力が圧倒的であり、泡沫の小さな動きを封じている。
ところが、右のパネルⒷにおいては、企業と投機の力関係が完全に逆転する。いまや投機活動が凄まじいまでの規模となり、ついには上へ上へと急上昇する大渦巻を形成するに至る。かかる勢いに圧倒されて、健全だった企業活動までもが竜巻に巻き込まれて浮遊するようになる。もちろん、こういう渦巻は長続きするはずがなく、遅かれ早かれ急収縮するであろう。現実の経済状態が果たしてパネルⒶのようであるか、それともパネルⒷのようであるかを見極めるのは、ケインズの時代ならずとも、いつの時代にも我々が肝に銘じるべき事柄である。

人間の特質に基づく不安定性——アニマル・スピリッツ

ケインズによれば、上述の投機による不安定性のほかにも、人間性の特質（the characteristic of human nature）に基づく不安定性が存在するという。この不安定性はもっと本源的な不安定性である。その理由はつまり、人間の積極的活動の大部分が、数学的な期待値に依存するというより、むしろ衝動本能的な楽観主義に依存しているからである。

「我々の意思決定の恐らく大部分のものは（その最終結果の判明には何日間の経過が要るだろうが）、ひとえにアニマル・スピリッツ（animal spirits）の結果、つまり不活動よりも活動へと駆り立てる衝動本能の結果によると考えてよいのだ。それはまかり間違っても、数値利得に数値確率を乗じた加重平均の結果だと考えてはいけない」

（Keynes〔1936〕『一般理論』より）

人間が「のるかそるか」の重大な意思決定を行う場合、不活動よりも活動したいという、衝動的なアニマル・スピリッツに依るところが大きいのだ。これに反して、従来の経済学者が考えたのは専ら「マイナー」な決定に過ぎず、それは単なる各数値利得に各数値確率を乗じた期待利得額の大小を比較計算する、という類のものだった。ケインズによれば、「大きな」意思決定を「小さな」意思決定と混同してはならない。実際のところ、人間は結婚や留学など、重大決断に迫られる場合、「ちまちまとした損得計算」などは脇において、「それ行け！」といった衝動的直観が幅を利かすであろう。

企業の投資活動において、アニマル・スピリッツは大いなる役割を演じる。その点は、ケインズの高弟ジョーン・ロビンソンによっても非常に注目するところとなった。

「資本蓄積は、単なる利潤見込みだけで説明することができない。……ケインズも述べているように、《企業家が設立趣意書に基づき活動するというのは（それがたとえ率直誠実なものであっても）、自らに対する御飾りに過ぎない》。資本主義発展において最も重要な要素は《アニマル・スピリッツ》の状態である。このアニマル・スピリッツとは、企業集団の有するエネルギーと競争状態に専ら関わる。だが、最も精力的な企業が社会全体に対して最も有益な結果をもたらす、という必然性はないのだ(5)」

（Robinson〔1971〕『異端の経済学』より）

ケインズやロビンソンの引用文において、重要な章句「アニマル・スピリッツ」が複数形（つまりanimal spirits）形で述べられていて、単数形（animal sprit）でなかった点に注意して欲しい。その理由は、血気、ヤル気、心意気、度胸、野性味、積極性、前向き、向上心など、人間が「野生の証明」として持つべき色々な性格を全て包含すると考えられているからだ。そういう野生の証明として利用されたのが、例のアムンセンとスコットとの間で繰り広げられた「南極点到達競争」であった。この二人を探検に駆り立てたのは、国家の威信と熱情的野心なのであって、冷徹な数学的損得計算の結果では決してない。そして、よく知られているように、スコットは無理な探検計画と不運な天候事情によって、アムンセンに遅れて南極点に到達後、非業の死を遂げた。このように、アニマル・スピリッツの発揮は常にリスクを伴うものであり、その結果が吉と出るか、それとも凶と出るかは、事前には確定できないのである。

4　不確実性下の利子論

古典派の利子論——確実性の世界

ケインズの一九三六年著書の名は、『雇用、利子および貨幣の一般理論』である。第一の主題たる「雇用の理論」については既に説明したので、第二の主題としての「利子と貨幣の問題」に我々の視点を転じたい。思うに、利子をどう考えるべきかは、古今東西、人間社会の大問題であった。ここでは、旧来の古典派利子論に対して、ケインズがどのように自らの新しい利子論を展開したかに焦点を絞ろう。

利子論に関して、古典派とケインズとの間には、ヴィジョンと切り口の大きな違いがある。結論を先取りすれば、古典派の利子論は確実性の世界の上に成立する「フロー中心の実物利子説」であり。これに対して、ケインズが提示した新利子論は「不確実性の世界」を前提とした、「ストック中心の流動性選好説」である。

話の順序として、古典派の利子論とはどういうものだったのかを論じてみよう。言うまでもなく、利子とは本来、過去と現在、さらには現在と将来とを繋ぐ架け橋的存在である。ところが、古典派の世界では、「不確実性のファクター」が本質的に存在することなく、人々が例えば「今年の一〇〇万円」と「来年の一〇〇万円」の中で、そのどちらを選好するか、という「時間選好の問題」だけが議論の中心となる。通常の人間なら、今年の一〇〇万円を来年の一〇〇万円より選好するだろう。その理由は端的には、「おカネでパンを買いたいのはいまなのに、この空腹感は来年まで持たないよ」という肉体的心理的理由である。もし仮におカネの提供者も受領者も、「来年の一〇五万円」の効用が「今年の一〇〇万円」の効用に等しいと感ずれば、そこで貨幣市場の需給均衡が成立し、均衡利子率は五％ということになろう。このことはもちろんどのような「実物の世界」でも成立する話であり、そこでは「来年のコメ一〇五キロが今年のコメ一〇〇キロと価値的に等しいかどうか」が問題となる。もし価値的な等価関係が成り立つならば、均衡利子率はやはり五％である。

以上のことは、もっと理論的に分析することも可能である。古典派の世界では、不確実性ファクターが働かず、将来の債券価格のレベルを正しく予測することが可能だと想定されている。一方において、将来のことが正しく読める家計なら、手持ちのおカネを後生大事に貯蓄しておく必要がないだろう。今期の収入の中で、食費・医療費などの消費に当てる部分以外には、利子の付かない貨幣で持つインセンティブが全然存在しないのである。そこで、余分なおカネは全て、もっと魅力的な、利子の付いた債券保有に回すはずである。債券（社債がその典型）の利子率が高ければ高いほど、家計が債券購入を増大する誘因を持ち、かくして貯蓄部分は増大するだろう。このことは換言すれば、利子の決定に関与するのは、専ら債券の売買なのである。そこでは、貨幣が積極的役割を果たす余地は全くないのである。他方において、企業は投資を行うために、債券を発行して資金を調達すると想定する。資金調達コストは、債券の利子率と反比例して上昇するだろう。このことは換言すれば、投資の大小（すなわち債券発行量）を決める最大のファクターは、古典派の世界ではやはり利子率なのである。

図5－7において、左のパネルⒶは、古典派の世界における利子率決定の様子を示している。縦軸は利子率、横軸は貯蓄量（S）及び投資量（I）を測る。

図から明らかなように、右上がりの曲線 SS は債券購入に対応する「貯蓄曲線」である。これに対して、

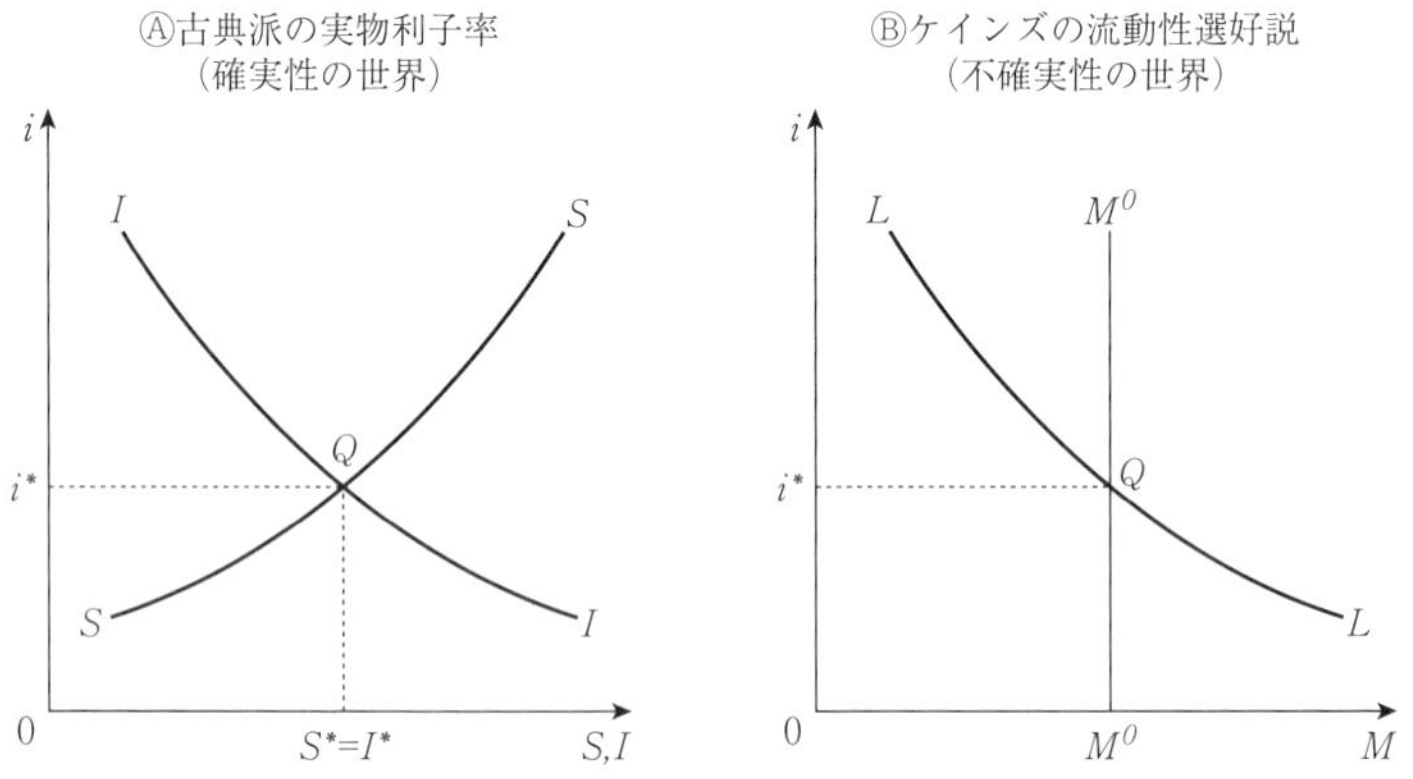

図5-7　利子の理論——古典派とケインズ

右下がりの曲線 II は債券発行に対応する「投資曲線」である。実際、もし債券利子率が上昇すれば、債券購入量が増加する反面、債券発行量は減少するだろう。二つの曲線 SS と II とが交差する点 Q が、債権市場の均衡点であり、そこで均衡利子率 i^*、ならびに均衡投資量 I^* と均衡貯蓄量 S^* とが無事に決定されるわけである。

　このように、古典派の世界においては、貨幣とは債券の売買に関与するフロー媒体であって、将来の不確実性や不測事態に備えて「余分の貨幣」を貯めこむという事態は、まず念頭におかれていない。利子とは煎じ詰めれば、債券購入者が（債券発行者に対して）融通する「貸付資金」に対する報酬のことである。このことから、古典派の利子理論は「利子の貸付理論説」と呼ばれることもある。

　ケインズは当時支配的だった「貨幣のフロー観」に対して、非常な違和感を抱いた。一見したところ、フローとしての貨幣は、それ自体として利子を生む物体ではない。実際、「一〇〇万円」という「金庫のおカネ」は、債券購入を通じる以外には「利子という子供」を生まないかもしれない。「だが待てよ、おカネには他の財貨にはない《特別のサービス》があるのではないか」と、ケインズは思索を重ねた。そもそも将来のことは不確実であり、不測の事態が発生する可能性がある。人がそういう不確実性に対して、流動的・弾力的に対応するためには、幾ばくかのおカネをストックとして常置しなければならない。もし人をしておカネを手放して他の資産購入（国債、社債など）に向かわせるためには、利子という特別プレミアムを賦与する必要がある。それ故に、利子とは「（現金という）流動性を手放すことに対する報酬」である、とケインズは結論づけたのである。

ケインズの流動性選好説は、将来の出来事に対する不確実性を前提としている。そういう不確実性の世界においては、人は将来の債券価格すら正しく予測することができない。貨幣、特に現金は掛け値なしの「安全資産」であるが、債券は将来において取引価格の変動が避けられない「危険資産」である。したがって、人間が賢く立ち回るためには、手持ちの資産を安全なものと危険なものとの間に適宜配分する必要が出てくる。これがいわゆる資産の「リスク分散」である。もし現時点で債券価格が高く（つまり利子率が低く）、将来の債券価格の下落が見込まれるならば、人は資産の多くを貨幣の形で保有する誘因を持つだろう。貨幣は利子を生まないものの、「流動性」という特別なものを有しているからだ。その逆に、現在の債券価格が低く（すなわち利子率が高く）、将来の債券価格の上昇が期待できるならば、人はおカネを手放して債券保有を増やすことを選ぶだろう。ケインズの世界においては、貨幣は流動性概念を通じて、利子の決定に本質的に関わるわけである。

以上のことを要約すると、ケインズの利子理論（流動性選好説）は、図5-7の右のパネルⒷのごとくになろう。縦軸は以前と同様に利子率を測るものの、横軸はいまや貨幣数量（M）である。もし利子率が下がれば（債券価格が上がれば）、その場合には人は債券価格の下落を見越して、貨幣の形での資産保有が魅力的なものとなろう。その結果、図中の流動性曲線 LL は右下がりの曲線である。ケインズ自身は、貨幣供給量に関しては、中央銀行の専管事項であり、利子率には直接依存するものではないと考えた。したがって、貨幣供給総量は一定値 M^0 となり、図の上では M^0 を足に持つ垂直線 M^0M^0 となる。ケインズの世界では、曲線

LLと垂直線M^0M^0との交点Qが均衡利子率のレベルを決める。

このようなわけで、ケインズの利子論は、不確実性の世界を前提している。将来の債券価格の不規則な変動が読めないいから、現時点において、流動性の高い安全資産つまり貨幣を保有する。利子率とは、流動性を一定期間手放すことに対する報酬なのである。この利子率は、（真の不確実性を扱わない）古典派のごとく、「来期までお預け」することに対する報酬では決してないのである。

ナイト理論との関係

利子理論をめぐるケインズとナイトの関係は微妙であり、一筋縄ではいかない。両者の考え方は一見近いように見えるけれども、実のところ遠いと言わざるをえない。

ケインズ自身は、計測可能なリスクと、計測不可能な不確実性とを峻別しようとするナイトの考え方に賛成である。両巨人はともに、蓋然性や不確実性の問題を経済学の世界に取り込んだ、学界の功労者である。しかし、ケインズによれば、ナイトは依然として古典派の時間選好説に囚われており、流動性選好説には到達していない。

「ナイト教授の最近の議論（一九三四年八月）は、資本の性質に関するいくつかの興味ある奥深い所見を含んでいる。ナイトの議論は（ボェーム＝バヴェルク流の分析の無益さとは対照的に）マーシャルの伝統の健全さを強調しているものの、利子理論については全く伝統的・古典派的な型に嵌《はま》っている。実際、ナイト教授の言によれば、資本市場の均衡とは、貯蓄が市場への流入と同じ速度で投資へと流れ込み、貯蓄と投資の両者が同率の純収益をもたらすような利子率が成立している状態を意味している」

（Keynes〔1936〕『一般理論』より）

ケインズとナイトは同時代の人である。だが、古い帝国にて銀の匙を持って生まれた貴公子と、新しい大国にて木の匙を持って生まれた庶民との間では、その溝は容易に埋まりそうにもないのだ。ケインズの立場から見れば、ナイトが自分と同じく不確実性の世界を扱いながら、流動性の問題を無視しているのは、余りにも不徹底であり、バランスに欠けるものと映った。逆に、ナイトから見れば、ケインズは伝統理論を破壊する「行き過ぎたハイカラ野郎」とみなされたかもしれないだろう。二人のライバルが「肝胆相照らす仲」になるのは、ここでも望むべくもないのである。

5 *IS–LM* モデルを超えて

以上において、ケインズの新理論とその骨子を詳しく論じてきた。古典派の世界とケインズの世界とを峻別するものは、不確実性のファクターである。ケインズの主張は、極めて鮮明であり、生涯を通じて一貫している。ケインズは、第一の主著『蓋然性論』(1921) から第二の主著『一般理論』(1936) を通じて、蓋然性・不確実性・期待の問題を深く広く研究してきたのである。不確実性の問題から離れてケインズ理論を論じることは、あたかも「仏作って魂入れず」ということになりかねない。

さて、やや長々と述べた本章を終えるに際して、いまだ看過できない問題が残っている。その問題とは、かの「*IS–LM* の謎」とも称されることに関して、現代の経済学者はどのように対処すべきか、という点である。アメリカのマクロ経済学の教科書においては、いわゆる「*IS–LM* モデル」が「使い勝手の良い」モデルとして重宝されてきている。だが、「使い勝手が良い」ことは、往々にして「薄っぺらで中身が余りない」ことに繋がりかねないのだ。考えてみれば、いまや、『一般理論』の出版後ほぼ八〇年の星霜が経過しているのだ。我々が「傘寿」を契機として立ち止まり、ケインズ体系の意義と課題を再検討することは是非

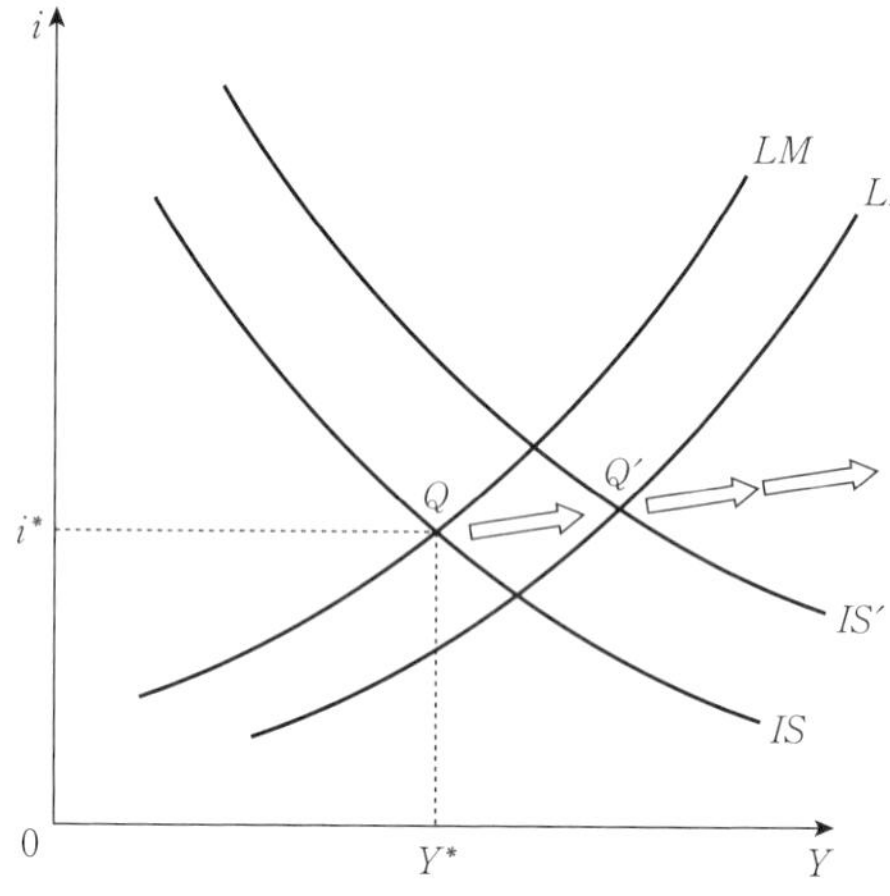

図5－8　*IS-LM* 分析——期待の変化

必要だと信じる。[6]

さて、「*IS-LM* モデル」は、『エコノメトリカ』誌（一九三七年四月）に掲載されたJ・R・ヒックスの論文「ケインズ氏と古典派——一つの解釈の提案」（Mr. Keynes and the Classics : A Suggested Interpretation）に基づいている。それは明らかに、難解な著作『一般理論』（1936）の公刊後に起きた不毛な論争に対して、一つの建設的な「解決案」を提示するものであった。私自身は、その解決案は一つの可能な「試案」に過ぎず、決して唯一の「最終案」ではなかったと確信している。だが、歴史を繙けば、試案が第一次試案の枠を超えて「最終解決案」と誤認されることは、決して稀ではないのだ。

経済学者の一部の（恐らく相当部分の）人々は、*IS-LM* モデルを「マクロ経済学の核心」と称賛している。その反面、ケインズの高弟ジョーン・ロビンソンのように、そのモデルを「似非ケインズ主義」だと弾劾する人たちもいる。そのいずれの立場が妥当なのであろうか。

読者が原書を開けば直ちに分かるように、『一般理論』は図表的分析がほとんどなく、サービス精神に欠けた書物である。当時のヒックスは、平明流麗な文章表現と単純明快なモデル分析とを得意とする若手経済学者であった。そこで、ヒックスは図5－8のごとき「マクロちゃんばら図」を私案的に思案することによって、ケインズ新理論のエッセンスを学者連中に伝えようと考えたのである。

図5－8において、縦軸は利子率i、横軸は国民所得Yを示す。そこには、実線で描かれた二本の曲線が存在する。すなわち、右下がりの曲線ISと右上がりの曲線LMの二本がある。二つの曲線の交点Qにおいて、モノの市場とカネの市場の同時均衡が実現される。その時の均衡利子率がi^*であり、国民所得がY^*である。

　数学的にやや厳密に述べると、一方において、曲線ISとは、モノの市場均衡、つまり社会の総貯蓄Sと総投資Iとの均衡を満たす組（i, Y）の総体である。貯蓄Sは、所得Yが増えれば増加し、また利子率iが上がっても増大すると考えるのが自然であろう。これに対して、投資Iの大きさを決めるものは、既存のストック資本量K^0、利子率i及び限界効率パラメータαの大きさである。このαは、企業の活動意欲ないしアニマル・スピリッツの大きさを示す「期待パラメータ」である。もし企業家が楽観的で血気盛んであれば、その投資活動はそれだけ活発になるだろう。このことを勘案すれば、次式が成立すると考えてもよかろう。

$$S(\underset{+}{Y},\ \underset{+}{i}) = I(\underset{-}{K^0},\ \underset{-}{i}\ ;\ \underset{+}{\alpha})$$

　いま簡単化のために、Kとαをしばらく脇におくならば、上式は$S(Y, i)=I(i)$となり、このことにより図中の右下がりの曲線ISが容易に導かれる。(7)

　他方において、曲線LMとは、カネの市場均衡、つまり貨幣供給量M^0と貨幣需要量Lの均衡を表す組（i, Y）の総体である。このうち貨幣供給は、中央銀行が政策的に決める数量である。貨幣需要の大きさを決めるものは、概して所得Y、利子率i及び流動性パラメータβの三つである。このβは、（危険資産の債券から安全資産の貨幣に乗り換えようとする）人々の流動性意欲の「期待パラメータ」である。債券の将来価格の変動などは不確実性によって左右されるものである。このことは、人々の流動性意欲そのものが決して安定的なものでなく、将来期待の方向や度合いによって左右されることを意味している。このことを定式化すれば、次式が得られる。

$$M^{o} = L(\underset{+}{Y},\ \underset{-}{i};\ \underset{+}{\beta})$$

いま単純化のために、パラメータβをしばらく視野の外におくならば、$M^{o}=L(Y,\ i)$となり、このことから図中の右下がりの曲線LMが導出される(8)。

図5－8において、交点Qが均衡点であり、その時の均衡所得がY^{*}、均衡利子率i^{*}である。そこでは、モノの流れの均衡とカネの流れの均衡が同時に成立している。

ここまでは論理明解なように見えるけれども、実を言えば、その論理運びの中に重大な欠陥がある。本書の中で何度も触れてきたように、新しいケインズ体系の中には、合理性と反合理性が微妙に絡まった、独自の「ケインズ・スピリッツ」が広く深く沈潜しているのだ。問題の核心は、ヒックスによってかつて唱道されたIS-LMモデルが、もともとのケインズ・スピリッツをどの程度体現しているか、という点である。以下において、注気になる諸点を列挙しておこう。

第一に気になる点は、IS-LMアプローチの最初の唱道者であるヒックス自身が、一九七〇年代以降において同アプローチの有用性に大いなる疑問を提起していることである。

「はっきり言って、私（ヒックス）は名前を変える必要がある。……J・Rはむかし「新古典派」経済学者であったが、いまでは他界して久しい。ジョンはもはや新古典派経済学者とは言えず、彼の「叔父さん」を尊敬しなくなってしまったのだ」

（Hicks〔1975〕「政治経済学の復権――旧と新」より）

ヒックスの姓名は正確には、John R. Hicks である。ヒックスは自著ではペンネームを愛用し、初期のころは J.R. Hicks と称していた。ところが、後年の一九七〇年代以降は、そのようなペンネームをもはや使用せず、John Hicks と変更してしまった。確かに、J.R. からジョン（John）への変更は只事ではなかろう。それとともに、ヒックスはケインズの IS-LM アプローチから距離を置き始めた。しかし、不思議なことに（当然かもしれないが）、ヒックスはこのことによってむしろ、ケインズ本来の蓋然性・不確実性アプローチへと再接近してきたわけである。

第二に注意すべきは、IS-LM 分析と一般均衡分析との関係である。私が一九六〇年代から七〇年代にかけてのアメリカ留学時代に、それこそ寝食を忘れて習得に励んだ一般均衡理論においては、一般競争均衡解の存在、一意性、安定、最適性などの諸問題が優雅な高級数学を用いて処理された。そして、安定性条件の満足という制約下において、あるパラメータの変化が均衡解に及ぼすインパクトが数学的に解明された。しかし、このような「比較静学的分析」は、あくまでもミクロや（ミクロの単なる総体としての）一般均衡のレベルにおいてのみ有効なのである。もしマクロがミクロの相似拡大ではなく、てんでバラバラに動くミクロ諸量の外形的容器に過ぎないならば、その場合には比較静学的分析はもはや有意義ではないだろう。例えば、美人投票や投機スパイラルが席巻する場合には、比較静学の狭い枠を超えた「カオス的不均衡動学」のほうが威力を発揮するだろう。

第三の点は、第二の点と関係するが、IS-LM 分析における期待パラメータの役割である。私が上で提示した IS-LM モデルは、二種類の「期待パラメータ」を含んでいた。第一の期待パラメータ（α）は、企業家の投資活動におけるアニマル・スピリッツの役割に関係している。第二の期待パラメータ（β）は、人々の貨幣需要における流動性選好の方向性に関与している。

例えば、いまアニマル・スピリッツが極めて高揚し、企業の投資行動がそれだけ増大するものと想定する。

図5-8に立ち戻ろう。このことは一方において、IS曲線のIS'曲線への右方シフトをもたらすことになる。他方において、企業による投資増大は乗数効果によって国民所得の増大をもたらし、貨幣取引も活発となるので、LM曲線もLM'曲線へと右方シフトをせざるをえなくなる。これら双方のシフトの結果は、均衡点のQからQ'への右上方シフトである。図から明白なように、期待パラメータ値の増大は国民所得（Y）及び利子率（i）の増大をもたらす。しかも、パラメータ変化の効果はここで止まるわけではない。Y（及びi）の増大は概して経済の活況を意味しているので、IS-LM両曲線のさらなる第二次シフトを招来するかもしれない。それからさらに、第三次、第四次シフトの波及効果も結果するかもしれない。

こういうわけで、もしIS-LMモデルの中に期待パラメータの存在と変化を取り込むならば、従来の比較分析的結果は劇的に変貌してしまうのである。やはり、マクロはマクロであり、ミクロの延長では処理しきれない。また、不均衡と動学は、静学の延長線上の問題ではありえない。要するに、我々がIS-LMアプローチという不自由な枠を離れて、もっと自由な、しかも原点回帰の蓋然性・不確実性アプローチを採用するならば、そこから「ケインズ理論の新展開」の地平が開けてくるだろうと思う。

最後に、IS-LM分析を超えるために、我々が常に肝に銘じておくべき事柄がある。その点を明らかにするために、ケインズとほぼ同時代に生きた日本の哲人・夏目漱石から御知恵を拝借したいと思う。漱石は一九一三年、第一高等学校にて「模倣と独立」という演題で熱情的な講演を行った。

漱石はケインズと同じく、先人からの模倣を極力嫌う。模倣はある段階までのことであり、早晩に独立自尊の方向に向かい、独自の見解や作風を立てるべきであると力説した。実際、漱石は当時の文展を見て、次のような感想を抱いた。

「あの画の内どれを見ても面白くない。……どれを見てもノッペリしている。ノッペリしているという意味は手際が好いというので、褒めているのかといえば、そうではない。悪く言う意味で、御手際が大変好いのです。言葉を換えていえば、腕力はある。腕の力はある。それで何処が悪いかと言えば、頭がない。頭がなくて手だけで描いている」[9]

（夏目漱石〔1913〕「模倣と独立」三好行雄編〔1986〕『漱石文明論集』）

ケインズの『一般理論』以後、幾多の *IS-LM* モデルが考案された。それらはどれを見ても面白くないのだ。確かに、手際がよく、腕力があるのは認めるけれども、肝心の頭脳がなく、心情もないのだ。まさに漱石の巧みな表現を借りれば、どれも見てもノッペリしている。ノッペリしている所からは、あのケインズ独特の心意気――ケインズ・スピリッツ――が全く伝わってこないのだ。

思うに、*IS-LM* モデルとは所詮、二次元の世界の二本の曲線に関する話に過ぎない。これではモデル分析が平板的となり、まさにノッペリしてしまうだろう。かの美人投票や投機の大渦巻の話から分かるように、ケインズの世界は本質的に三次元以上の話である。まず自分の戦略があり、相手の戦略があり、そのうえに「裏読みの戦略」が存在するのだ。

こういうわけで、二一世紀に住む我々は、*IS-LM* 流のノッペリした分析から脱出して、不確実性・複雑性の多次元世界に立ち戻る必要がある。これはある意味で「原点復帰」であるが、もちろん単なる「オウム返し」や「模倣」であってはならない。二〇世紀の巨人・ケインズから貴重な教えを学びながら、ケインズを乗り越え、ケインズを現代に生かさなければならない。「ケインズ・スピリッツ」はなお現代に生きており、将来も生き続けるであろう。

注

（1）Klein（1950）序文、viiページを参照。

(2) ケインズの難解な原著（1936）に比べて、Klein（1950）は非常に平易に書かれた良書である。だが、後者の中では、前者にあった「蓋然性、不確実性」の議論がはるか後方に退いてしまった。そして、濃厚な「ケインズ・スピリッツ」が大変希薄になったのは誠に残念である。

(3) ケインズとヴォルテールの関係は興味深い。ヴォルテールの原著（1759）の冒頭部分において、陽気で、いけいけどんどんの主人公カンディードを紹介する次のような戯言が提示されている。「この考えうる最善な世界においては、万事が全て最善なのだ」。ところが、物語が展開するにつれて様子が変化し、カンディードが信奉する楽天主義が次第に論破されていくのである。このような劇的な展開は、ある意味でケインズ好みであると言うべきであろうか。

(4) 詳しくは、酒井（2010）第七章を参照して頂きたい。なるほど、ゲーム理論は二〇世紀の代表的知的建造物の一つである。だが、その理論を社会科学へ機械的に応用する際には、細心の注意が必要であると思う。

(5) アメリカの大学において、ケインズの高弟・ジョーン・ロビンソンの業績が過小評価される傾向があるのは、誠に残念である。私が留学した一九六〇年代から七〇年代にかけて、ロチェスター大学の主流は、マッケンジーやジョーンズなどの一般均衡学派によって代表されていた。ただし、「原則には、全て例外がある」のがこの世の習わしである。事実、ローズ（Hugh Rose）先生という、イギリス英語を格調高く話す先生がおられて、期待やサイクルを重視する、いかにも「ロビンソン風の講義」をしておられた。

(6) 「*IS-LM* の謎」の詳細については、Young（1987）が大変参考になる。

(7) 曲線 *IS* が右下がりであることを数学的に示そう。いま $I(Y, i)=I(i)$ の両辺を微分すれば、$S_Y dY+S_i di=I_i di$ となる。これより次式が容易に得られよう。$di/dY=S_Y/(I_i-S_i)<0$。

(8) いま M^0 を所与として、$M^0=L(Y, i)$ の両辺を微分すれば、$0=L_Y dY+L_i di$ となる。これより確かに、$di/dY=-L_Y/L_i>0$。これは曲線 *LM* が右上がりであることを意味する。

(9) 夏目漱石の文明論（1913）「模倣と独立」は、いまから一〇〇年前に講演筆記されたものであるが、現時点でも「なるほどな」と唸らせる箇所が至る所にある。例えば、こういう文章もある。「われわれ日本人民は人真似をする国民として自ら許している。また事実そうなっている。昔は支那の真似ばかりをしておったものが、今は西洋の真似ばかりしているという有様である。……しかし考えるとそう真似ばかりしておらないで、自分から本式のオリジナル、本式のインデペンデントになるべき時期はもう来ても宜しい。また来るべきはずである」。これを読むと、今日の我々は実に恥ずかしい気持ちにさせられる。「漱石の意気に続こう！」という気持ちで一杯である。

参考文献

荒川章義（2002）「確率革命の経済学――J・M・ケインズ」高哲男編『自由と秩序の経済思想史』名古屋大学出版会に、第一三章として所収。

Hicks, J.R.（1937）"Mr. Keynes and the Classics : A Suggested Interpretation," *Econometrica*, Vol. 5.

Hicks, J.R.（1975）"Revival of Political Economy : the Old and the New," *Economic Record*, Vol. 51.

伊東光晴（1962）『ケインズ――《新しい経済学》の誕生』岩波新書。

伊東光晴（2006）『現代に生きるケインズ――モラル・サイエンスとしての経済理論』岩波新書。

Klein, L.R.（1950）*The Keynesian Revolution*, Macmillan.

Keynes, J.M.（1926）*The End of Laissez-Faire*, Hogarth Press : contained in CWJMK, Vol. 9, Macmillan & Cambridge University Press.

Keynes, J.M.（1936）*The General Theory of Employment, Interest and Money*, Macmillan.（ケインズ〔1995〕『雇用、利子および貨幣の一般理論』〔塩野谷祐一訳〕東洋経済新報社、間宮陽介訳〔2008〕上・下、岩波文庫。）

Keynes, J.M.（1937）"The General Theory of Employment," *Quarterly Journal of Economics*, February 1937 : contained in The Royal Economic Society（ed.）（1973）*The Collected Writings of John Maynard Keynes*, Vol. 14, Macmillan.

宮崎義一・伊東光晴（1964）『コンメンタール　ケインズ一般理論』日本評論社。

夏目漱石（1913）「模倣と独立」（第一高等学校での講演）三好行雄編（1986）『漱石文明論集』。

新野幸次郎・置塩信雄（1961）『ケインズ経済学』三一書房。

Poe, E.A.（1844）*The Purloined Letter*.（ポオ〔1974〕「盗まれた手紙」『ポオ小説全集』 4〔丸谷才一訳〕東京創元社。）

Robinson, Joan（1971）*Economic Heresies：Some Old-Fashioned Questions in Economic Theory*, Basic Books.（ロビンソン〔1971〕『異端の経済学』〔宇沢弘文訳〕岩波書店。）

酒井泰弘（2010）『リスクの経済思想』ミネルヴァ書房。

Skidelsky, Robert（2009）*Keynes：The Return of the Master*, Peters, Fraser & Dunlop Group.（スキデルスキー〔2010〕『なにがケインズを復活させたのか？——ポスト市場原理主義の経済学』〔山岡洋一訳〕日本経済新聞出版社。）

高哲男編（2002）『自由と秩序の経済思想史』名古屋大学出版会。

高橋伸彰（2012）『ケインズはこう言った——迷走日本を古典で斬る』ＮＨＫ出版新書。

宇沢弘文（1984）『ケインズ「一般理論」を読む』岩波書店。

Voltaire（1759）*Candide, ou l'Optimisme*.（ヴォルテール〔2005〕『カンディード　他五篇』〔植田祐次郎訳〕岩波文庫。）

Young, Warren（1987）*Interpreting Mr. Keynes：The IS-LM Enigma*, Polity-Blackwell.（ヤング〔1994〕『*IS-LM*の謎——ケインズ経済学の解明』〔富田洋三・中島守善訳〕多賀出版。）

第6章　市場均衡の美学とナイトの異論——競争の論理と倫理

1　おカネで買えるもの、買えないもの——サンデル対ベッカー

サンデルの白熱教室より

「おカネは天下のまわりもの」という言葉がある。確かに、おカネは日本中、いな世界中を回っており、我々は四六時中おカネの世話になっているようだ。だが、「世の中、おカネが全て」というわけではあるまい。現代においては、日常生活におけるおカネの重要性がますます増大しつつあろうが、おカネで買えるものと買えないものをハッキリ区別することが重要である。

この点について、「政治哲学の白熱教室」で有名なサンデル教授（ハーバード大学）は近著『おカネで買えないもの——市場経済の論理的限界』（2012）の中で、次のような興味深い意見を述べている。

「東西間の冷戦が終わった時、市場そのものや市場式思考法というのが、（さもありなんと言うべきだろうが）最大級の権威を獲得した。モノの生産流通組織に関して、それ以外のメカニズムは、豊かさと繁栄を

生み出す点において市場メカニズムより劣るものとみなされてきた。さらに、世界中において、市場経済メカニズムを採用する国の数が増大するにつれて、市場がますます過大評価される傾向が出てきた。人々の社会生活において、市場価値の大小という考え方がますます重要視されてきたのだ。経済学はいまや、「経済学帝国主義」と言われるまでに影響力を増してきた。今日において、「買ったり売ったりする」という論理は、通常の財の売買だけに限られるものではないのだ。我々は果たしてこのまま市場中心の考え方で生きるべきかどうか。いまや、そのことを問題にすべき時期が到来している」

（Sandel〔2012〕『おカネで買えないもの』より）

私が大学生であった一九六〇年ごろには、世界には二つの異なる経済体制が存在し、互いに覇権争いをしていた。その一つのシステムが「資本主義体制」であり、その根底にある考え方は、「全てを市場に任せておけば、経済は全て上手く働くのだ」という「市場原理主義」であった。もう一つのシステムが「社会主義体制」であり、その基調を形成するイデオロギーは「全てを政府に一任すれば、官僚が経済を上手く動かしてくれるのだ」という「政府原理主義」であった。「資本主義対社会主義」――当時の若者たちはそれこそ口角泡を飛ばして、激論に激論を重ねたものだった。大学の掲示板には、「資本主義よ、さよなら！　社会主義よ、こんにちは！」という激しい調子から、「市場は永遠に不滅だ、改良と改革が可能だ！」という穏やかな調子まで、いろいろのスローガンが並立していた。

だが、激しいスローガンのほうが早晩優勢となり、穏やかなスローガンを圧倒していくというのが、世の中の習いというものだ。ソ連によるスプートニクの打ち上げと、「地球は青かった！」という宇宙飛行士ガガーリンの宇宙からの一声、「私はカモメよ！」というソ連女性飛行士のチャーミングな美声は、多くの若者たちをして「資本主義に対する社会主義の優位性」を確信ないし盲信させるのに十分であった。

ところが、時は流れて一九八九年には東西冷戦の象徴とも言うべきベルリンの壁がもろくも崩壊したのだ。そして、社会主義国家・ソ連の崩壊という歴史的事件が発生した。人々の考え方やイデオロギーがまさに一八〇度の転換をした。「お上や官僚に頼る強引な《上からの改革》はもはや破綻したのだ、これからは民衆の英知を集める地道な《下からの改良》の時代なのだ！」という声が、世界のあちこちから湧き上がってきた。

サンデル教授が上述されたように、東西冷戦の終結とともに、市場式思考法が優勢となり、しかも節度を超えて過大評価される傾向が現れた。いわば歴史の針が「東」から「西」へと、「政府」から「市場」へと劇的に振れてしまったのである。かつて「陰惨な科学」と揶揄された経済学は、いまや「社会科学の女王」として君臨し、市場式思考法が他の隣接領域まではみ出してきたのである。

経済学の結婚問題への応用——ベッカーの得意芸

歴史の本を繙くと、強大な政治経済大国が国境線を大幅に乗り越えて、他国に侵攻し、植民地支配を果たしたことがよくある。これが「帝国主義の植民地支配」であり、その典型例が「大英帝国」の盛衰の歴史である。これと同じようなことが、学問の世界でも発生するのだ。

この点に関して、サンデル教授の指摘は正しいと思う。わが経済学が、本来の領域を大幅に乗り越えて、他の隣接領域にまで侵入した例が少なくないのだ。その最も有名な（あるいは悪名高い）例として、「結婚と離婚の問題」がある。

例えば、シカゴ大学のベッカー教授は、話題作『人間行動への経済学的アプローチ』（1976）の中で、十八番の「結婚問題」の解明を披露している。(1)

「経済学的アプローチに従えば、ある人間が結婚の決定を下すのは、結婚から得られる期待効用のほうが、独身に留まることや、あるいはベターな別の相手を探すことから獲得可能な期待効用を上回る時である。同様な論法により、既婚の人間が離婚をするのは、独身に戻ることや、誰か別の相手と結婚することから得られる期待効用のほうが、離婚に伴う期待効用損失、ならびに子供との別離、夫婦共同財産の分割、裁判費用等々による諸々の期待効用損失総量を凌駕する時である。結婚相手を探索する人間が多数存在するかぎり、結婚の『市場』は確かに存在すると言えるのだ」

（Becker〔1976〕『人間行動への経済学的アプローチ』より）

私がベッカーのこの文章を初めて読んだのは、足掛け八年に及ぶアメリカ生活にお別れをする最後の年であった。「日本に戻って、新婚生活をもっと充実したいものだなあ」と心密かに願っていた私にとって、これは「青天の霹靂」に近い驚きの文章であった。シカゴ大学のベッカー教授は得意満面の様子で、「経済学の結婚問題への数学的応用」について語っていたのだ。

当時ピッツバーグ大学に勤務中の若きサカイは、新婚間もない時期だったが、自分の結婚の際に「経済のケの字」も考えたことはなかったのだ。そのうえ、日本に帰国すれば、自分の収入が半減するだろうことは、ほぼ予想していた。そしてもちろん、この予想は見事に的中した。若き経済学者の私は、余りにも金銭的なベッカー式思考法に辟易したものだ。要するに、損得計算を超えて結婚し、それから間もなく帰国した自分の決断が誤りだったとは露ほども考えなかったのである。

私は結局、ベッカー教授の得意芸に拍手することはなかった。「結婚は決しておカネで買えない。私の懐かしき故郷には、金銭の大小を超えた文化的心理的価値があるのだ」と、当時の私は確信していたのだ。そして、その確信は現在に至るも決して揺るぐことがない。

フリードマン対宇沢弘文——シカゴ学派の多様性

サンデル教授が言うように、世に中には、おカネで買えるものと買えないものがある。興味ある問題は、「買えるもの」と「買えないもの」との間の境界線をどの辺りで引くことができるかである。サンデル教授は「買えないもの」の対象を広く確保し、市場経済における倫理の役割を重視する。これに対して、ベッカー教授は、むしろ「買えるもの」の領域を最大限拡大し、例えば結婚問題をも専ら損得計算的に解明しようとする。ここでは、倫理の役割が矮小化され、市場論理のパワーが大きく全面に出てくる。このように、サンデルかベッカーか——両者の立場の違いはまことに鮮明である。

本章の目的は、競争経済における論理と倫理の関係を新しい角度から深く考えることである。より詳細に述べると、この両者の関係について、ナイトの社会哲学や複眼思考との絡みにおいて分析のメスを入れたいと思う。そして、ケインズの人生哲学や蓋然性思考との関係については、必要に応じて言及することにしよう。

ナイト教授は言うまでもなく、いわゆる「シカゴ学派」の元祖である。もっと限定的に言えば、「前期シカゴ学派」の代表者であろう。だが、不幸なことに、このナイトはフリードマンを中心とする「後期シカゴ学派」と誤って一括されることが稀ではない。ところが、何度か指摘したように前期と後期の間には、非常に明確な一線があることを忘れてはならない。上述のサンデル対ベッカーの意見対立においては、ナイトなら恐らく倫理重視のサンデルの立場に同情的であろう。これに対して、フリードマンはベッカーの兄貴分として、市場原理主義の立場からベッカーの肩を持つに違いない。

ナイトの立場がフリードマンと如何に異なるかは、次のような宇沢弘文教授の言葉から非常に明らかである。なお宇沢教授は一九五〇年代から六〇年代にかけて、シカゴ大学経済学部で教鞭をとられ、ナイトともフリードマンとも親交のあった国際的に著名な学者である。

「当時、シカゴスクール（シカゴ学派）というのは、ナイトが中心でした。ハイエクがそれを助けている。ナイトは、アメリカが広島、長崎に原子爆弾を落としたことは人類の犯した最悪の罪であると非常に厳しく糾弾して、競争と倫理について、深く考えを進めたすばらしい経済学者でした。普通に言われているシカゴスクールとは全く違うんですね。

とくに、広島の原爆で両親を失った女の子を（ナイトの）養女にして、ずっとかわいがって、よくうち（宇沢宅）につれてきました。そして、（ナイトの）息子さんは北大の低温科学研究所の教授になっていて、そういう心の優しい、同時に厳しい先生でした。

ところが、モンペルラン・ソサイエティという形になって、フリードマンが中心になって、さきほど言った、儲けることをひたすら求めていった。それに対してあるときナイト先生が、みんなを集めてこういうことを言われた。ミルトン・フリードマン、ジョージ・スティグラーの二人は私のところで勉強し、論文を書いた。しかし最近の言動は目に余るものがある。今後は、私のところで勉強し、論文を書いたと言うことを禁止する、という破門宣言です。そのときはもう八十歳を越えていらっしゃいましたけれども、すばらしい方でしたね[2]」

（宇沢弘文〔2013〕『経済学は人びとを幸福にできるか』より）

宇沢先生の言葉は、ナイトとフリードマンの立場の違いを鮮明に表している。市場経済における論理と倫理の関係について、ナイトは市場経済の論理一辺倒に陥ることを戒め、市場暴走を抑えるための倫理や社会哲学の役割を強調した。これに対して、ナイトの「鬼弟子」のフリードマンは師の教えに背いて、「倫理なき市場原理主義」の信奉者となった。その結果、ナイトが宇沢教授はじめ後輩の教授陣を前にして、フリードマンへの破門宣言をしたのだ。ナイトは心の優しく、かつ人の道を厳しく説く「真の学者」であった。

「親は親、子は子」という言葉がある。まさに、「師は師、弟子は弟子」である。このことは、（そのスケールが大きく異なるものの）私自身の師弟関係についてもよく当てはまっている。私ははるか一九六八年秋、アメリカ東北部の（カナダとの国境に近い）ロチェスター大学に留学した。そして、一九七二年に、一般均衡理論の大家ライオネル・マッケンジーから学位を頂戴し、暫くは数理経済学の分野で数多くの英文論文を執筆した。だが、一九七〇年代にピッツバーグ大学で教鞭をとったころから、私の専門は「リスクと不確実性の経済学と応用」へと次第に移行し、マッケンジー先生の学風からますます離れるようになっていった。恩師は（一見したところ）倫理の問題抜きで、もっぱら市場経済のワーキングを数理経済的に分析することに全精神を傾注された。それに対して、不肖弟子の私は師の立場から徐々に距離をおいて、応用経済学の問題に大いなる関心を抱くようになり、その中でナイト風の「競争の倫理」にも積極的に言及するようになっていった。

本章における問題の核心とはこうである。それは、市場経済のワーキングとパフォーマンスが全く倫理抜きで議論することが果たして可能であるかどうかである。次節以降においてまず、かかる論点を深く掘り下げるために、マッケンジー流の一般均衡理論の考え方を紹介するとともに、その背後に潜む独特の美学とイデオロギーについて詳しく議論してみたい。次に、市場均衡の美学に対して異論を激しく述べてきたフランク・ナイトの考え方を紹介するとともに、経済における論理と倫理のあり方について、視覚的かつ多角的に私見を開陳したいと思う。

2　一般均衡理論の美学とイデオロギー

「不動点教授」と呼ばれた先生

最近日本のベストセラーの一つに、百田尚樹氏の『海賊とよばれた男』（2012）がある。この中で、神戸大学のわが先輩・出光佐三氏の男らしい生き様の姿が描かれている。私がここで紹介したいのは、世間から海賊と呼ばれた男ではなく、大学人から畏敬の念をこめて「不動点教授」(Professor Fixed Point) と呼ばれていたロチェスター大学の恩師――ライオネル・マッケンジー教授――のことである。

私が留学したロチェスター大学大学院経済学研究科 (Graduate School of Economics, University of Rochester) は規模こそ大きくないものの、そこには世界に誇るべきノーベル賞級の数理経済学者が多数おられた。一般均衡理論や計量経済学をはじめ、ミクロ経済学・マクロ経済学・経済動学・国際貿易論・金融論・財政学・労働経済学など全ての科目が高級数学を用いて講義されていた。何しろ経済史という本来の歴史科目ですら、その内容は計量経済学との奇妙な混合物である「計量経済史」(econometric history) なのであった。

私はロチェスター大学にて、文系学部とはいうものの、「数学、数学また数学!」というような数学漬けの授業を朝から晩まで受けていた。米国人の学友の一人が、「ここはロチェスター (Rochester) ではない、《数学チェスター》(Math-chester) だよ!」と慨嘆していたことをいまも覚えている。その華やかな教授陣の中にあって、玉座の位置を占める中心教授は疑いもなく、(ノーベル賞受賞のケネス・アローやジェラルド・デブリューとともに) 一般均衡理論の分野を確立した令名高きライオネル・マッケンジー先生であった。なお、マッケンジー先生は、かの碩学ポール・サミュエルソンからの紹介で一九五〇年代の終わりに、理系のロチェスター大学に経済学研究科を新たに創設し、初代研究科長を務めた方だった。

マッケンジー先生の授業は荘厳そのもので、黒板一杯に記号と数式を書くチョークの音だけが静粛な空間に響いていた。先生は数学定理の証明に熱中すると、自分の唇をチョークで白く染める癖をお持ちだった。授業の中では、モリシーマ (森嶋通夫)、ウザーワ (宇沢弘文)、ニカーイド (二階堂副包)、ネギーシ (根岸隆) など、日本人学者と思しき名前が時々発せられるのが印象的だった。

マッケンジー先生の授業は時に記号や数式を間違え、証明の途中で立ち往生されることも稀ではなかった。

ある時、先生は詰まりながらも、「一般均衡の存在証明」を漸く終了された。その存在証明のために威力を発揮した数学定理は、かの「不動点定理」であった。「おお、実に美しい！」(Oh, it's so beautiful)。最前列に陣取っていた学生の私は、先生の口から思わず漏れ出た言葉を聞き逃さなかった[3]。

こういうこともあって、マッケンジー先生は、一部の学生たちの間で「不動点教授」と揶揄されるようになった。私は世界的名声の高い不動点教授の授業を拝聴しながらも、別の感情を抱き始めていた。「授業は確かに荘厳で美しいかもしれない。でも、何か空虚で物足らないものがある。アメリカ式経済学の《強さ》と《弱さ》とが、そこに同居しているのではなかろうか？」

いままで「真」や「善」のために一生懸命勉強してきた私にとっては、「美」のためにも奥義を究めようとしている先生の姿は、この世のものとは思えず、一瞬異様に映ったわけである。「空想的社会主義は美しいが、空想的資本主義もそんなに美しいのかなあ！」と、私は心の中で呟いていたのである。

かつて所属した神戸大学の先生方の中には、アメリカ流の数理経済学の流儀を「エレガント・ニヒリズム」と揶揄した教授がおられた。正直なところ、「こうした批判には一理がある。マッケンジー先生の講義は、果たしてエレガント・ニヒリズムの極致なのだろうか」という疑念が一度ならず湧き上がってきた。だが幸か不幸か、留学中の私は研究教育に余りにも忙しかったために、この問題を余り深く追及できず、疑念の完全一掃には長い長い歳月を要したのである。

第一の不動点定理——オランダの神童ブラウワー

ここでマッケンジー先生ご愛用の「不動点定理」なるものを平易に解説しておこう。実は、不動点定理には、写像の違いに応じて二種類のものがある。いま $f(x)=2x$ とすると、関数 f は普通の「1対1写像」であり、これに対応する不動点定理が基本の「ブラウワーの不動点定理」(Brouwer's Fixed Point Theorem) である。これに対して、$f(x)=[x+1, x+2]$というように、fがもっと一般の「1対多写像」または「対応」となる場合もある。この後者の場合にいち早く注目したのがマッケンジー先生であり、そこでは「カクタニ（角谷）不動点定理」（Kakutani's Fixed Point Theorem）が大いなる威力を発揮する。(4)

詳しく述べると、第一の不動点定理は、オランダ生まれの神童で、後の大数学者ライツェン・エヒベルトゥス・ヤン・ブラウワー（Luitzen Egbertus Jan Brouwer：1881-1966）によって樹立されたものである。その定理はもともと純粋に数学解析上の定理であったが、二〇世紀の中ごろ以降、（恐らくブラウワーの本来の意図を超えて）経済学の一般均衡理論の大黒柱を形成するようになった。皮肉なことに、数学の不動点定理そのものは決して不動だったわけではない。それは純粋数学から、経済学という異分野へと非連続移動したわけである。

ブラウワーの単純明快な不動点定理（1910）

いまXをn次元実数空間R^nにおける空でないコンパクトな凸集合であるとし、fをXからX自身への連続関数であると仮定しよう。すると、関数fは集合Xの中で不動点を持つ。換言すれば、$f(x^*)=x^*$となるような点x^*がXの中に存在する。

上の定理を意味を理解するためには、空間の次元を二次元（$n=2$）、つまりお馴染みの平面に限定するのがよい。その場合に、空でないコンパクトな凸集合の典型例は、いわゆる単位閉区間（unit closed interval）［0, 1］である。すると、この閉区間が0、1／4、1／2、3／4、1などの点を含むから、空集合（empty）ではないことが分かる。

次に、数学のトポロジーでいう「コンパクトな集合」（compact set）とは、化粧用具のコンパクトのように「小さな多数の粒が外に漏れずギッシリ詰まっている」という感じの集合である。それは実数空間の中では「有界かつ閉な集合」（bounded and closed set）と同値であることが知られている。単位閉区間は、上限が1で下限が0であるから、確かに有界である。それは上限の1と下限の0を含み、いわば「外への窓」が閉じられた状態にあるので、間違いなく閉集合である（ちなみに、「外への窓」が開いた開区間（0, 1）は開集合である。半区間 [0, 1）や（0, 1] は、閉集合でも開集合でもない）。そのうえ、単位閉区間は、その中から任意に二点をとれば、この二点を結ぶ線分をも含むという意味で、確かに凸集合である。なお直観的に言うと、凸集合とは「外に出っ張っていて窪みや凹みのないような集合」のことである。

さて、関数fが「連続」（continuous）であるとは、どういうことだろうか。数学的に厳密に定義するのはやめて直観的に言えば、それは対応する曲線 $y=f(x)$が「ギャップもジャンプも持たず、いわゆる一筆書きができる」ということである。その時には、定義域Xの中でxがx^0へと連続的に変化する時（つまり $x \to x^0$）、値域Yの中で$f(x)$が$f(x^0)$へと（対応的に）連続的に変化する（つまり、$f(x) \to f(x^0)$）。

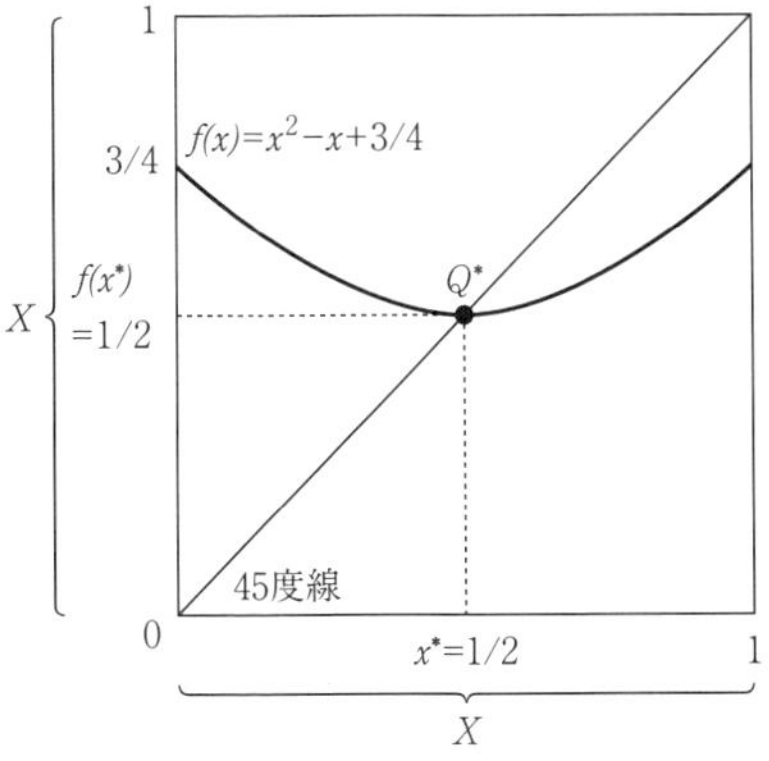

図6-1　ブラウワーの不動点定理

（出所）筆者が作成。

ブラウワーの定理のエッセンスをグラフ的に示すと、図6-1のようになる。いま$X=[0, 1]$とし、$f(x)=x^2-x+3/4$とする。すると明らかに、Xは上述のごとく空でないコンパクトな凸集合であり、fはXからXへの連続関数である。図の中に原点Oを通る四五度線を描くと、連続曲線fは必ず四五度線と一点で交わらざるをえない。この交点Qこそが求め

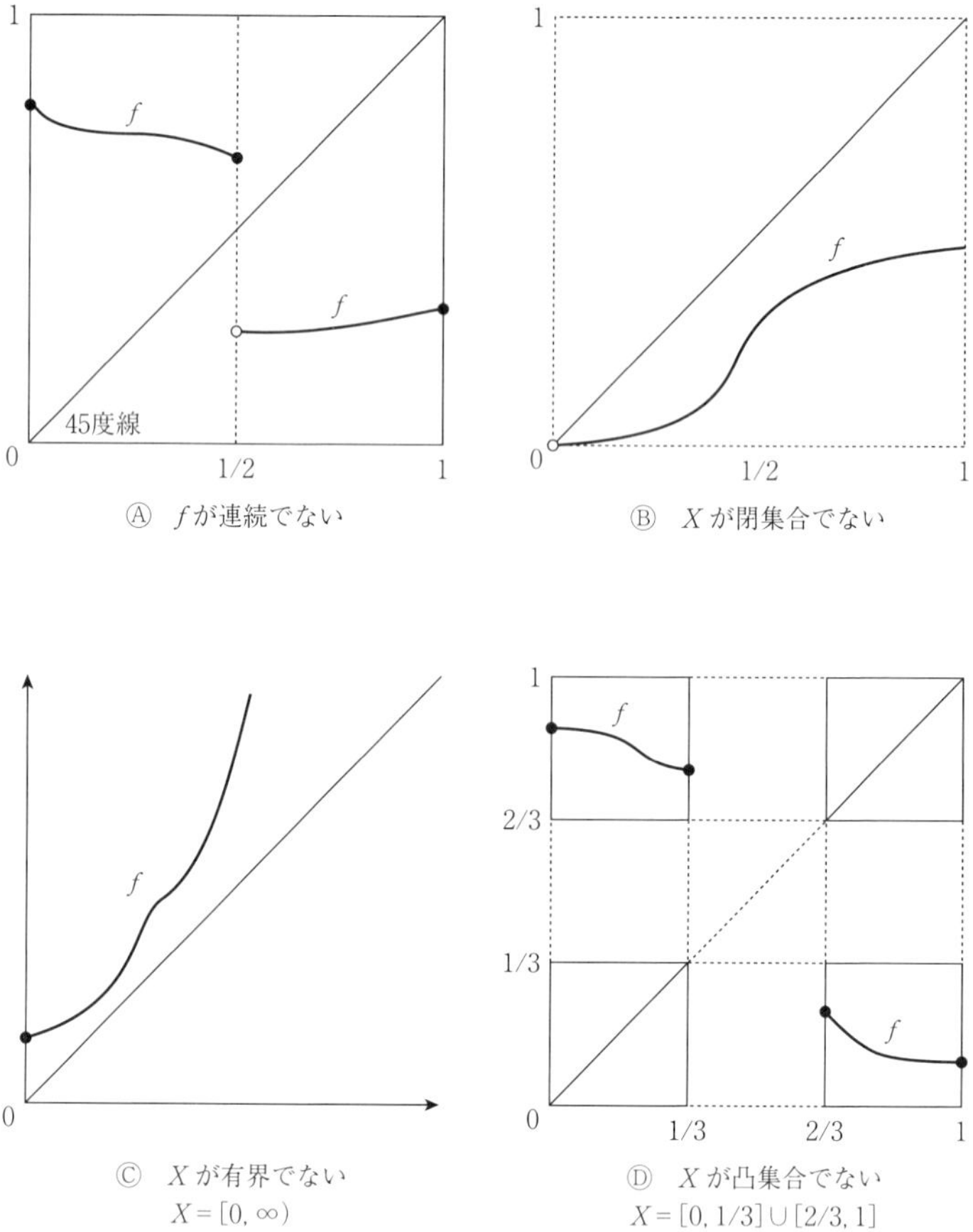

図 6－2　不動点が存在しない場合

（出所）筆者が作成。

る不動点である。というのは、その点の x 座標と y 座標を見ると、$f(x^*)=x^*(=1/2)$ が確かに成立しているからである。

ここで注意したいことは、ブラウワーの不動点定理が決して無条件で成立するのではないことだ。その主な成立条件は、次の四つである。①関数 f が X の上で連続であること、②定義域イコール値域 X が閉集合であること、③ X が有界であること（つまり上限と下限があること）、及び④ X が凸集合であること。これら四つの条件の内のどの一つが破れても、不動点定理は成立しない。この点を図解すると、図6－2のごとくになる。

パネルⒶにおいては、曲線 f が X 内で連続ではなく、実際のところ $x=1/2$ でジャンプしている。図から明らかなように、この場合には f と四五度線とが交差せず、それ故に不動点が存在しない。パネルⒷでは、領域 X が開区間（0, 1）であり、閉集合ではない。もし f が図のように原点 O から低く右方向に伸びる曲線であると、不動点の存在が見込めない。パネルⒸは、X が無限区間［0, 8）であり、（上に）有界でない場合を示す。もし f が図のように縦軸の（原点より上の）一点より始まり、四五度線と交差することなく右上方に伸びていくならば、不動点が全く存在しえない。最後に、パネルⒹは、X が凸集合でない場合を図示する。ここでは特に、X が二つの小さな閉区間の和集合であるとして、具体的には $X=[0, 1/3]\cup[2/3, 1]$ と特定化している。もし当該の曲線 f が図のように左上方の方形から右下方の方形へとジャンプするならば、$f(x)=x$ となるような点 x は X 内に存在しないわけである。

不動点イコール市場均衡点——経済学への見事な応用

ブラウワーの不動点定理は、数多くある数学定理の中でも特に美しいものである。その内容は単純明快であり、多くの分野への応用が可能である。それは一九三〇年代に経済学の分野に初めて応用され、以後若干

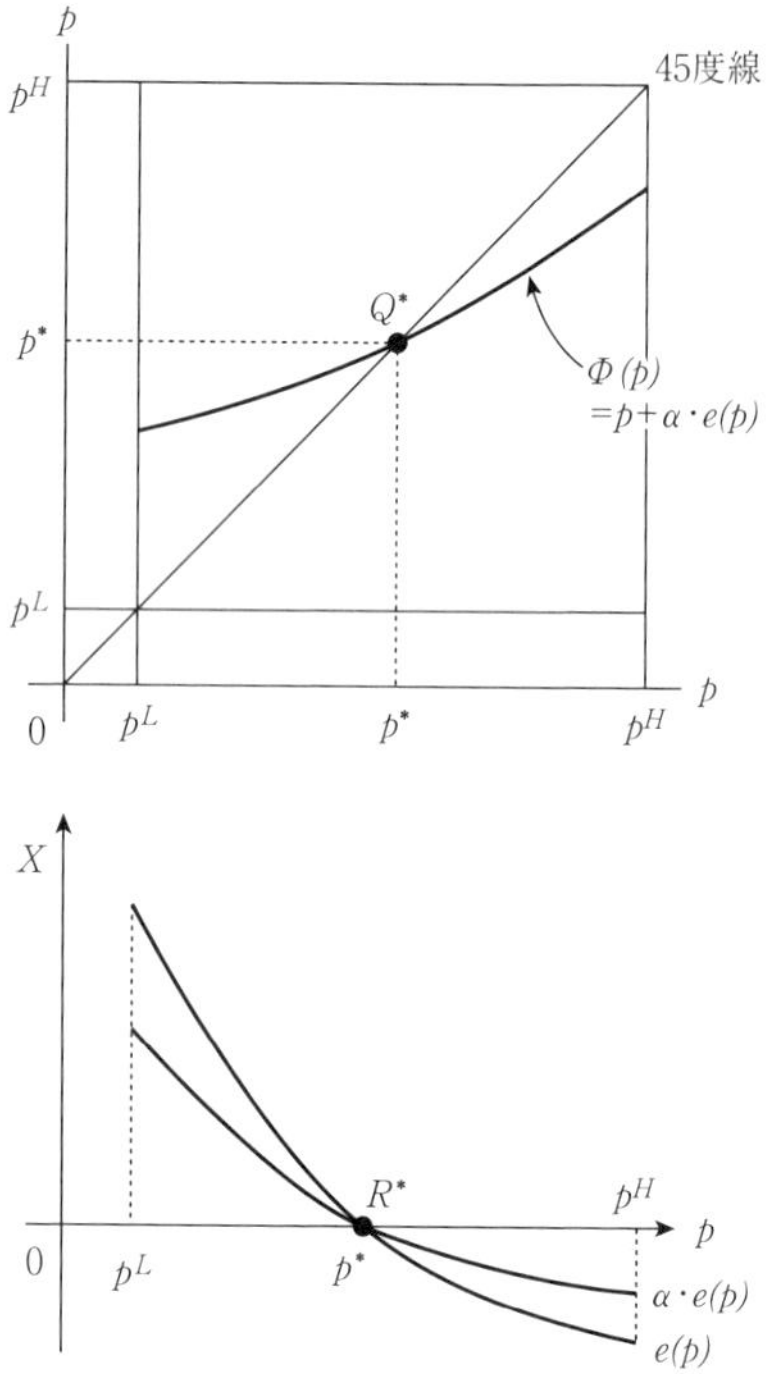

図 6－3　不動点 Q^* が市場均衡点 R^*
――$\Phi(p^*)=p^*$, $e(p^*)=0$

（出所）筆者が作成。

の雌伏を経て、一九五〇年代に一般均衡の存在証明に不可欠な数学用具となった。

　ここでは、最も単純な一財市場均衡モデルを取り上げ、その中で「不動点は市場均衡点であり、その逆も真である」ということを示そう。いま財 x の需要関数と供給関数をそれぞれ $x=d(p)$ と $x=s(p)$ と書こう。ここで p は財の単位価格である。すると、x の超過需要関数は $e(p)=d(p)-s(p)$ と表記することができる。

　常識が教えるところによれば、価格が高くになるにつれて需要量が小さくなり、供給量が大きくなる傾向がある。したがって、一方において、もし価格が十分低い場合には（例えば、$p=p^L$、需要が伸びて供給を上回るから、超過需要が発生する（$e^L=d^L-s^L>0$））。他方において、もし価格が十分高いならば（例えば、$p=p^H$）、需要が減じて供給を下回るから、そこにマイナスの超過需要、すなわち超過供給が発生する（$e^H=d^H-s^H<0$）。ここで $P=[p^L, p^H]$ とおけば、P は一つの閉区間として、空でないコンパクトな閉集合である。

　さて、次のような P から P への一意写像 Φ を考えよう。

$$全ての p \in P について \quad \Phi(p) = p + \alpha \cdot e(p) \qquad (1)$$

ここでαは0と1の間の定数である。写像$\Phi(p)$は、一種のワルラス的価格調整プロセスを示している。例えば、$\alpha=1/2$だとすると、もし市場において需要量が供給量を上回る時には（つまり$\alpha>0$）、超過需要分の五〇％分に相当する価格上昇が発生するだろう。逆に、マイナスの超過需要（つまり超過供給）の場合には、そのマイナス分のα％だけの価格下落が生じるだろう。

写像$\Phi : P \to P$は明らかに連続関数であるから、ブラウワーの不動点定理を活用できるお膳立ては全て整っている。したがって、pの中で不動点p^*、つまり$\Phi(p^*)=p^*$となるようなp^*が存在する。上式(1)から直ちに明らかなように、このことは$e(p^*)=0$、すなわち「需要イコール供給」を意味している。すなわち、不動点は市場均衡点であり、その逆も真である。簡単なモデル分析ではあるが、不動点定理の威力が示されたわけである。[5]

以上のことを図解すれば、図6－3のようになる。上図において、曲線$\Phi(p)$と四五度線とが交わる点Q^*が求める不動点である。下図において、超過需要曲線$e(p)$が横軸と交わる点R^*が市場均衡点である。明らかに、二つの交点Q^*とR^*とは相呼応している。「不動点イコール均衡点」という公式は、一般均衡論の底流を流れる基本的思考方式なのである。

第二の不動点定理——頭脳流出のサムライ学者・角谷静夫氏

ブラウワーの不動点定理は、簡明にして強力な用具ではある。だが、その用具の使用可能な対象範囲が限られている。致命的な問題は、写像$f : X \to X$が「1対1の写像」（つまり一意写像または単に関数）であることだ。ところが、経済学の分野においては、均衡解が一つに決まらず、多数個あることが少なくない。例えば、消費者均衡の理論において、予算線と接する無差別曲線の部分が一点ではなく、フラットであったり、厚みを持っているかもしれない。この場合には、写像概念を拡張して、「1対多の写像」（多意写像、対応）のケースを考えることが必要であり、それに対応した不動点定理を作り上げなければならない。

上のような問題意識の下で、ブラウワーの不動点定理を多意写像の場合にまで拡張した学者がいる。その学者とは、日本生まれでアメリカ育ちの逸材数学者・故角谷静夫氏（一九一一〜二〇〇四年）である。角谷氏は、日本の高校時代が旧制一高文系、大学時代が東北帝大理系であり、留学後にプリンストン大学にて天才フォン・ノイマンの研究助手、さらにはイェール大学数学教授にまで上り詰めた、異色の大学者である。

論より証拠である。短刀直入に、「カクタニ（角谷）の不動点定理」（Kakutani's Fixed Point Theorem）を書いておこう。

角谷の強力で美しい不動点定理（1941）

いまXをR^nにおける空でないコンパクトな凸集合であるとする。さらに、fをXから（Xの部分集合の全体）2^Xへの上半連続写像とし、X内のあらゆる点xに対して、その値域$f(x)$がXの空でない凸集合であると仮定する。すると、写像fは集合X内で不動点を持つ。すなわち、$f(x^*) \ni x^*$となるような点x^*がXの中に存在する。

このような定理を理解するためには、いくつかの準備作業が必要だろう。まず、二つの位相空間XとYについて、任意の対応$f：X \to 2^Y$が「上半連続」（upper semi-continuous）であるとは、どういうことだろうか。いま数列$\{x^k\}$について、$x^k \to x^0$かつ$y^k \to y^0$であり、しかも$y^k \in f(x^k)$であると想定しよう。この時、もし$y^0 \in f(x^0)$が成り立つならば、対応fは点x^0において上半連続であると定義される。平たく言うと、いまX内の数列x^kがx^0に収束し、Y内の対応数列y^kがy^0に収束し、しかも後者のy^kが（x^kの像ないし値域）$f(x^k)$に属するものと仮定しよう。その場合に、もしY内において、収束点y^0が収束点x^0の像（値域）に属するならば、fは点x^0において上半連続なのである。もし対応fがX内の全ての点において上半連続ならば、このfがXの上で上半連続であるという。

この点をグラフ的に理解するために、図6-4を描いておこう。図から明らかなように、X上の対応fの像$f(x)$の全体、すなわちグラフ$X \times f(x)$は、一本の曲線とは限らず、一般に（シャドーが付けられた）一定の幅を持つ羽衣状のバンド帯として描かれている。もし対応fが上半連続であればこのグラフが閉集合となり、その逆も真であることは、直観的に明らかであろう。このことから、上半連続写像の特徴付けに関する次の定理が導かれるのである。

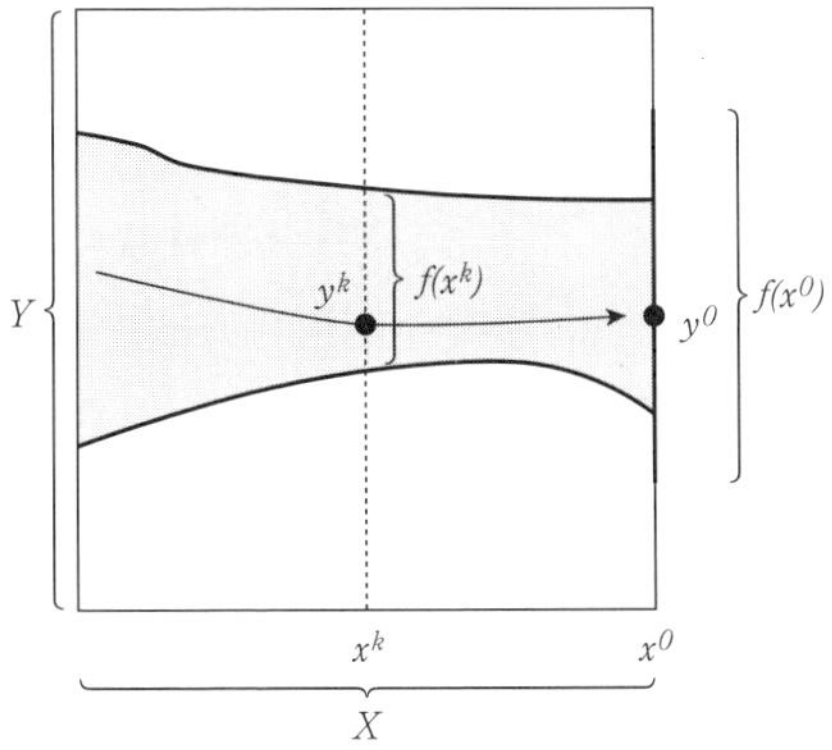

図6-4　対応fは点x^0において上半連続

（出所）筆者が作成。

定理——上半連続写像の特徴付け

対応$f: X \to Y$がXの上で上半連続であるための必要十分条件は、そのグラフ$X \times f(x)$すなわち直積集合$\{(x, y) \in X \times Y : y \in f(x)\}$が直積空間$X \times Y$内で閉集合であることである。

図6-5は、角谷の不動点定理のエッセンスをグラフ的に示している。確かに、次の五つの条件が満たされれば、X内$f(x^*) \ni x^*$となるような不動点x^*が存在している。①対応$f: X \to X$が上半連続であること（つまりグラフ$X \times f(X)$が閉

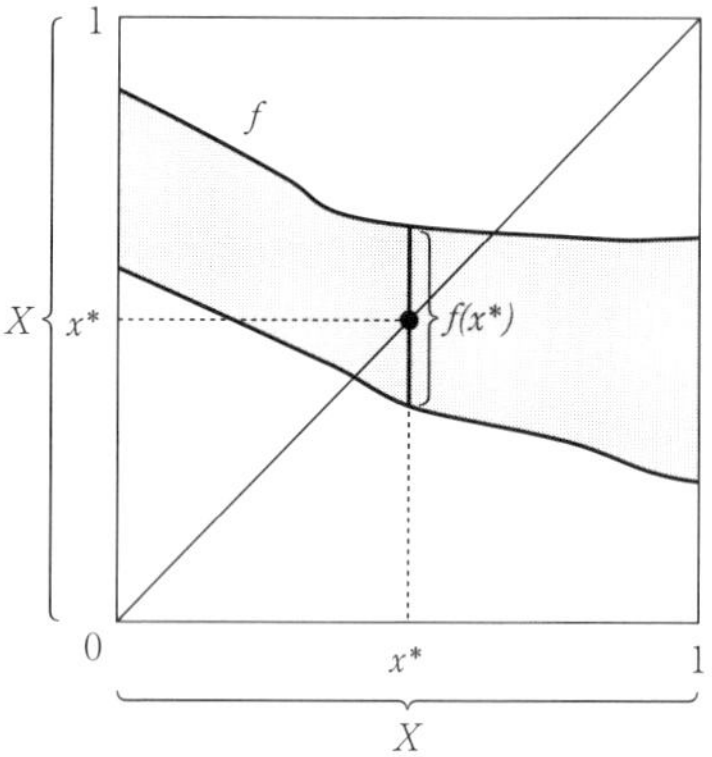

図6－5　対応fと角谷の不動点定理
——$f(x^*) \ni x^*$
（出所）筆者が作成。

集合であること）、②定義域イコール値域Xが閉集合であること、③Xが有界であること、④Xが凸集合であること、及び⑤任意の点$x \in X$におけるfの像$f(x)$が凸集合であること。この中で最後の条件⑤は、像$f(x)$が必ずしも一点集合とは限らないことから、新たに追加要請されたものである。

これら五つの条件のうちいずれの条件が破れても、不動点定理は成立しない。この点を図解すると、図6－6のようになる。パネルⒶにおいては、対応fが$x=1/2$の所でジャンプしており、もはや上半連続ではない。パネルⒷでは、定義域Xが開区間$(0, 1)$であり、閉集合ではない。パネルⒸは$X=[0, \infty)$であり、上に有界でないケースを示す。パネルⒹにおいては、定義域Xが二つの部分（左上方のバンドと右下方のバンド）から構成されており、凸集合ではありえない。パネルⒺでは、点$x=1/2$におけるfの像がabとcdという二つの線分部分から構成されており（つまり、$f(1/2)=ab \cup cd$）、それは凸集合ではない。どのパネルにおいても、$f(x^*) \ni x^*$となるような不動点x^*がX内に存在しないことは、視覚的にもはや明白だろう。

市場均衡の存在証明における角谷の定理の威力

角谷静夫氏が樹立した不動点定理は、純粋数学的には、ブラウワーの不動点定理の多意写像への拡張である。だが、経済学の視点から見ると、それは単なる一般化だと軽く扱ってよい話ではないのだ。一般均衡理

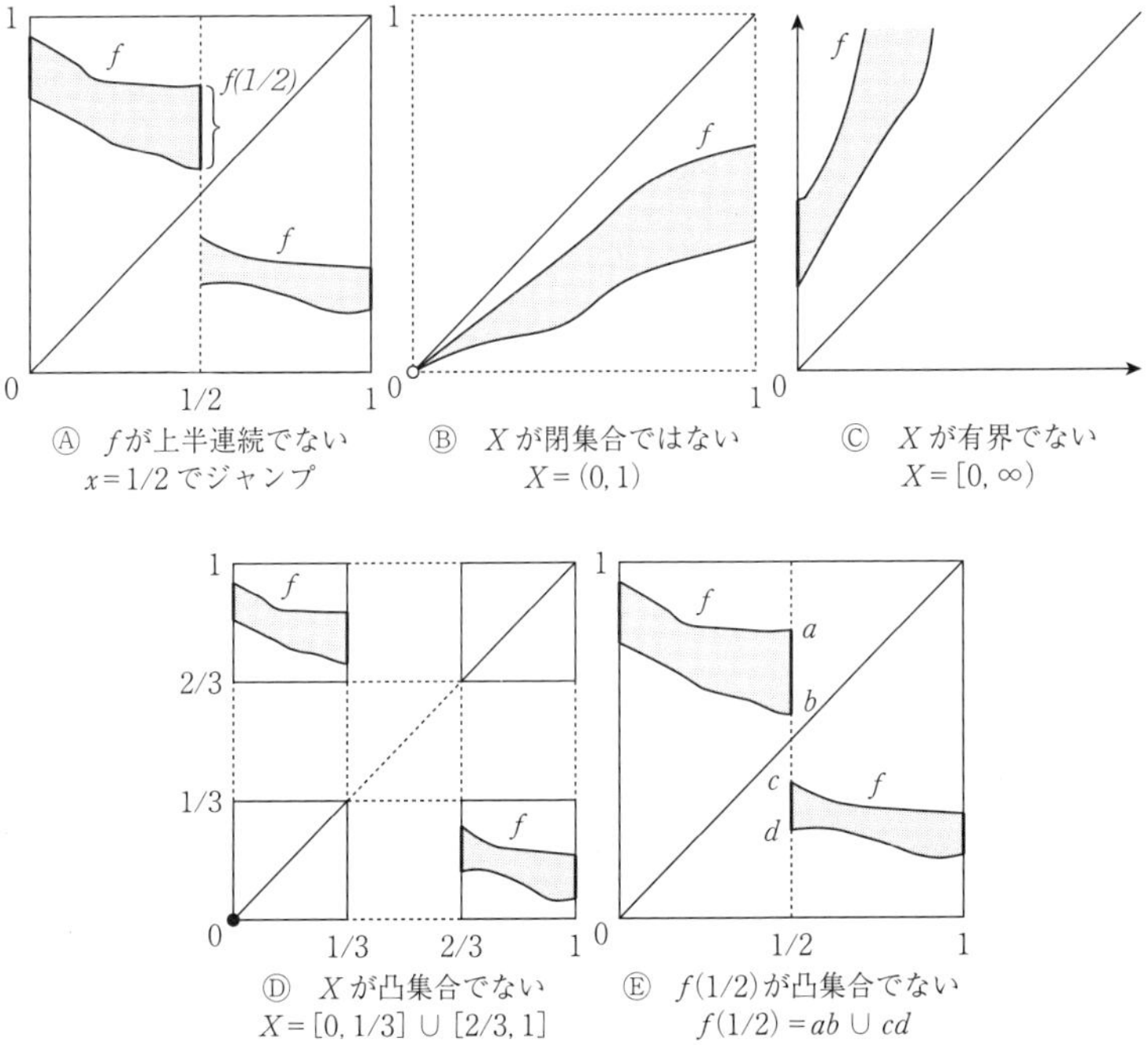

図6-6　角谷の不動点定理が成立しない事例

（出所）筆者が作成。

論の歴史を見ると、それは一九五四年、私の恩師マッケンジー先生によって初めて市場均衡の存在証明において積極的に利用され、以後その有用性は学界において広く認知されてきている。

この点について、ロチェスター時代のわが旧友・廣田正義氏は次のような興味あるエピソードを書き残している。

「角谷静夫先生は帰国の度に尊敬する岡潔先生宅に赴き数学分野の研究テーマ等の議論をされたそうですが、「人がやった仕事の一般化の論文を書いてはいけない、なぜ君はそのような論文をかくのか」と度々お叱りを受けたそうです。岡先生としては、経済理論にとって重要である「角谷の不動点定理」すら、単なるブラウワーの一般化にすぎないと解釈されていたのでしょうか。お二人の会話から、現在の日本には少なくなった一流を目指すべきとする旧制高等学校的精神の構えの一環を鑑みることができます」

（廣田正義〔2004〕「角谷静夫先生――数学の業績と経済学への貢献」より）

私は廣田氏と同じく経済学研究者である。したがって、私自身も畏敬してやまない大数学者・岡潔先生の「お叱り」にもかかわらず、角谷静夫先生による「ブラウワーの不動点定理の一般化」の御仕事を非常に高く評価したい気持ちで一杯である。その点では、廣田氏や私は、やはり経済学の恩師・マッケンジー先生の弟子なのであろうか。

さて、角谷の不動点定理が、通常複数個ある市場均衡解の存在証明において大変な威力を発揮することを示そう。ただし、これを多数財の一般モデルの枠組みで解明するには相当の数学的準備が要るのだ。そこでここでは、最も単純な一財モデルに話を限定することにし、その中で「不動点集合と市場均衡点集合の一致」を直截的かつグラフ的に示そうと思う。

いまや、財 x に対する超過需要 $e(p)$ は、もはや一意写像の関数ではなく、一般の多意写像の対応として表記されている。例によって、価格 p の動く範囲 P を凸なる有界閉区間 $[p^L, p^H]$ に限定する。そして、前と同様に P から P への写像 $\Phi(p)=p+\alpha\cdot e(p)$ を考える（α は0と1の間の定数）を考えるが、この Φ はいまや多意写像であることに注意されたい。

もし Φ が上半連続対応であり、全ての $p \in P$ について値域 $\Phi(p)$ が凸集合であると想定すれば、その場合には角谷の不動点定理の活用が可能になって、域 $\Phi(p^*) \ni p^*$ となるような不動点 p^* が定義域かつ値域 P の中に存在することになる。不動点が必ずしも一点に限らず、いまや集合であることを明記するために、もっと明解に $\Phi(p^*)=\{p^*\}$ と表記することも許されよう。何しろ、集合論の創始者カントールが教えるとおり、「数学の本質は自由」なのだから、色々な表記法が用いられてよいのだ。

ところで、上述の写像Φを眺めれば、$\Phi(p^*)=p^*$を成立させる全ての点p^*に対して、$e(p^*)=0$が成立していることが判明する。これはもちろん、不動点の集合が市場均衡点の集合と一致することを表している。

図6－7は、「不動点集合と市場均衡点集合の一致」をグラフ的に表示する。上図の$\Phi(p)$や下図の$e(p)$は、ともにいまや多意写像の対応であるから、「羽衣状のバンド帯」として図示される。上図において、このバンド帯と四五度線との交点の集まりは集合$Q^*=[\![a, b]\!]$を形成し、横軸の不動点集合$\{p^*\}$に対応している。下図においては、バンド帯と横軸との交点の集まりは不動点集合であって、具体的には$R^*=\{p^*\}=[\![a', b']\!]$となる。このことから、不動点集合と市場均衡点が一致することが明らかであろう。

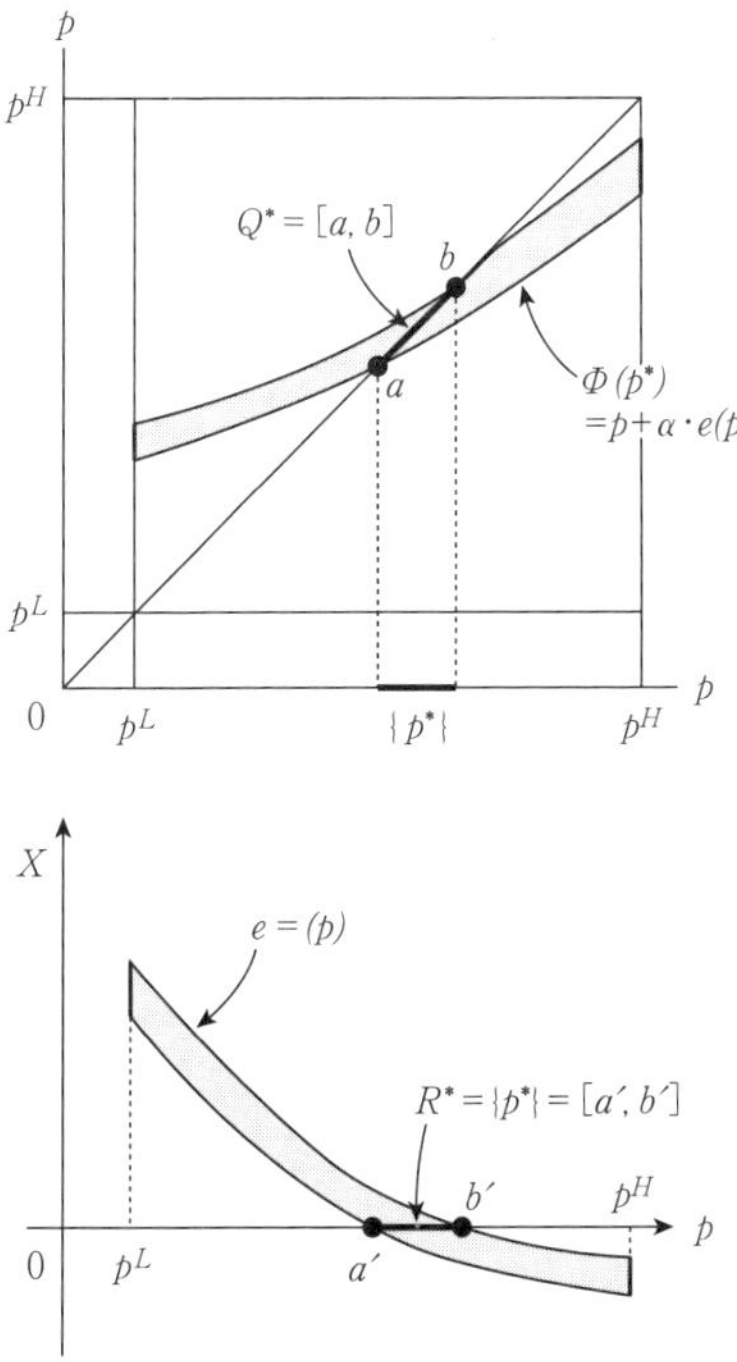

図6－7　不動点集合Q^*と市場均衡点集合R^*——全ての$p^* \in R^*$に対して，$\Phi(p^*)=\{p^*\}$，$e(p^*)=0$

（出所）筆者が作成。

このように、ブラウワーや角谷の不動点定理は強力であり、しかも美しいのである。かつてロチェスター大学に留学中の私が教室の最前線に陣取っていた時、「おお、実に美しい！」と思わず呟かれたマッケンジー先生の御声がいまなお脳裏の片隅に残っているのだ。異国での青春の思い出は決して消えることがない！　しかも、一般均衡理論は市場均衡の存在証明だけに留まらない。実際、「パレート最適」という空想的な概念を持ち出して、市場均衡の「倫理的正当性」の証明すら試みるのである。現時点において冷静に振り返るならば、これもやはり戦後の「東西冷戦の産物」なのだろう。もしソ連式の社会主義が倫理的に正当なシステムと宣伝するならば、アメリカ式の資本主義も倫理上最適なシステムだと言い返すわけなのである。だが、現代に生きる人間は、旧来の冷戦思考からの脱却を図らなければならないだろう。そのためには、パレート最適の概念など、厚生経済学上の諸問題を避けて通るわけにはいかない。

3　厚生経済学の基本定理——市場均衡とパレート最適

パレート最適という魔法の言葉

一般均衡の存在問題は早くも一九三〇年代にワルド（1936）によって提起されたが、余りにも時代を先取りしており、ほとんど注目されることがなかった。神戸大学時代の恩師の一人・故水谷一雄先生は「ワルドの解法」を日本に初めて紹介されたが、残念なことに学界の注目度はそれほど大きくなかったようである。ところが一九五〇年代、米ソ間の緊張と対立が高まるにつれて、経済学界内の空気が一変してきた。いわゆる「東西冷戦」のあおりを受けて、経済学の分野において「資本主義か社会主義か」という体制選択の問題が俄然スポットライトを浴びるようになってきた。特に、資本主義のチャンピオンたるアメリカにおいて、「資本主義の優位性」を示す学問的根拠が激しく希求された。そして、一般均衡理論は一九五〇年代から六〇年代にかけて大いなる飛躍を遂げ、一時的には「近代経済学の女王」たる名声を確立していった。その時の旗手の役割を演じたのが、マッケンジー（1954, 55, 59）、アロー＝デブリュー（1954）、デブリュー（1959）、二階堂副包（1956）、ゲール（1955）、アロー＝ハーン（1971）など、幾多の俊秀による一連の数理的著作の嵐であった。

市場均衡の存在問題を解くことは、「資本主義は機能する！」ことを数学的に証明してみせるという絶大の効果を持った。しかも、その証明のためには、人間の美意識を刺激する「不動点定理」が大いに活用された。これでともかく「資本主義は美しい！」という響きが広がるようになり、「真」と「美」の問題はひとまず解決されたことになろう。

だが、何かがまだ欠けているのだ。それは「善」の問題である。すなわち、以上二つの要件に加えて、「資本主義は望ましい！」という第三の要件が厳密な形で樹立するかどうかの問題である。そしてこのことを探究する学問が、かつては一世を風靡した「厚生経済学の基本問題」である。実際、次のような数学的定理がアロー（1951）、ハーヴィッツ（1961）などによって樹立され、市場経済の最適性が誇らしげに証明されたのである。[6]

厚生経済学の二つの基本定理

いま当該の交換経済が「正常な状態」にあると想定する。すると、次の二つの性質が成立する。

① 第一定理　市場の需給均衡は、いわゆる「パレート最適」を実現している。

② 第二定理　もしパレート最適な状態が与えられれば、その状態を実現させる初期保有点と価格ベクトルを見出すことができる。

これを端的に言えば、「競争均衡はパレート最適であり、逆にパレート最適は競争均衡である」ということになる。以下において、この点をできるだけ分かり易く説明しよう（詳細な数学的証明は省略する）。なお、

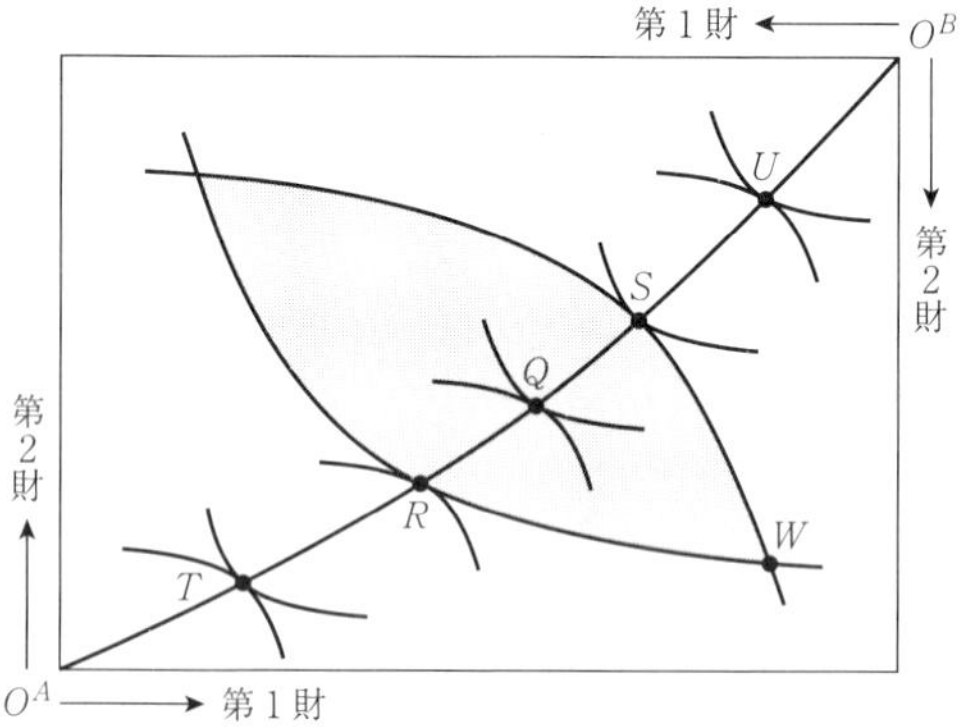

図6-8　パレート最適と契約曲線

（出所）筆者が作成。

上記の定理において、「正常な状態」であるとは、次のような二つの普通の条件が満たされていることである。

①非飽和性　各人の総効用が、財の保有増大に応じて常に増加し、しかもその増加が決して止まることがないこと。つまり、各人の欲望増大は果てしなく続き、飽和状態に達することが生じないこと。

②凸　性　各人の限界効用が、財の保有増大に応じて常に減少すること。つまり、その無差別曲線が原点に対して凸であること。

図6-8は、理論経済学においてよく知られた「エッジワースのボックス図」である。いまAとBの両氏が第一財と第二財をともに保有しており、その出発点がWであると想定しよう。正常な交換経済においては、A氏（またはB氏）の無差別曲線群に関して、右上（または左下）の方向に行くほど高い効用を示す曲線であることに注意しよう（非飽和の性質）。また、A氏とB氏の各無差別曲線は、それぞれ左下の原点O^Aと右上の原点O^Bに対して凸となっている（凸の性質）。

図6－8において、シャドーが付けられた領域の存在に注意を払って欲しい。その部分とは、出発点Wを通る二人の無差別曲線によって形成されたレンズ状部分であって、二人を出発点より有利な配分（つまり二人の効用を増加させる配分）の集まりを表示する。実際、点Wからレンズ型部分への移動のように、参加者全てを有利な状態に導く時（もっと厳密には、少なくとも一人が有利となり他の誰もが不利にならない時）、この移動は「パレート改善的」（Pareto improving）という。例えば、点Wから点Q、R、Sへの移動は全てパレート改善的である。これに対して、点Wからレンズの外部（例えば点T、U）への移動は、決してパレート改善的ではありえない。

図6－8において、二人の無差別曲線が互いに接する点は特別の意味を持っている。というのは、両曲線の接点（例えば点Rや点S）は、二人の状態をともにこれ以上有利にすることが不可能であるような配分を表すからである。このようなギリギリの配分の状態には、「パレート最適」（Pareto optimal）という魔法の言葉が付けられている。いま二つの端点O^AとO^Bを含めて、ボックス図内のパレート最適点を全て集めると、左下方から右上方へと連続的に繋がる一つの軌跡$O^ATRQSUO^B$を得ることができるだろう。この空想的な軌跡は巨匠エッジワースによって初めて考案された。それは理論経済学の分野において、「契約曲線」（contract curve）という名前が付与されており、大変重宝がられる一時期があった。

市場均衡点とパレート最適点の一致

厚生経済学の基本定理によれば、市場均衡はパレート最適な配分となり、逆にパレート最適な配分は市場均衡として実現できる。この意味で市場均衡とパレート最適が同値となることを、簡単なボックス図によって説明しよう。

図6－9は二つのパネルⒶとⒷから成っている。上のパネルⒶでは、「均衡点は最適点」であることが示

されている。その理由はこうである。実際、いま初期保有点Wとその点を通る予算線$B(p)$を任意に取り上げよう（$p=(p_1, p_2)$は価格ベクトル）。その時にはまず、$B(p)$上の点Qは、ボックス図内の一点として両財の需給均衡を実現している。さらに、点Qは、二人の予算制約下における効用極大化をともに実現する点である。というのは、まさにこの点Qにおいて、A氏の無差別曲線I^AとB氏の無差別曲線I^Bとがともに、共通の予算線$B(p)$と接しているからだ。ここで予算線を外して眺めれば、二つの無差別曲線I^AとI^Bとが点Qで互いに接しており、まさにその点でパレート最適が実現されていることが分かる。

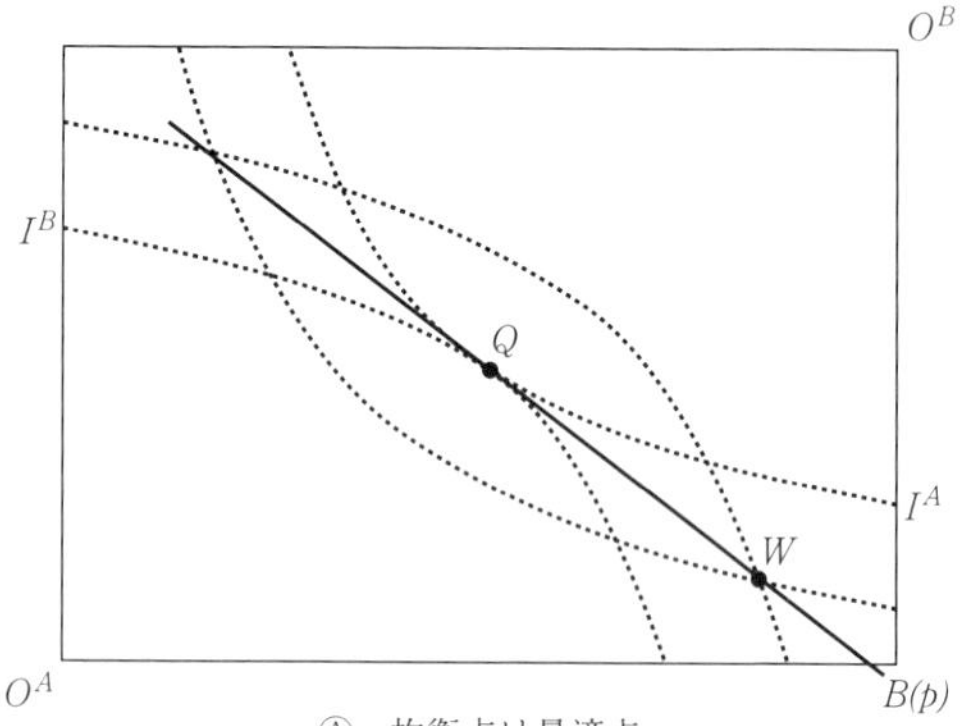

Ⓐ　均衡点は最適点

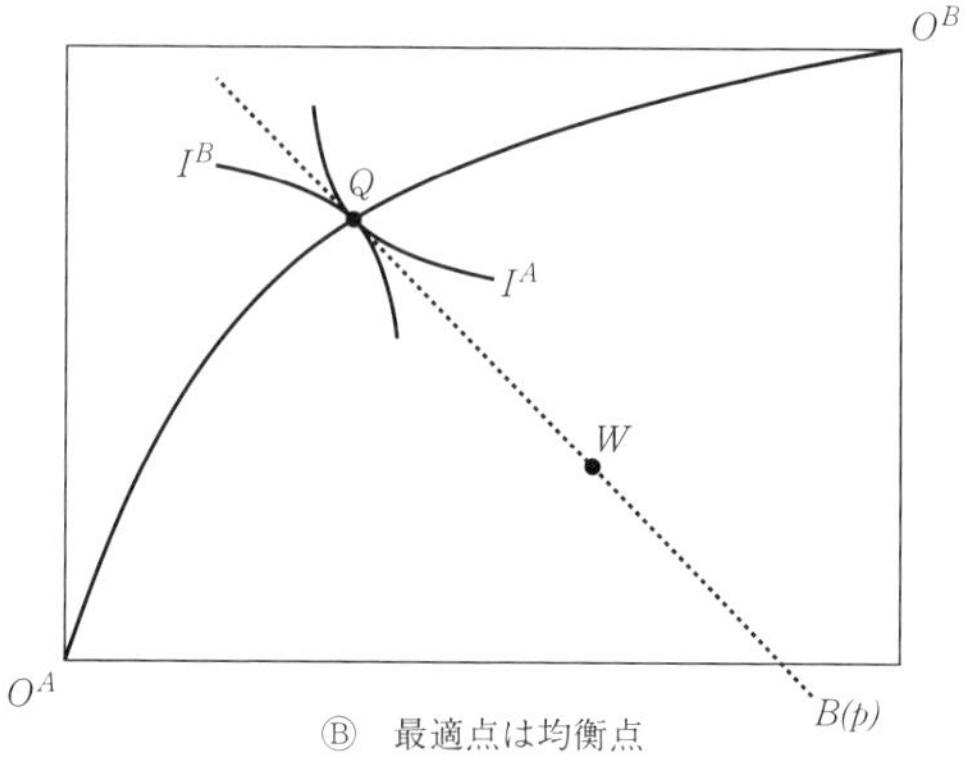

Ⓑ　最適点は均衡点

図 6 - 9　市場均衡とパレート最適

（出所）筆者が作成。

下のパネルⒷは上とは逆に、「最適点は均衡点である」ことが表されている。いま契約曲線上の一点Qを任意に取り上げよう。すると、点Qは一つのパレート最適点として、二人の無差別曲線I^AとI^Bとが互いに接する点である。これら二本の曲線を分離する直線$B(p)$はもちろん存在し、その上の一点Wを見つけることも容易な業である。この時には、パレート最適点Qは、初期保有点をWとし、$B(p)$を共通の予算線とする時の市場均衡点であることはもはや自明の理であろう。

このようにして、「正常の場合」において、市場均衡とパレート最適とが同値であることがものの見事に証明されたわけである。ここで「正常の場合」とは、各人の総効用が飽和することなく、かつ限界効用が逓減するという、ごく普通の状況を表している。

厚生経済学の基本定理はまことに意味深長である。哲学者カントによれば、人間の行動目標は「真・善・美」の実現である。ロチェスター大学の恩師マッケンジーは、強力で美しい不動点定理の援用によって、市場均衡の存在定理の証明に成功した。これで「資本主義は機能し、かつ美しいシステム」という一見強力な主張が出てくるのだ。しかも、通常の条件下において、市場均衡とパレート最適とは同値なのであるから、「資本主義は最善のシステム」という「お墨付きの手形」まで現れるわけである。

だが、私自身はここで、「一寸待てよ!」という警告を発したい。競争経済の論理と倫理の関係はそんなに単純明快であるはずがない。それはもっとドロドロした関係であり、もっともっと広く深く考察しようではないか、という立場がありうる。こういう内省的・複眼的立場の代表選手の一人が、他ならぬフランク・ナイトその人なのである。

4　フランク・ナイトの異論と複眼思考

ナイトのユニークな複眼思考

フランク・ナイトは、単にシカゴの大長老にとどまる人ではなく、思想史的にもっとスケールの大きい偉大な学者である。とりわけ、「経済と倫理」の問題に関するナイトの考え方は独特のものがあり、現時点において再評価すべき価値が大いにあると信じる。

既に述べたように、一般均衡論の考え方は単純明快である。それどころか、あまりにも単純明快すぎると断言してもよいくらいだ。そこでは市場経済の均衡解の存在がまず問題となり、さらには市場均衡とパレート最適との関係が問題となる。使用される数学は主としてトポロジーという高級数学であり、特に強力で美しい不動点定理が駆使される。こういう「単細胞の考え方」のもとで、カント哲学の理想像「真・善・美」が、わが経済学の世界の中で実現されるというのだ——あたかも複雑で混沌とした現実世界の有り様とは無関係であるかのように。

これに対して、わがナイトの考え方はもっと複雑であり、単純に割り切れるものではない。ナイトは基本的に経済学者であるが、決して経済万能主義ではなく、倫理・宗教・歴史などからの影響をも重視する。頭の中だけの孤立的な（ロビンソン・クルーソーまがいの）「経済人」の行動ではなく、マーシャル流の「あるがままの人間」と周りの人間たちとの相互作用にも気を配るのだ。

一方において、ナイトは基本的に自由主義者であるが、（フリードマンやルーカスのような）市場原理主義者では決してない。他方において、ナイトは時には国家の政策介入を認めるが、社会主義や共産主義を個人の自由を奪うシステムだとして弾劾する。ナイトは同時代人のケインズと同じく蓋然性や不確実性の問題を本格的に扱うが、ケインズ流のマクロ経済学を受け入れようとしない。ナイトの人生観はミクロに基礎をおいた自由主義であり、各ミクロの動きから遊離したマクロ的な相乗効果やバブルなどの影響をあまり考慮しない。

このように、ナイトは実に複雑な「複眼思考」(philosophical pluralism)の持ち主である。「右派」へも「左派」へも揺らぐことなく、ただひたすらわが道を歩む「筋金入りの哲人」のような形相である。ナイトの経済学の世界には、「真・善・美」のカント的発想法は全く無縁の存在だ。ナイトの頭の中には、そもそも「美意識」など見当たらないようである。ナイトはさらに論を進めて、市場経済の真実を知れば知るほど、それは倫理上ベストの状態からかけ離れたシステムであると糾弾するのだ。まず、「真」と「善」との共存は保障されていない。さらに、最低限ベターな経済運行のためにも、そこに強力な「倫理」の枠組みを嵌め込む必要があるとナイトは考えている。この点について、ナイト研究の第一人者であるリチャード・ボイド(1997)が興味ある文章を書いている。

「フランク・ナイトの知的遺産を調べれば、それはいわばパラドックスの研究(a study in paradox)となる。ナイトは人によっては、二〇世紀における新古典派経済学の中心人物の一人だとみなされるかもしれない。だが、それにもかかわらず、ナイトは経済学の歴史において、新古典派経済学の諸仮定や科学的方法に対する最強力な批判者の一人として際立った存在だ。ナイトはその生涯を通して、ナショナリズムの非合理性、宗教的狂信及び集団間衝突に対する反対キャンペーンを行った。だがその一方で、それらのものが実は人間行為の基本線に合致するものであり、そのために経済学者としてのナイト自身の仕事を常に悩ませてきたことも自覚されていた。さらにまた、ナイトは時に人間の自由とリベラルな秩序を擁護することに熱心であった反面、リベラリズムの弱点を十分自覚するあまり、リベラルな社会を「病的な社会」と非難することも厭わなかった」

（Boyd〔1997〕「ナイト《競争の倫理》への序文」より）

私は、このボイドの意見に基本的に賛成である。ナイトはパラドックスの人間であり、複眼思考の持ち主であり、合理性と反合理性の相互作用を認める懐の広い人間である。ナイトは基本的に自由主義経済の擁護者である。だが、ナイトは時には資本主義の弱点に激しく切り込み、「その批判はいかなる過激な経済学者よりも過激である」とさえ言われたことがある。(7)

経済と倫理の関係

経済と倫理の関係についてのナイトの考え方を知るためには、第二の主著『競争の倫理』（1935）を読むのが最も手っ取り早い。もっとも、この著作は書下ろしの単著ではなく、第一の主著『リスク、不確実性および利潤』（1921）以降に発表された一一編の論文を収集したものである。私の見るところ、この論文集の中核を形成するのは、第一論文「倫理と経済的解釈」（1922）、第二論文「競争の倫理」（1923）、及び第四論文「経済学における科学的方法の限界」（1924）である。

以下では、これら三つの論文を中心に、経済と倫理をめぐるナイトの立場を確認したいと思う。ナイトによると、経済学と倫理学とは——価値の問題を取り扱う点において——互いに密接な関係にある。これまでは誰でも理解できる話であろう。だが、ナイトの立場とは異なり、経済学界の大多数はある意味で独善的であり、倫理学を対等の学問と見ない傾向があるのだ。つまり、倫理学を「美化された経済学」（glorified economics）とみなして、経済学の中へ包摂しようとする傾向が強い、とナイトはしきりに慨嘆している。実際の所、「競争均衡はパレート最適であり、その逆も真である」という同値命題を眺めていると、経済理論の考察自体が、そのまま（最高善を求めるという）倫理問題の解決に資するような錯覚に陥りやすいのだ。これは経済学自体の一種の堕落であり、「弁解じみた経済学」(apologetic economics)と糾弾されかねない、ナイトは考える。このようなわけで、市場経済に対するナイトの見解は、時には社会主義者マルクスよりラディカルであり、(後期シカゴ学派の)市場万能論からは甚だ離れた立場にあると言える。(8)
ナイトは以上を総括して、次のような印象深い文章を残している。

「自由競争ないし「自由放任」(laissez-faire)の長所と短所を論じる際には、対照的な物事の両面を注視することが重要である。それはつまり、そこから「明白単純な自由システム」が出現するだろうという理論的側面と、それとは反対に悪名高きほど人を失望させる結果を惹起するだろうという現実的側面との両方をバランスよく考慮に入れる必要がある。一八世紀の後半や一九世紀の初期においては、「古典派経済学者」や「マンチェスター自由主義者」、さらには新興ブルジョワ階級や当時の支配勢力からの影響を受けて、経済問題を論じる中で個人的自由を確立しようとする動きが急速に優勢となってきた。しかしながら、自由主義が完璧なまでに徹底される以前において、その帰結が失望すべきものだと判明し、それとともに社会的な干渉支配への反転攻勢が発生し、ますます加速度的な勢いを増してきている」

(Knight〔1935〕『競争の倫理』より)

ナイトの立場は市場万能論と社会主義論の間にあって、非常に微妙である。いわば「第三の道」という綱渡りの道を歩いている。ドン・パティンキン(Don Patinkin)はかつてシカゴ大学の学生として、複眼哲学者ナイトと社会主義者オスカー・ランゲ(Oscar Lange)の授業をともに受講した。その時、ナイトが市場のワーキングに難癖をつけ、ランゲがそれを美化したという、皮肉な道化芝居の競演をつぶさに目撃している。

「シカゴにおける私（パティンキン）の学生時代はかくたるものであったが、まことに皮肉に感じたことがある。その皮肉とは、一方において、社会主義者のオスカー・ランゲが完全競争市場によって実現されたパレート最適の美しさを称賛していた、ということだ。ところが他方において、フランク・ナイトはパレート最適から導出される厚生経済上の帰結をより慎重に分析し、その有効性が非常に限定されたものであることを学生に伝授していたのである」（Patinkin〔1973〕「教師としてのフランク・ナイト」より）

ナイトはかの「市場均衡とパレート最適の同値性命題」を全く好まなかった。事実、ナイトは市場経済のワーキングとパフォーマンスについて、実に厳しく多角的に批判している。以下において、ナイトの放った幾多の攻撃の矢を列挙することにしよう。その矢の数は、さしあたり一二本に上るのである。

第一の矢は、個人主義的方法論への批判である。例えば、エッジワースのボックス図においては、各個人は所与であり、他の人々の行動から独立な行動をとると仮定されている。ところが、ナイトによると、消費や生産の単位は、一人ひとりの個人というよりも、個人の小集団としての家族なのである。

第二の矢は、第一の矢に通じる。ナイトによると、個人は動かざる所与の独立単位ではなく、むしろ広義の社会経済システムの中で生まれた産物なのである。特に、個人の欲求や効用を決めるのは、個人を取り囲む文化的環境である。

第三の矢は、財やサービスが限りなく小さく分解され、また摩擦を伴うことなく円滑に移動できる、という可分性や可動性の仮定に向けられている。経済学方法論に厳しいナイトは、これは数学的処理を容易にさせるかもしれないが、過度に非現実的な仮定ではないか、と厳しく糾弾する。

第四の矢は、人間が全知全能の完全人であるという想定への批判である。ナイトによれば、完全知識の想定は非現実的で、受け入れられない。

第五の矢は、第四の矢に通じる。各財やサービスに関する知識に関して、買手側が正確な知識を持つという非現実的想定に対する批判である。ナイトによれば、売手と買手の間で知識量が異なるのが普通である。

第六の矢は、効率性と倫理性の関係に向けられている。ナイトによれば、経済社会システムのワーキングを論じる際、人間の欲求を満たすか満たさないかの効率性ではなく、むしろ欲求のどんな性質に関わるのか、その倫理的判断を下す必要がある。

第七の矢は、自由競争と独占の関係に対して向けられている。ナイトによれば、自由競争は次第に競争者の人数を減少させ、独占化の傾向を持つ。したがって、自由競争という最初の想定は自ら崩れる運命にある。

第八の矢は、いわゆる外部性（プラスとマイナスの外部効果）の問題に向けられている。個人の欲求や効用のレベルは決して独立的存在ではなく、むしろ他人の欲求や効用のレベルと相関関係を持っている。「他人に見せびらかしたい」というヴェブレン流の「誇示的消費」の存在も無視できない。

第九の矢は、交換システムにおける通貨のあり方に向けられている。ナイトによれば、システムの円滑な運行のためには、通貨流通を自由放任のままに任せるのではなく、むしろ通貨の適当なコントロールが必要である。

第一〇の矢は、（需要全体を構成する）投資と消費の間の配分に向けられている。ナイトによれば、その間の適切な配分は自由競争によって自動的にもたらされるものではない。

第一一の矢は、不確実性下の個人行動のあり方に向けられている。ナイトによれば、市場における個人行動は、不確実性への合理的対応を保証するものではない。

最後に、第一二の矢は、生産と分配と倫理との三者間関係に向けられている。ナイトの見るところ、生産貢献に応じた分配がよく問題になるが、その分配方式は倫理的基準からして必ずしも正当化されるものではない。ナイトによると、そもそも生産物への貢献が、倫理的価値や人間的意義に対応しているとは言い切れない。次に、人によって収入の格差があるが、それは必ずしも倫理的に正当化できない。各個人の持つ（物的文化的）生産能力の大小の程度は、相続や運そして努力の間の複雑な組み合わせに基づいている。たとえ本人はそれほど努力しなくても、資産家の親からの相続があったり、幸運の女神に微笑まれることがあると、本人の収入は莫大なものとなろう。だが、それが倫理道徳の観点から当然の取り分だ、とは到底言えないだろう。

私の知る限りにおいて、「経済と倫理の関係」について、ナイトほど徹底した議論を展開した人は学史上まことに少ない。ナイトは「倫理の好きなシカゴ学派」の元祖であって、「倫理抜きの後期シカゴ学派」、例えばフリードマンやルーカスなどの立場とは決定的に異なっているのである。内外の学界において、この点の違いを混同する向きが少なくないので、このことは繰り返し確認しておきたいと思う。

ボックス図による解釈の試み

ナイトは、経済と倫理の関係に関して、上述のように一二本の鋭い批判の矢を放っている。以下では、私は「一二本の小さな矢」を思い切って「三本の大きな矢」に束ねることによって、ボックス図による独自の解釈を試みようと思う。

第一の「大きな矢」は、（交換取引をする際の）初期保有点の位置と倫理・正義との関係に向けられている。図6-10を眺めよう。二つのパネルⒶとⒷにおいて、初期保有点Wの位置が大きく異なっていることに注意されたい。位置が全く変わらないのが中心点Zである。この点Zは「完全平等点」、つまり二つの財の保有量が両氏の間で全く等しい点である。

上のパネルⒶにおいては、初期点Wが中心点Zの右下方に位置している。これは例えば「稲太郎氏」と「畑次郎氏」の間の交換みたいなものである。稲太郎氏が第一財（例えばコメ）をより多く保有し、畑次郎氏が第二財（例えばイモ）をより多く保有している。この場合には、初期点Wから（シャドーを付けた）凸レンズ領域内へのどんな移動も、二人の状態をともに良くする。もし$B(p)$が予算線であれば、その中の一点Qが市場均衡点であり、同時にパレート最適点でもあることは明らかである。注目すべきは、点$W \rightarrow Q$の移動によって、二人の厚生レベルが劇的に上昇し、しかも完全平等点Zに近づいていることだ。これは「万事めでたし、めでたし」の交換取引であろう。

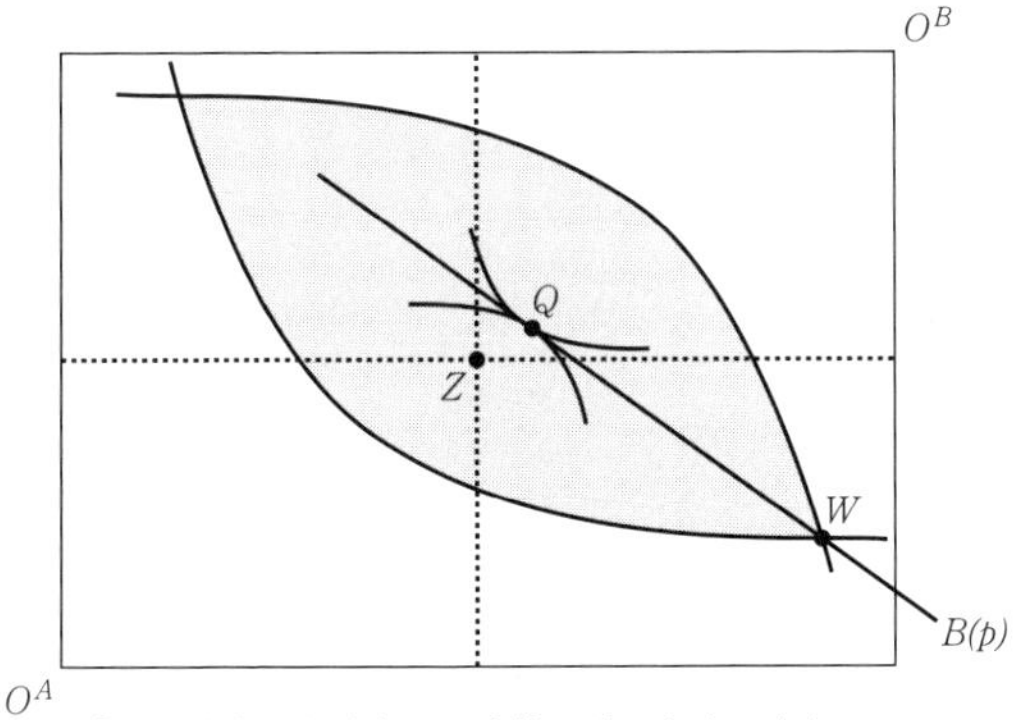

Ⓐ　稲太郎と畑次郎――交換利益がともに大きい

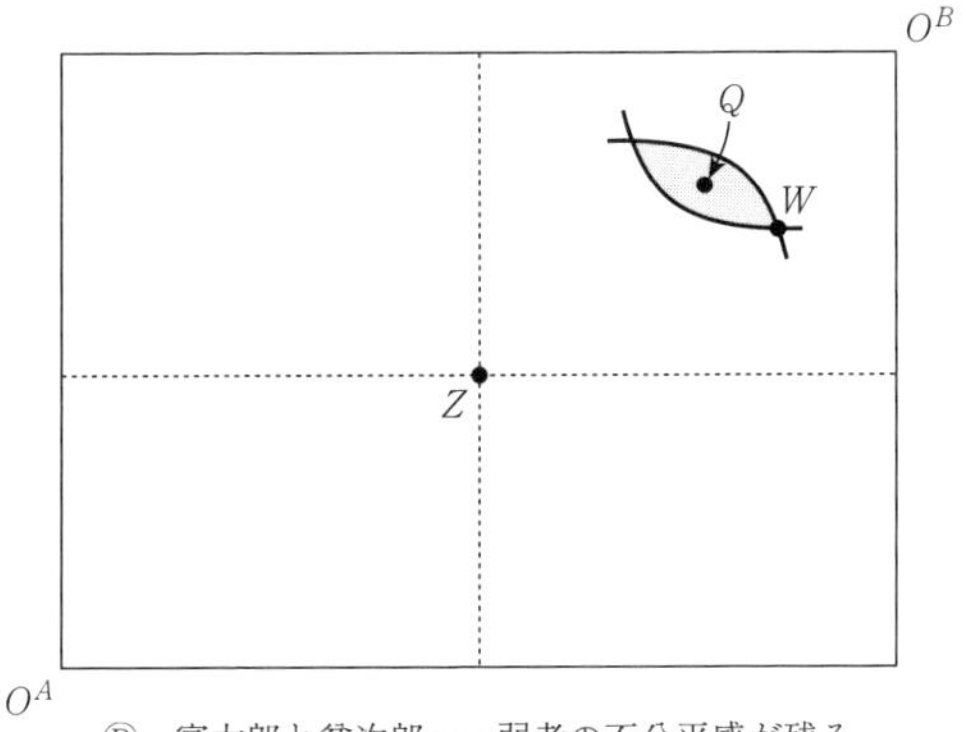

Ⓑ　富太郎と貧次郎――弱者の不公平感が残る

図6-10　初期保有点と倫理・正義――持つと持たぬと

（出所）筆者が作成。

ところがである。下のパネルⒷに至ると、状況が一変するのだ。いまや二人の出発点の違いが一目瞭然である。富太郎は貧太郎に比べて金持ちであり、第一財も第二財も大量に保有している。富太郎はいわば銀の匙を持って生まれ、貧次郎は木の匙を持って生まれたわけだ。この場合には、初期点Wは初めより右上の原点O^Bの近くにあり、点$W \rightarrow Q$への移動は二人の厚生レベルにさしたる変化を与えない。すなわち、市場均衡点Qは完全平等点Zから遠く離れたままであり、貧次郎のやるせない不公平感が交換によって解消されることはないだろう。

要するに、市場取引は一見すると「効率」を保証するように見えるが、「平等・正義」の根本問題を必ずしも解決しないのである。これは不条理なことであり、それに大きく異議を唱えた学者こそが、わがナイトなのであった。ナイトは決してマルクス主義者ではないけれども、「マルクスよりラディカルだ！」（パティンキンの言葉）と言われる所以である。

さて、ナイトはここに留まらず、第二の「大きな矢」を放っている。それは不確実性下の市場のワーキングに関係する。ナイトによれば、従来の経済学の領域においては、人間の完全知識が前提されており、いわば「完全市場」（perfect market）のワーキングとパフォーマンスが専ら論じられてきた。ところがである。天候一つを考えても、人間の知識に限界があるのは、むしろ自明の理ではないのか、とナイトは問題提起した。

事実、ここに雨傘一本があると想定しよう。この雨傘の本当の「値打ち」を決めるのは、いわゆる「お天道様」であろう。晴天の時に邪魔扱いされていた雨傘が、大雨の時には大変役に立つ財に一変するだろう。ここで興味ある問題が出てくる。その問題とは、我々経済学者がこういう天候リスクをどのように処理すべきかということである。正直なところ、まさにこの点にこそ伝統的な市場均衡論の弱点があり、さらには資本主義が上手く機能しない恐れがある。こういう風にナイトは大変危惧したわけである。

しかしながら、ナイトの危惧に対して、一般均衡の理論家は恐ろしいほど単純明快であり、まるで能天気といえるほどの素朴な論理を展開してきた。例えば、デブリューのコンパクトな名著『価値の理論』(1959)を読むと、最後の第七章が「不確実性」と題されている。そこでデブリューは「財の再定義」という巧みなテクニックを用いるのだ。

デブリューによれば、通常の「傘」は、天候リスクに応じていくつかの「条件付き財」(contingent good)へと逐次分解することが可能であるという。例えばいま、「大雨という条件下の雨傘」「小雨という条件下の雨傘」「曇天という条件下の雨傘」「晴天という条件下の雨傘」など、多くの条件付き財の存在を想定しよう。すると、かかる条件付き財に関して、通常の市場均衡の存在証明がそのまま簡単に拡張適用され、「不確実性下における厚生経済学の基本定理」も難なく樹立可能であるというわけである。

しかし、混沌とした現実世界を眺めると、それはデブリューの空想世界から大分かけ離れているようである。正直なところ、雨傘は単に雨傘として売買されるのであって、「降雨の時の雨傘」や「晴天の時の雨傘」など、条件付き財の市場が大きく発達しているわけではないのだ。なるほど生命保険は、一定額の保険料支払いに対して、「死亡時には保険金一億円、生存時には保険金ゼロ」という約束をする、一種の条件付き財であろう。だが、それこそ膨大な一般財・サービス市場のスケールにくらべれば、保険市場はあくまで補助的役割を演じているに過ぎないことに注意すべきだ。我々は間違えても、かの「マーケット劇場」の主役と脇役を取り違えることがあってはならない。

しかも、保険市場の円滑な運行を妨げる重大な「人間ファクター」が存在している。そのことの深刻な厚生的帰結は、近年の情報経済学の展開によって明らかにされている通りである。例えば、この「人間ファクター」の中には、人間が嘘をつくというような「モラル・ハザード」の問題や、「悪貨が良貨を駆逐する」というような「逆選択」の問題などの発生がよく知られている。この点からみれば、一九三〇年代のナイト

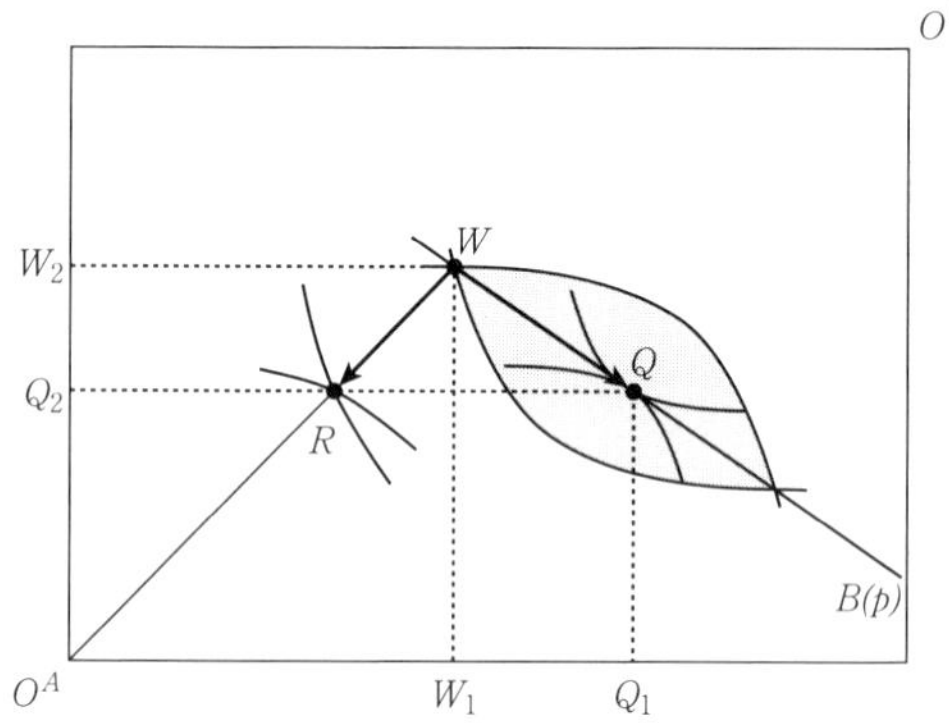

図6-11　条件付き財の交換取引——虚偽表示と市場消滅の可能性

（出所）筆者が作成。

は既に時代を大きく先取りしている。ナイトは実に、（四〇年後の）一九七〇年代以降の情報経済学の発展の端緒を作ったと評価してもよいだろう[9]。

さて、この段階において、ナイトによる第三の「大きな矢」が威力を発揮し、それが市場均衡のワーキングに対して向けられていることに注意を促したい。以下においては、わがナイトが如何に人間の不完全知識、特に非対称情報の影響を重視していたのかを論じようと思う。そのために、私は「ボックス図による解釈」をもう一押し進めることにしよう。

図6-11は、条件付き財の交換と取引の状況を表す。ここでは、二人の取引人（A氏とB氏）、二つの財（円表示の金額）、及び二つの条件（状態1と状態2）が問題になっている。分かり易い具体例としては、保険者A氏と被保険者B氏との間に「旅行損害保険契約」が取り結ばれるケースを考えればよい。この時、状態1は「無事故の場合」であり、B氏が保険料のいわば「掛け損」をする場合である。ところが、状態2は「事故発生の場合」であり、A氏からB氏に対して所定の保険金が支払われることになる。

さて、図6-11において、点Wが条件付き財の初期保有点である。明らかに、点Qが市場均衡点であり、均衡交換価格は直線$B(p)$の勾配によって示される。A氏とB氏との間の交換取引は点の移動$W \to Q$によって代表される。A氏はB氏から（横軸上の線分）W_1Q_1の金額を受け取ることを条件として、B氏に（縦軸上の線分）W_2Q_2の金額をB氏に与える。

このように第一状態金額及び第二状態金額が、A氏とB氏の間で交換される限りにおいては、通常の財のケースと同じように、市場均衡は点Qにおいて存在し、かつそこでパレート最適が実現されている。その逆に、パレート最適点が市場均衡点でもあることは、図6-11から明らかであろう。ここまでは「万事めでたし、めでたし」である。不確実性の存在は、財の定義を「条件付き財」にまで拡張することで「一件落着」であろう。その場合には一見したところ、厚生経済学の基本定理の妥当性はやはり疑念を入れる余地がないかのようである。

ところがである。「好事魔多し」というではないか。条件付き財市場の分析は、通常の財市場の分析の単なる拡張では決してなく、いまや新しい「厄介な問題」を発生させるのである。結論を先取りして言えば、条件付き財のワーキングが上手く進行するためには、人々の間で「モラル・ハザード」がないという条件が満たされる必要がある。すなわち、「第一状態」を「第二状態」だと虚偽の申告をしたり、その逆に「第二状態」を「第一状態」だとウソをついたりしないような、道徳倫理上の信義が人々の間で守られなければならない。要するに、条件付き市場の円滑なワーキングは決して無条件ではなく、人々の人格が高潔でウソをつかないという「条件付き」なのである。例の旅行傷害保険を取り上げると、被保険者が「外国で甚大な窃盗被害に遭いました」という大げさなウソの申告をして、保険者から膨大な保険金を巻き上げることが全く生じないことが前提になっているわけである。

さて、実際の世界を観察すると、情報が人々の間で平等に分布されている保証は全くない。経歴や立場の違いによって、人々が情報優位者と劣位者に二分割される傾向が生まれるのが、悲しき現実の姿であろう。

以下において、情報の偏在や膨大な情報入手費用の存在が、条件付き市場のワーキングに重大な悪影響を与える可能性を、ボックス図分析によって明らかにしようと思う(10)。

いま図6－11において、放射線O^AWが四五度線であると想定しよう。この時、国内に住む保険者A氏にとって、被保険者B氏が外国旅行で実際に盗難に遭ったかどうかを確認することは一般に困難であろう。時と場合によっては、A氏はB氏の申告をそのまま鵜呑みにするほかないかもしれない。だから、B氏に盗難が発生しなかった場合でも（状態1）、「実は重大な盗難に遭いました」（状態2）というウソの申告をする誘因が生まれる。この場合には、もともと点の移動$W \to Q$が事前に意図された取引行為を表すけれども、現実には思惑通り事が運ばず、事後の取引はむしろ点の移動$W \to R$に対応する取引になってしまいかねないだろう。つまり初期点Wから、右下の点Qの移動が果たせず、むしろ左下の点Rへの移動に化けてしまいかねないわけである。

もしこのような一方的な取引が常態化すると、市場のワーキングは深刻な問題を発生させるだろう。というのは、A氏の立場から見ると、B氏との間に保険取引を結ばないほうがもともと有利なのであり、やがては保険市場からの撤退を余儀なくされるだろう。このことは保険市場など、条件付き財の市場の縮小、やがては消滅を招く恐れがある。要するに、情報の「非対称性」の存在は、究極的には市場の「非存在」をもたらすかもしれないのである。まさに、悪貨は良貨を駆逐し、幅を利かすのは悪貨のみとなるだろう。

以上のような論点は、後の一九七〇年代において、新進気鋭の情報経済学者たちによって非常に注目された。特に、アカロフ（1970）は「中古車の市場」を取り上げ、そこではポンコツ車が上等のクルマを市場から駆逐しているという事実――「グレシャムの法則」の現代版――に鋭い分析のメスを入れることに成功した。

序に述べるならば、アカロフは後進国市場のワーキングに非常に注目しており、そこでは非対称情報の問題が極めて深刻であるという。例えば、同じコメといっても、その品種はピンからキリまでさまざまのものが存在するのだ。実際、後進国のコメ市場においては、小石の混じった下等のコメが、混ざりなき上等のコメだと偽装販売されることも珍しくない。この点について、アカロフは、大変興味深い観察をしている。

「財の品種上の差異については、発展途上国のほうが先進国より際立って大きいという証拠がある。例えば途上国にて、輸出品の品質管理や国営の貿易会社が必要となるというのは、その良き一例であろう。インドを例にとると、「輸出品の品質管理及び検査に関する法律」(一九六三年)の下において、「インドからの輸出品の約八五%に及ぶ広範囲が、色々な品質管理の検査品目の対象となっている」(『タイムズ・オブ・インド誌』一九六七年一一月一〇日号)。インドの主婦たちは、地方の市場から仕入れたコメを注意深く精査して、そこにわざと混入された同色同形の小石をコメの中から取り出さなければならない[11]」

(Akerlof〔1970〕「不良品(レモン)の市場」より)

発展途上国には、先進国にはない深刻な問題がある。そこでは、情報格差の問題と市場の質の問題とが同時発生している。一九三〇年代におけるナイトの鋭い問題提起が、四〇年間の時間の流れを経て、一九七〇年代における情報経済学の発展へと繋がっているのである。

情報費用と経済厚生の関係

我々は目を転じて、情報費用の大小と市場のワーキングとの関係について吟味しよう。保険者A氏と被保険者B氏の間には、深刻な情報格差が存在する。実際、国内居住のA氏にとって、外国旅行中のB氏の動静についての情報を入手するのは、一般に困難な仕事である。そこで、A氏が情報格差を幾分でも解消するた

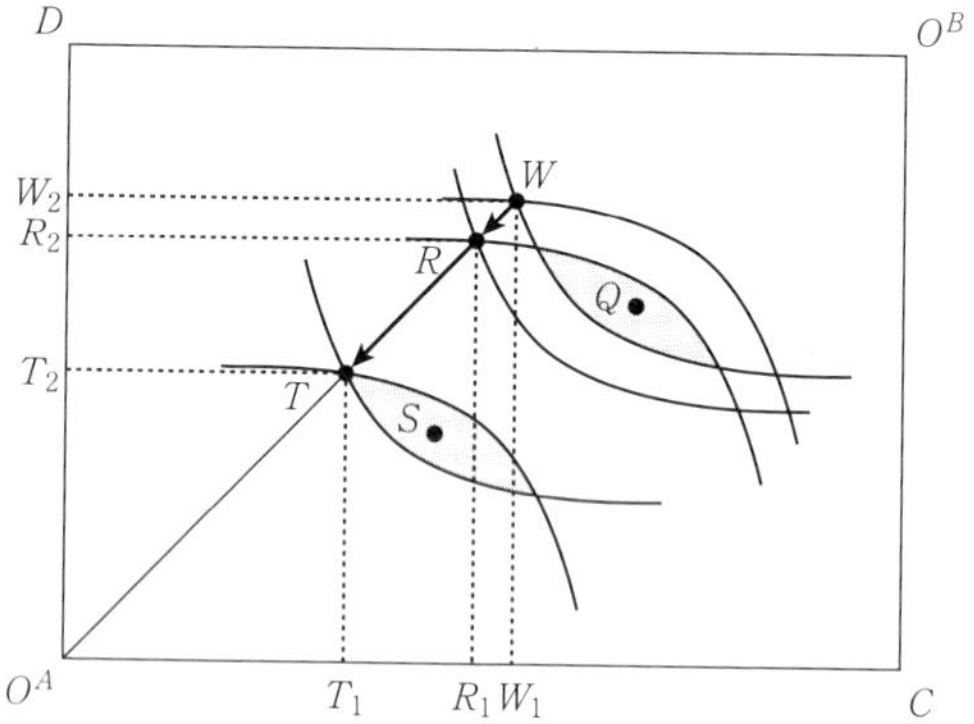

図 6 - 12　情報入手費用と経済厚生——知らざる者は報われざる

（出所）筆者が作成。

めに、特別な情報入手コストを第三者に支払うことが賢明だろう。そして、かかる情報入手は、当該状態が第一状態か第二状態かを識別することに資するものと考えよう。

まず、問題の情報費用が十分小さいケースを取り上げよう。この時には、情報費用を支払うA氏にとっても、B氏との交換取引によって自己の状態を良くする可能性が大きいことは、直観的に明らかであろう。図6 - 12において、情報費用がW_1R_1（ないしW_2R_2）の大きさによって測られるものとしよう。この時には、情報費用の支払い後の出発点は、いまや四五度線O^AW上の点Rである。注意すべきことは、この場合においても、（シャドーの付いた）レンズ状領域内の任意の点Qは依然として、もともとの点Wよりパレート改善的であることだ。つまり、点の移動$R \rightarrow Q$によって、A氏とB氏の状態はともに良くなっているのである。

ここまではよい。ところが、情報費用がもっと巨大化すると、様相が一変せざるをえなくなる。例えば、図6 - 12において、情報費用がW_1T_1（もしくはW_2T_2）の大きさによって表示されると想定しよう。すると、情報費用を支払った後の正味の出発点は、WからTへと大きく移動してしまう。このケースにおいては、A氏にとって、B氏と交換取引を行うことは自分の状態の悪化を招くだけである。事実、もともとの出発点Wとレンズ状領域内の任意の点Sとを比較すると、A氏の効用は前者のほうが大きいのである。

このようなわけで、情報費用の巨大化は、市場経済の円滑なワーキングを妨害する重大なファクターとなりうる。なるほど、情報費用と経済厚生の関係にかんして、ナイト自身が詳細な議論を行うことはそれほど多くなかったかもしれない。それは多分ナイトの生きた時代からの制約であろう。しかし、もし仮にナイトがもう少し長生きして、一九七〇年代における情報経済学の華々しい発展を見ることができていたならば、ナイトは恐らく「それ見たことか！」と小躍りして、お気に入りのコーンパイプを一層愛用したことであろうと想像する。ナイトは掛け値なしに、経済と不確実性と倫理の三者関係を総合的に分析した「二〇世紀の巨人」なのである。

5　真・善・美の世界を再び考える——理想から現実へ

名著『学生に与う』の衝撃とそれからの離脱

私が学生時代に愛読した本の一つに、河合栄治郎（一八八一～一九四四年）の名著『学生に与う』(1940)がある。人は夢多き学生時代を振り返る時、青春の血が騒ぐものだ。ましてや、私がこの世に誕生した一九四〇年に出版されたこの著作は、若きころの人生観に影響を与え、その後の生き方を方向付けたと言っても決して過言ではないだろう。

河合先生の名著は、一九四〇年二月一六日に箱根仙石原の老舗旅館に投宿されて以来、同年三月一五日までのあいだ（その間三日の用事日を除く）、毎日一七時間の心血を注いで、ようやく三月一六日に脱稿されたという。これは全編一気呵成の書下ろしであり、まるで「白鳥の歌」のような迫力が漲っているのだ。私が特に感銘を受けたのは、次のような文章である。

「青年は青年らしくあればよい。これが青年の権利であり義務である。青年らしいとは高きものへの憧憬、深いものへの魅惑、魂を震わすものへの涙、これである。……青年が青年らしい時、野中の一本杉のごとくに、真直であり単純である。それが青年という年齢と境遇とつり合って、調和の美を発揮する」

（河合栄治郎〔1940〕『学生に与う』より）

然れば、青年が青年らしくなり、野中の一本杉のような存在であるとは、一体全体どういうことであろうか。河合先生の言によれば、それは人格の陶冶であり、カント流の真・善・美の三位一体を実現することである。次のような情熱に満ち満ちた文章が続くのである。

「人格とは、真・善・美を調和し統一した主体であるから、これが最高の価値、理想である。あるいはこれを最高善（the highest good, das höchste Gute, summum bonum）という。……人格は最高の価値、理想であるから、これがわれわれの目的であって、あらゆる他のものは手段であり、これを物件（Sache）という。したがって富も地位もわれわれの身体もまた、物件であって決して目的ではない。それでは真、善、美はどうかというに、これは人格を構成する要素であるから、人格以外のものではない。これと人格との関係は、一部と全部との関係である。人格たらんとする現実の自我を構成する知識（学問）的、道徳的、芸術的活動もまた、人格と対立するものではない。やがてならんとする人格の一部である」

（河合栄治郎〔1940〕『学生に与う』より）

私は夢の多き学生時代、河合栄治郎氏の名文を読み、心の琴線を震わせたことを覚えている。真・善・美の世界――これこそ人間の目指すべきものであると信じて疑わなかった。そして、アメリカ留学時代に、ロチェスター大学の恩師から学んだ一般均衡論の講義は、ある意味で真・善・美の世界を経済学の世界に再現するかのようであった。市場均衡は存在し、見事に機能する。それはパレート最適という望ましい世界を約束する。しかも、その論述は、トポロジーという高級数学で重武装し、特に強力で美しい不動点定理が威力を発揮するのだ。

私がそういう夢心地の気分でいたところ、それに冷や水を浴びせかけた孤高の経済学者がいた。それがわがフランク・ナイトである。ナイトによる市場経済のワーキングに対する鋭い批判の矢の何本かは、私の良心に突き刺さり、現在に至るも完全には癒えていないのだ。それ以来、私は主たる研究分野を一般均衡論からリスク経済学へ変更し、いまもこうしてナイトを何度も復活させることに熱心である。温故知新よろしく、ナイト（そして合わせてケインズの）所説の批判的再検討を通じて、新世紀に相応しい新経済学の樹立を目指したいと思う。

清水幾太郎とナイトとケインズと

私はいわゆる定年退職後、新旧そして内外の幾多の書籍を読み漁ることを楽しみにしている。だいたい「定年退職」という言葉自体が差別的で、好きな言葉ではない。アメリカの恩師マッケンジー先生は常日頃から、「わしには定年などないよ、それは年齢差別（age discrimination）だ。わしは死ぬまで研究室に通うつもりだ！」と豪語しておられた。

私は学問的にはいまや、マッケンジー先生の直弟子というより、むしろ鬼弟子のほうに近い存在であるのかもしれない。だが、こと心意気に関するかぎり、愛弟子の一人として認めて下さるのではなかろうか、と密かに自負している。学問はいよいよ離れるも、心情はますます接近している。とかくこの世は四角四面の論理だけで割り切れるものではない。人の道を説く倫理・正義の問題は、視野の狭い一般均衡論だけで解くことは不可能である。

私は昨今このような悩ましい気分でいた。そして久しぶりで、社会学の第一人者で著名な評論家だった故清水幾太郎氏（一九〇七～一九八八年）の著作集をそこはかとなく取り出してみた。その時、次のような文章が突然に、私の小さな眼に飛び込んできた。

「思想という曖昧な言葉で呼ばれているものは、敵との関係においてのみ、敵と味方とを含む全体性の一部分としてのみ、従って、敵が生きた力を持っている限りにおいてのみ、生命と意味とを持つことが出来る。強大な敵との衝突が発する火花の中にだけ、それは生きることが出来る。敵が弱くなった時、生命を失った時、あたかも勝ち誇ったように見える思想は、実は敵と同様に弱くなり、敵と同様に生命を失っている」

（清水幾太郎〔1972〕「倫理学ノート」、同〔新版1993〕『著作集第一三巻』より）

正直なところ、現代の経済学界は元気がない。かつての東西冷戦のころ、学問の世界においても「やれマル経だ、いや近経だ！」「それ社会主義だ、いや資本主義だ！」と大騒ぎをしていたころが妙に懐かしい限りだ。一九八九年におけるベルリンの壁の崩壊とともに、社会主義システムが崩壊し、近経の対抗馬も何だか元気がない。

だが、清水氏がいみじくも指摘されている。敵が弱くなった時に、勝ち誇ったと見える所説も敵と同様に弱くなり、敵と同じく生命力を失っている。市場原理主義の絶頂期は、やがて来る衰退期への前奏曲にしか過ぎない。

清水幾太郎氏は、ナイトの複眼主義や懐疑主義に同情的である反面、若きケインズのエリート的な生き方に対して非常に厳しい態度をとっておられる。それはある面では、ケインズとナイトとの出自の違いによるものかもしれない。しかし、不確実性や蓋然性の研究を専門とする私の立場からすると、ナイトとケインズの両岸を繋ぐ「夢の架け橋」があってもよいのではないか、と思う。清水氏の筆法を借りるかぎり、ケインズが弱くなる時にナイトは弱り、その逆もまた真である。

私が知る限り、清水氏の著作は啓発的で、英知に富んでいる。だが、リスクや不確実性の分野への言及がほとんどなされていないのは残念至極である。もし仮に同氏がこの分野にも広く視野を広げていてくだされば、と切に思う次第である。これを逆に言えば、我々後進の者にも開拓できる分野が残されている、ということだ。

清水幾太郎、ナイト、ケインズ――この微妙な三者関係を解明することは、現代の喫緊の課題である。我々は謙虚にかつ積極的な態度で、前へさらに一歩踏み出さねばならない。

注

(1) ベッカーの本の題名に注目して頂きたい。というのは、その題名が「一つの経済学的アプローチ」(A Economic Approach) と控えめに言わずに、むしろ「唯一無比の経済学的アプローチ」(The Economic Approach) と決めつけているからである。このことから、「後期シカゴ学派」による「市場原理主義」の権勢ぶりや傲慢さを読み取るのは、私だけではないだろう。

(2) 宇沢教授の話によると、フリードマンはかつてシカゴの某銀行にて、手持ちの証券の大量の空売りを申し込んだところ、「先生、御言葉を返すようですが、それは紳士のなさることではございません」と丁重に断られたという。だが、フリードマンの立腹振りはなかなか収まらず、大学に戻ってからも、「アメリカは資本主義の国だ。株の空売りをしようが何をしようが個人の勝手であり、それが自由と正義というものだ」と大声を出したという。

長老ナイトは、このようなフリードマンの行き過ぎた言動にくぎを刺したわけである。

（3）私の本棚の片隅にはいまでも、恩師が講義の都度配られた手書きの講義録 McKenzie（1969）が鎮座している。それを読む度に、当時の「不動点教授」の美学と苦悩の姿が彷彿と蘇ってくる。私は後にピッツバーグ大学にて、「マッケンジー講義録」を参考にしながら、しかも自分自身の工夫や研究成果を取り入れることによって、自分なりの「サカイ講義録」、すなわち Sakai（酒井泰弘）（1972）を作り上げたものである。

（4）不動点定理の平易な説明が、「サカイ講義録」、つまり Sakai（1972）の中で与えられている。さらに、Quirk and Saposnik（1968）、二階堂副包（1970）、Lancaster（1968）などを参照されたい。

（5）宇沢弘文（1962）は、多数財の競争経済という一般的枠組みの中で、次のような定理を厳密に証明した。「ブラウワーの不動点定理と、競争経済の均衡が存在するという定理とは同値である」（宇沢の定理）。本文における私の目的は、一財という最も単純なケースに限定するならば、「不動点と市場均衡点の一致」という命題の正しさを直截的かつ図表的に示することであると言えよう。

（6）厚生経済学の基本定理については、Quirk and Saposnik（1968）や奥口・酒井・市岡・永谷（1989）が平易な説明を行っている。本書では、「真・善・美」の視点から独自の「色付け」を行っている。

（7）この点や以下の点については、佐藤方宣（2000）によるナイト思想の研究が非常に有益であるように思われる。

（8）往年のシカゴ大学にてナイトの授業を受講したドン・パティンキン（1973）によれば、「現代経済学者の眼から見れば、ナイトはマルクスよりはるかに強力なラディカル経済学者である。というのは、ナイトはマルクスとは異なり、市場システムのワーキングを十分理解し、そのより深い分析をむしろ推進することによって、市場システムの倫理的基礎そのものを告発したからである。……私（パティンキン）の意見によれば、特に（『競争の倫理』四五～五八頁に書かれた）例の一三頁は、従来の経済学において最もラディカルな告発文書の一つであったのみならず、学生時代に読んだ最も刺激的な文章の一つであったという記憶が、いまなお脳裏の中にしっかりと刻まれている」（七九八頁）。

（9）不完全情報、特に非対称情報下において、市場のワーキングが如何に歪められるかについては、酒井（1982）を参照していただきたい。本章の狙いは、市場均衡の美学に対するナイトの異論とは一体何であり、如何に現代に生かすべきかを論じることである。

(10) この点や以下の点について詳しくは、酒井（1982）を参照して欲しい。以後三〇年間の成果を踏まえ、さらに現代風の味付けを加味しようとするのが、本章の狙いなのである。

(11) アカロフは有名な「不良品（レモン）の原理」の例証として、中古品市場の成立と崩壊を分析している。だが、私見によると、その原理の例証のためには、図体の大きいクルマよりも、むしろ粒のごく小さいコメの市場に注目したほうよいと思っている。その理由は、コメのほうが数量の連続的取扱いを可能にし、それだけ説得力を増すだろうと信じるからである。

参考文献

Akerlof, G.A.（1970）"The Market for 'Lemons': Quality Uncertainty and the Market Mechanism," *Quarterly Journal of Economics*, Vol. 84 : reprinted in Akerlof（1984）*An Economic Theorist's Book of Tales*, Cambridge University Press.

Arrow, K.J.（1951）"An Extension of the Basic Theorems of Classical Welfare Economics," in Neyman, J. (ed). *Proceedings of the Second Berkeley Symposiumon on Mathematical Statistics and Probability*, University of California Press.

Arrow, K.J. and Debreu, G.（1954）"Existence of Equilibrium of for a Competitive Economy," *Econometrica*, Vol. 22.

Arrow, J. Kenneth and Hahn, F.H.（1971）*General Competitive Analysis*, Holden Day.

Becker, Gary（1976）*The Economic Approach to Human Behavior*, University of Chicago Press.

Boyd, Richard（1997）Introduction to *The Ethics of Competition* by Frank H. Knight, Transaction Publishers.

Brouwer, L.E.J.（1910）"Über Abbildungen von Mannigfaltigkeiten," written at the University of Amsterdam ; later published in. *Mathematische Amnalen*, Vol. 71, 1911.

Debreu, G.（1959）*Theory of Value*, Wiley.（デブリュー〔1971〕『価値の理論』〔丸山徹訳〕東洋経済新報社。）

Gale, D.（1955）"The Law of Supply and Demand, *Mathematica Scandinavica*, Vol. 3.

廣田正義（2004）「角谷静夫先生――数学の業績と経済学への貢献」『経済セミナー』第五九七号、日本評論社。

Hurwicz, Leonid（1959）“Optimality and Informational Efficiency in Resource Allocation Processes,” in Arrow, Karlin and Suppes（eds.）*Mathematical Methods in the Social Sciences*, Stanford University Press.

百田尚樹（2012）『海賊とよばれた男』上・下、講談社。

伊東光晴（1962）『ケインズ――《新しい経済学》の誕生』岩波新書。

Kakutani, Shizuo（1941）“A Generalization of Brouwer's Fixed-Point Throrem,” *Duke Mathematical Journal*, Vol. 8.

河合栄治郎（1940）『学生に与う』日本評論社。（教養文庫本〔1955〕と新版〔1997〕は、戦後に社会思想社より出版。巻末に猪木正道氏による「解説」）。

Knight, F.H.（1935）*The Ethics of Competition*, University of Chicago Press.（ナイト〔2009〕『競争の倫理――フランク・ナイト論文選』〔高哲男・黒木亮訳〕ミネルヴァ書房。）

Lancaster, Kelvin（1968）*Mathematical Economics*, Macmillan.

McKenzie, Lionel W.（1954）“On Equilibrium in Graham's Model of World Trade and and Other Competitive Systems,” *Econometrica*, Vol. 22.

McKenzie, Lionel W.（1955）“Competitive Equilibrium with Dependent Consumer Preferences,” in *National Bureau of Standards and Department of the Air Force*, The Second Symposium on Linear Programming.

McKenzie, Lionel W.（1959）“On the Existence of General Equilibrium for a Competitive Market, *Econometica*, Vol. 27.

McKenzie, Lionel W.（1969）*Lecture Note on General Equilibrium Theory*, unpublished manuscript, University of Rochester.

Negishi, Takashi（1960）“Welfare Economics and Existence of an Equilibrium for a Competitive Economy,” *Metroeconomica*, Vol. 12.

Nikaido, Hukukane（1956）“On the Classical Multilateral Exchange Problem,” *Metroeconomica*, Vol. 8.

二階堂副包（1960）『現代経済学の数学的構造――位相数学による分析入門』岩波書店。

Nikaido, Hukukane (1970) *Convex Structures and Economic Theory*, Academic Publishers.

奥口孝二・酒井泰弘・市岡修・永谷裕昭（1989）『ミクロ経済学』有斐閣。

Patinkin, Don (1973) "Frank Knight as Teacher," *American Economic Review*, Vol. 63, No. 5.

Quirk, James and Saposnik, Rubin (1968) *Introduction to General Equilibrium Theory and Welfare Economics*, McGraw-Hill.（クワーク、サポスニック〔1971〕『一般均衡理論と厚生経済学』〔田村泰夫・栃本功訳〕東洋経済新報社。）

Sakai, Yasuhiro (1972) *Lecture Notes on Mathematical Economics I : General Equilibrium Theory*, unpublished manuscript, University of Pittsburgh.

酒井泰弘（1982）『不確実性の経済学』有斐閣。

Sandel, Michael (2012) *What Money Can't Buy : The Moral Limits of Markets*, Allen Lane.

佐藤方宣（2000）「フランク・ナイトにおける市場経済の倫理的検討」『三田学会雑誌』九三巻一号。

清水幾太郎（1972）『倫理学ノート』岩波全書。

清水幾太郎（1992-93）『清水幾太郎著作集』全一九巻、講談社。

宇沢弘文（1962）"Walras's Existence Theorem and Brouwer's Fixed Point Theorem,"『季刊理論経済学』第八巻。

宇沢弘文（2013）『経済学は人びとを幸福にできるか』東洋経済新報社。

Von Neumann, John and Morgenstern, Oscar (1944) *Theory of Games and Economic Behavior*, Princeton University Press.

Wald, A. (1936) "Über einige Gleichungssysteme der mathematischen Ökonomie," *Zeitschrift für Nationalökonomie*, Vol. 7. English Translation, Wald (1951), "On Some Systems of Equations of Mathematical Economies," *Econometrica*, Vol. 19.

第7章　ベルヌーイからケインズ＝ナイトまで――原発のリスク経済分析

1　チェルノブイリ二五周年とフクシマ原発危機

チェルノブイリ二五周年のこと

「天災は忘れたころにやって来る」という寺田寅彦の名言は、本書でも何度か触れてきた[1]。この天災は単なる天災だけにとどまらず、人災を伴うことが多い。もし天災と人災が同時に生起するならば、被害規模は倍加され、恐らく想像を絶するレベルに達してしまうだろう。

本章で取り扱う原発事故とは、このように激烈な天災と甚大な人災の「混合物」の典型例である。だが、混合物であるだけにその包括的取扱いが困難である。とりわけリスク経済学的アプローチに関する既存文献は意外に少ないのだ。例えば、ノーベル経済学賞受賞の老大家アローや、私と同年齢のアカロフ、スティグリッツ、スペンスの著作を渉猟しても、原発リスクに言及した論文・論稿は不思議にほとんど見当たらない。ここで、遠慮気味に「不思議に」という表現を用いたが、むしろ「意図的に」と述べたほうが恐らく現実に近いのかもしれない。

幸か不幸か、私はかの大阪大空襲を経験して「九死に一生」を得た。いまや恐れるものはほとんど何もないのだ。そこで私は本章において、「原発のリスク経済分析」という「タブーに近い問題」に挑戦してみようと思う。その際の「導きの赤い糸」は、本書全体を貫く「チャレンジ精神」――いわば「ケインズ＝ナイト・スピリッツ」なのである。

二〇一一年三月一一日――これは「天災と人災の混合物」を語る際、決して忘れることが許されない歴史的日付である。まさにこの日付に、かの「東日本大震災」が起こり、フクシマ原発事故の悲劇がこの世に現出したのだ。高さ一五メートルに及ぶ大津波のために、海沿いの福島第一原子力発電所の建屋が吹っ飛び、空中及び海中への大量の放射能漏れが発生した。放射能汚染事故のレベルとしては「レベル7」ということで、アメリカの「スリーマイル島原発事故」（一九七九年三月二八日）を凌ぎ、旧ソ連の「チェルノブイリ原発事故」（一九八六年四月二六日）に肉迫するものだ。

二〇一一年四月二日付の英字新聞 *The Japan Times* は、特約の *Observer* 誌による記念記事を紹介している。そのタイトルと出だしの文章は、次のようにまことに刺激的である。

「チェルノブイリ二五周年――放射能汚染の光景

日本が原発事故の危機に直面している現時点において、ロビン・マッカイ記者は一九八六年チェルノブイリ格納容器爆発の現地に戻る。爆発地に残るのは、ただ放射能汚染の土壌、住民の居住地放棄及び沼沢の汚染だけである」

（『ジャパン・タイムズ』〔2011〕四月二日号より）

このように、直近の「フクシマ原発危機」（Fukushima nuclear plant crisis）を知った名物記者ロビン・マッカイは、二五年前に勃発した「原発事故の原点」とも言えるチェルノブイリを再訪問し、一面全体をカバーするルポ記事を克明に執筆しているのだ。それによれば、チェルノブイリ事故は次のように一括されている。少し長いが重要な記事なので、そのまま引用しておこう。

「世界最悪の原発事故伝説

チェルノブイリの格納容器は、旧式の原発施設の一つであった。一九八六年に稼動していた同型の一七基の中で、いまなお稼動中なのは一一基だけである（その全てが旧ソ連領内にあるのだ）。八基の新設計画が全て放棄され、現在稼動中のこの一一基も閉鎖するようにとの国際的圧力が掛かっている。

チェルノブイリから放出された放射能量は、ヒロシマ原爆の放出量の四〇〇倍に相当していた。放射能拡散範囲は、スペインとポルトガルを除くヨーロッパ全域に及ぶものであった。

この原発事故の費用総額は、ウクライナとベラルーシ両国の国家予算を根底から揺るがしている。一九九八年において、ウクライナが既に投じた事故処理費用総額は累計一兆三〇〇億ドルに達しており、ベラルーシの費用総額はその年だけで三五〇〇億ドルになるだろうと予測された。広大な周辺農地が廃墟と化した。

イギリス、特に湖水地方及び北ウェールズの農場の一部については、チェルノブイリからの放射能落下のために、土地使用と放牧上の制限措置が続行されている。

科学者の試算によれば、チェルノブイリ地域の放射能汚染はこれから四万八〇〇〇年間続くであろう。ただし、同地域での人間の居住安全性については、約六〇〇年経過すれば再び確保されるだろう」

（『ジャパン・タイムズ』〔2011〕四月二日号より）

「安全神話」と「想定外の事故」——リスク分析軽視の傾向

上述したチェルノブイリの原発事故は、決して地震や津波などによるものではない。それはむしろ、人為的な操作ミスに基づく格納容器の爆破によるものだ。つまり、「天災」(natural disaster) ではなく、れっきとした「人災」(man-made disaster) だと言えよう。

これに対して、二五年後の二〇一一年三月一一日に発生した福島沖のマグニチュード9・0の大地震と、直後の高さ一五メートルの大津波とは、確かに自然の猛威による天災かもしれない。だが、大津波による原発施設の機能停止及び放射線漏れは、一部の人間の驕りとモラル・ハザードによる人災ではないだろうか。いわゆる「東日本大震災」には、地震、津波及び放射能という三つのファクターが介在している。前二者は天災だろうが、残りのものはヒューマン・ファクターという名の人災であるのだ。世界一流の英文雑誌 *Newsweek* (April. 18, 2011) は、「日本は果たして、どれだけのトラウマに耐えうるのか?」(How much trauma can Japan take) という巻頭記事を掲載した。その記事は、次のような文章から始まっているのが印象的である。

「日本がまず直面したのは、三つの苦難である。この一億二七〇〇万人の国は、有史以来最大の地震の一つに見舞われ、その後に仰天するほど破壊的な津波に襲われた。これら二つの自然災害の結合の結果は、北日本の沿岸部の村町の徹底的破壊であった。もし今回の災害がこの二つだけで終わっておればと思うのだが、事実はそうではなかったのだ。地震と津波という致命的結合によって、防波堤が突破され、日本で最も古い原発の一つが損傷した時、かの核の悪夢が始まったのだ。現時点において、悪夢はなおも続いており、明確な終わりの出口すら見えていない」

(雑誌『ニューズウィーク』April. 18, 2011 より)

なるほど天災は恐ろしい。一つの天災よりも、二つの天災のほうが恐ろしい。地震と津波という死の組み合わせだけで災害の程度が収まっていれば、忍耐強い日本人ならあるいは耐え忍ぶことができるかもしれない。もっと問題なのは、原発事故という悪夢的人災がそれに加味されたことだ。

日本社会においては長らく、「原発は安心安全な施設だ、絶対安全な設備だ！」という「絶対安全神話」が成立していたようだ。官界においても、実業界においても、学界においても、マスコミ界においても、その大勢は「原発は安全」という神話によって支配されていた。確かに、原発の危険性を早くから指摘する良心的な研究者たちは一部に存在したが、彼らは「異端分子」としての待遇を受けるに留まっていた。アインシュタインや湯川秀樹などの著名な学者による平和運動・反核運動は、世界の一部のマスコミの注目を浴びたかもしれないが、現実の影響力はごく限られていたと言えよう(2)。

安全神話が成り立つかぎり、原発とは、普通貯金や定期預金のごとき「安全財」(safe good)とみなされる。一〇〇％の安全性、絶対安全性が保証されるかぎり、そのような財は「リスクや不確実性の経済分析」(the economics of risk and uncertainty)の主たる研究対象とはなりえない。この結果、日本の学界において、原発のリスク分析がややもすれば低調だったことは否めない事実である。

ところが、現実にマグニチュード9・0の地震が発生し、「想定外」の大津波によるチェルノブイリ級の原発事故が発生した。海岸線に直面する福島第一原発付近の防潮堤はたかだか五メートルということだから、六メートルを超える大津波は「想定外の事象」(unthinkable events)なのだろうか。後に建設された第二原発は一〇メートルの小高い土地にあり、五メートルの防波堤と相まって大津波からの直接的影響を免れることができた。想定の内外を分ける境界線が五メートルという科学的根拠は、全く薄弱と言わざるを得ないのだ。

こうした「想定外の事故」が事後的に喧伝されるかぎり、原発はリスク分析の対象外に置かれることになってしまう。リスク研究においては、不確実性の程度に差こそあれ、全ての事象が、人間の想定の範囲内に入るのだ。火山活動然り、バブル崩壊然り、そして原発事故も然りなのだ。事前的には、「安全神話」が広く流行され、リスク研究が疎かになっていた。事後的には、「想定外の事故」が当然かのように宣伝され、ここでもリスク分析軽視の傾向が存在するのだ。リスク研究者としては、「安全神話」から「想定外の事故」へというような極端な視点移動は、むしろ健全な研究促進を妨げるものではないかと恐れている。フランク・ナイトの「不確実性」、J・M・ケインズの「アニマル・スピリッツ」や、G・L・S・シャックルの「サプライズ」の理論さえも、わがリスク経済学の立派な研究対象になることを忘れてはならないのだ(3)。

本章の目的は、原発に関する従来のリスク経済分析の問題点と課題を抽出することである。もっと平易に言えば、リスク経済学の長い歴史に照らしてみて、喫緊の原発問題をどのように取り扱うことが可能であったのか、そこに分析上の限界があったのかどうか、また限界の克服のために我々が何をなすべきかについて、出来るかぎり鳥瞰的かつ批判的に検討することである。

2　経済学におけるリスクと不確実性の取り扱い

リスク観の今昔

従来の経済学及び隣接分野において、リスクや不確実性がどのように取り扱われてきたかを吟味したい。まず、リスク経済学の背景事情についてであるが、リスク観の今昔から話を切り出すのが好都合であると考える。

恐ろしいものを示す昔からの言葉として、次のようなものがある。

「地震、雷、火事、親父」

これが伝統的な「昔のリスク観」である。地震や雷は、古来、人々が恐怖感を持ち、逃げ出したい気持ちにさせるものであったようだ。とりわけ、地震は古今東西、最も恐れられた「自然リスク」であったと言える。日本は「地震列島」であり、人々の生活は地震とともにあると言っても決して過言ではないのだ。大小さまざまな規模を勘定に入れれば、地震は日本国中、何時でも何処でも生起している。それでも、人々の魂を震え上がらせるような巨大地震は、稀にしか発生しない。

二〇一一年三月一一日に発生した「東日本大震災」は、マグニチュード9・0の巨大地震であり、世界史上でも有数の規模であった。日本の東部、とりわけ三陸海岸から房総半島までの太平洋岸の地域は壊滅的な被害を受けた。しかも、今回の大地震は大津波を伴っただけでなく、原発破壊と放射能拡散という大惨事を招来したのである。

火事の中には、地震・落雷・火砕流などに伴う自然リスクと、放火・失火などのような「社会リスク」の二種類がある。「火事と喧嘩は江戸の華」というように、江戸の人々の生活は、火事の発生を知らせる半鐘の音とともにあった。私が子供のころには、「ネコを蹴っても、コタツを蹴るな！」と叫びながら、近所の人とともに夜回りをするのが慣例だった。

昔の日本は家父長制であり、家長すなわち親父の権限が強かった。しつけに厳しい親父が「雷を落とす」ことも珍しいことではなかった。小中学校においては、学校の教諭の中には、生徒を廊下や運動場に長時間立たせたり、平手打ちを食わせるような「暴力教師」も存在した。いまなら「パワハラ」や「セクハラ」に近い行為も、「生徒指導」の一貫として許容されていたのだろうか。現在日本においては、家庭の父親は「優しいパパ」となり、昔のような「厳しい親父」の面影は全く存在しない。現時点において、社会のヒエラルキーの中で最も権力を持ち、庶民から畏敬される親父とは、やはり「お上」、つまり「役人、官僚」の類であろう。キャリアの官僚は、一見柔らかな物腰であり、丁重な言葉を巧みに使う処世術を身に付けているが、情報入手と権限行使の量が他の追随を許すものでなく、一般の人々にとって相当に怖い存在であろう(4)。

それから時代は大きく変化した。「地震、雷、火事、官僚（役所の親父）」は、依然として人々から畏怖されるものであるが、「いまのリスク観」をもっと端的に表す言葉は、次のごとくであろう。

「放射能、温暖化、公害、エイズ」

なるほど放射能は自然界に存在するものであるが、その程度の自然放射能は人間の日常生活に支障を来たすものではない。一九四五年八月、広島と長崎への原爆投下以来、膨大な放射能の放出が、潜在的に人類の滅亡に関係するものとなってきているのだ。いわゆる「原子力の平和利用」という名目のもとで一九五〇年代以降、原子力発電所が先進国をはじめとする世界各地で建造されてきた。原発は安全度が高いと宣伝されているが、人間の作った機械であるかぎり事故発生が避けられるものでなく、「一〇〇％安全な原発」の建設は夢のまた夢であろう。

私のリスク研究史を繙くならば、一九八〇年代以降の過去三〇年間、上述の「いまのリスク観」を書き続け、その中で「放射能」を現代の最も恐ろしいリスクと位置付けてきた。今回の東日本大震災に伴う福島原発事故と放射能拡散の惨状を見るにつけ、私の考え方が基本的に間違っていなかったことを示していよう。「地震や津波があっても、放射能さえなければなあ！」というのが、普通の人々の偽らざる心情ではなかろうか。確かに、地震や津波は恐ろしく、大きな災害をもたらすかもしれない。だが、原発事故と放射能放出は、空間的にも時間的にも、次元が全く異なる「破局的事態」を発生させるのだ。

温暖化、公害、エイズなども今日的問題であり、その重要性はますます増大してくるものと思われる。しかも、地球温暖化と原発とは微妙に関連する問題ではあるが、本章ではこれ以上の深入りはしないことにする。

さて、私が三〇年前に執筆した著作『不確実性の経済学』（1982）は、この分野における日本で最初の書物と評価され、経済学界からも比較的に好意的な反応を頂戴した。望外の幸運であったと言える。でも、二〇一一年の時点において、上記の拙著を謙虚に読み返してみると、まだまだ不満の残る箇所が少なくない。第一の不満は、リスクと不確実性との区別が十分でないことだ。第二の不満は、第一と関連することだが、リスクの大小などの「量的問題」に終始しており、「リスクの質」の問題が等閑視されていることだ。「怖いリスク」や「未知のリスク」などの主観的・心理的な側面が十二分に議論されていない。そして、第三の大きな不満は――本章の主題と大いに関係するのだが――原発のリスクがほとんど無視されていることだ。

最後の不満点は、何も拙著に限ることはないようだ。碩学アローの記念碑的著作『リスク負担理論に関する論文集』（*Essays in the Theory of Risk-Bearing*, 1970）をいま読み返しても、原発の「ゲ」の字が一カ所も出てこない感じである。また、上記の拙著出版の後に、私と同世代の俊秀ダイヤモンドとロスチャイルドの二人が編集した論文集『経済学における不確実性』（*Uncertainty in Economics*, 1978）を隈なく眺めても、「原発」とか「放射能」という類の言葉は見当たらないようだ。

要するに、一九七〇年代以来既に四〇年の歳月が流れているが、欧米のリスク経済学文献に限ると、原発への言及は軽視ないし無視されてきているのが、主流派の理論経済学界の悲しき実情である。ただし、環境経済学という隣接応用分野まで視野を広げてみると、原発とエネルギーの問題が――なお不十分であったとはいえ――傍系的に議論されてきたことを指摘しておく(5)。

私自身について言えば、一九八〇年代以降の著作の中で、環境経済やエネルギー問題との絡みにおいて、原発や放射能のことをそれなりに議論してきたつもりだ。ただ、現時点で謙虚に振り返ってみると、まだまだ力量不足で至らないことが多かったことが悔やまれてならない。日本の学界では――ほんの少数派であれ

——鋭い原発批判家が存在していたことを考えると、経済学者としての良心が少々痛むことは間違いないのだ。本章執筆の動機の中には、その埋め合わせというか、いささか贖罪の気持ちも籠っていることを告白しておきたいと思う。

リスクの「古い定義」と「新しい定義」

リスクとは何であろうか。これには、通常の「古い定義」と、経済学の最近の動向を踏まえた「新しい定義」の二種類とがある。まず、伝統的な古い定義を与えておくと、次のようである。[6]

「リスクとは、人間の生活維持や社会経済活動にとって「望ましくない事象」の発生する不確実性の程度、及び結果の大きさの程度を表す。リスクが大きいとは、望ましくないものの蓋然性や生起確率が大きいことや、物質的・精神的災害が大きいことを意味する」

このようなリスクの定義は、どちらかと言うと「理系的」である。リスクを狭く計量的に捉える傾向が強い。つまり、リスクを「望ましくない事象」のみに関係付け、被害の範囲や数量及び生起確率を客観的に確定できるものと考えているふしがある。

これに対して、「文系」で取り扱うリスクには繰り返し可能でないものが多く、いわゆる「大数の法則」が成立しづらい事情があるのだ。そのうえ、人間は他の生物と異なって、「夢やロマンを追う」不思議な生き物である。例えば、「たとえ危険を冒しても、かっこよく生きる」とか、「空気を読んで判断する」といった心情や行動は、人間に特有なものであろう。「リスクの量」(the quantity of risk) だけでなく、「リスクの質」(the quality of risk) まで取り扱うためには、リスクの古い定義だけでは十分でないように思える。そこで、私は近年、次のようなリスクの「新しい定義」を唱導している。

「リスクとは、一つの行為から出る結果が一つと限らず、一般に複数個の結果が生まれることを意味する。これら複数個の結果の中で、実際にどの結果が生じるのかは、その際の状態や条件によりけりである。リスクは人間の生活維持や社会経済に対して、プラスとマイナスの両側面を持っている。リスクが大きいとは、複数の結果の間の変動幅や範囲が広大であるか、各結果自体の規模やレベルが大きいかのいずれかである」

世間では、「安全、安心」と一括することが多いようだ。だが、厳密に言うならば、安全と安心とは同じではないのだ。一方において、「一〇〇%の安全」という言葉が教えるように、安全とは「理系的なリスク」に対するものであり、計量可能なリスクをゼロ%まで低減することが「絶対安全」に繋がる。他方において、安心とは「文系的なリスク」に対応する言葉であり、客観的な確率計算よりは、むしろ人間の心情に訴える響きが強い。

「安全」(safety)の反対語が「危険」(hazard, danger)である。これに対して、「安心」(security)の反対語は「不安」(anxiety, fear)なのである。原発のリスクは本来、地震や津波の発生確率のような計量可能なものに限定すべきではない。放射能の不安を取り除くためには、地域住民からの信頼感を得ることが不可欠なのである。

リスクと不確実性――ナイトとケインズ

リスクの量と質の問題に微妙に関係するのが、リスクと「不確実性」(uncertainty)の相違をどのように考えるのか、ということである。

ナイトははるか九〇年前の一九二一年、名著『リスク、不確実性および利潤』(*Risk, Uncertainty and Profit*)の中で、次のように述べていた。(7)

「不確実性は、リスクという慣用語とは、ある意味で異なる用語と考えなければならない。だが、両者を正しく分離することはこれまでなかったのだ」(Knight〔1921〕『リスク、不確実性および利潤』より)

端的に言えば、ナイト以前のリスクは「理系のリスク」であったと言える。明日の降雨リスクも、自動車事故のリスクも、「二つのサイコロを転がして、目の合計が七である確率」というリスクも、全て同じ次元の客観的リスクとして把握されていた。ここでは、事象が繰り返し出来て測定可能であり、したがって確率計算も可能であることが前提されていたわけである。

ところが、人間が直面する「文系のリスク」は性質がもっと微妙であり、単純な繰り返しが不可能であるか、そもそも測定不可能なものが多いのだ。ナイトが力説したごとく、資本主義企業のダイナミズムを下支えする企業家とは、確率計算が不可能な「真の不確実性」(true uncertainty)に直面しながら、それでもあえて突き進むだけの「やる気」、精気、「アニマル・スピリッツ」(animal spirits)を持つ人間のことである。企業家はもし成功すれば特別の成功報酬を獲得できるだろうが、もし失敗すれば全責任を負わなければならない。

現代日本の社長像を見ると、残念ながら、その多くは政府の役人のようであり、真の意味でのアニマル・スピリッツを持っているとは言いがたい。この点は、今回の原発事故を起こした電力会社の役員たちについても同様であろう。実際のところ、「小社は国策企業ですので、最後の保証までは負いかねます。その保証は中央政府、つまり国民の税金から御願いします」と言わんばかりの「逃げの姿勢」からは、ナイト流の不確実性に直面する「勇猛果敢な人間像」が全く見えてこないのだ。

二〇世紀最大の経済学者J・M・ケインズも——同時代人のナイトとは独立に——人間活動におけるアニマル・スピリッツの役割に注目していた。例えば、その主著『雇用、利子および貨幣の一般理論』(1936)の中で、次のような注目すべき文章を残しているのだ。

「我々の決意の大部分は、アニマル・スピリッツ(animal spirits)——不活動よりむしろ活動を欲する自生的衝動の結果——としてのみ行われるものであって、数量的確率を乗じた数量的利益の加重平均の結果として行われるものではない」

(Keynes〔1936〕『一般理論』より)

各電力会社は地域独占であることに関係して、その操業が自動的に利益を生む仕組みになっている。実際のところ、電力料金は、必要経費に一定のマークアップ率を乗じたものとして決定される。「損を覚悟で、前進あるのみ」というような果敢なアニマル・スピリッツは、そこでは消え失せてしまっているのだ。いわゆる「原子力村」と揶揄されている利益共同体の中で、「全て横並び、慣例に従う」という「お役所仕事」が定着していたかのように思われるのは、まことに残念至極の至りである。

怖いリスクと未知のリスク

ナイト流の不確実性概念と微妙に関係するのが、現代心理学で時に言及される「リスクの質」の問題である。そのような問題の中で重要なのは、「怖いリスク」(dreadful risk)と「未知のリスク」(unknown risk)の二つであろう。この点は、量的側面を専ら重視する現代経済学において「やや不得意な分野」であるだけに、一段と注意を喚起しておきたい。

心理学が教える所によれば、多くの人間は、ひどく恐怖感を与えるようなスケール甚大な「怖いリスク」に直面すると、損得勘定を忘れて「ただひたすら逃げ出したい」気持ちに襲われる。いわゆる「君子、危うきに近寄らず」という感情である。

人間はさらに、これまで経験したことのないものや、得体の知れないような「未知のリスク」に対しても、独特のストレスを感じるようである。例えば、異国で知らない道をドライブすると、緊張のために顔が脂汗で一杯になることがある。道路地図やカーナビなど、情報の有無がモノを言うのは、まさにこういう状況においてである。

表7-1　怖いリスクと未知のリスク
——リスクの「質」を考える

リスクの「質」		怖いリスク	
		大きい	小さい
未知のリスク	大きい	原　発 放射性廃棄物 DNA 技術 人工衛星事故	オーブン マイクロウェーブ カフェイン アスピリン
	小さい	飛行機事故 天然ガス爆発 炭鉱事故 ピストル	自転車 喫　煙 飲　酒 町の散歩

（出所）Slovic（1987）を参考に，筆者が作成。

既に第3章で言及したが、有名な心理学者スロヴィックの研究（1987）による、怖いリスクと未知のリスクの具体例をいま一度列記すれば、表7-1のごとくである[8]。

これによると、色々なリスクが四種類に分類可能である。最も大変なリスクは、左上方の矩形内に位置するリスクであり、怖いリスクと未知のリスクの程度がともに大きいものである。今回問題の原発事故は、紛れもなくこの範疇に入る巨大リスクである。人々の多くは放射能関連のリスクを「見えざる恐ろしい敵」とみなしている。

これと対照的な立場に立つのが、右下方の矩形内のリスクであり、気楽な既知のリスクと考えている。例えば、自転車や喫煙などは、人々日常軽視しがちの「軽いリスク」のようだ。

この両者以外のリスクは、左下方や右上方の矩形の中に位置している。一方において、飛行機事故やピストルは、未知ではないが、怖いリスクではある。他方において、台所のオーブンやカフェインなどの薬は、恐ろしくないものの、中身のハッキリしないリスクであろう。個人的なことであるが、高血圧に悩む筆者は毎日、内容のよく分からない降圧剤を飲むという、未知のリスクに直面している。

以上のことを簡単にまとめておこう。わが経済学におけるリスクと不確実性の取り扱いの中で、「原発リスク」の問題はいささか「恐持ての感じ」で議論されてきたようである。私自身は放射能リスクを「いまのリスク観」の筆頭の位置に置くとともに、「自然リスク」の中の重要ファクターと捉えてきた。だが、正直に言って、これは「幾分突出した立場」なのであって、これまでの経済学界の多くの人々によって必ずしも共有されて来なかった。福島原発事故の発生によって、学界の事情が一変し、原発問題が経済学のメジャーな問題の一つになるだろうと期待している。

原発リスクに関するかぎり、リスクとは「望ましくない事象」という、伝統的なリスクの定義がおおむね妥当するようである。ただし、原発は基本的に「理系のリスク」に属するものの、人の一生において何度も経験できる種類のものではない。それは人間社会のモラルにも深く関係する「文系のリスク」の側面も持っている。この点においては、リスクとは「一つの行為から、状態次第によって複数個の結果が出てくる事象」という、より一般的な新しいリスクの定義も大いに活用できそうである。

原発リスクは、リスクと量と質の問題に微妙に関係している。それは機械的に計量可能な「狭義のリスク」というよりは、計量化が一般に困難で、人間の心理に密接に関係する「ナイト流の不確実性」の側面を多く持っている。また、現代心理学で言うところの「怖いリスク」であり、「未知のリスク」の範疇にも属している。もっと具体的に言えば、筆者自身も深く関わってきたリスク経済学が当該の「原発リスク」に対して、果たしてどこまで処理可能であったのか、また将来の研究課題が残っているのかどうかなど、解かれるべき喫緊の課題が多いと感じる。この点については、節を改めて詳しく吟味していこうと思う。

3　ベルヌーイによる期待効用アプローチ

従来の理論的枠組みと期待効用理論

二〇一一年三月一一日の東日本大震災は、単に「大地震、大津波、原発災害」というトリレンマを日本社会に招来しただけではない。それはまさに、リスク経済学を含めてリスク科学のあり方全般に対して、衝撃的な大激震を惹き起している。俗流的表現を用いれば、リスク研究者の顔面が硬直し、真っ青になってしまっている有り様なのだ。

以下ではまず、私の専門であるリスク経済学を中心にして、従来の理論的枠組みを概観しよう。そして、その枠組みが現在の原発リスク問題の解明に対して、果たしてどれほどの有効性を持つのかを考究してみよう。

リスク経済学において重宝されるのは、表7-2のごとき「利得表」(pay-off matrix)である。ある主体(個人または機関)が選択可能な「行為」が a_1, ……, a_i, ……, a_m と m 個あり、生起可能な「状態」が s_1, ……, s_j, ……, s_n と n 個存在すると想定されている。もしこの主体が行為 a_i を選択し、かつ状態 s_j が生起するならば、その場合に利得可能な利得は x_{ij} である。そして、状態 s_j の「生起確率」が特定化でき、それが p_j であると仮定されている。

現在のリスクの経済分析において一番支配的な理論は、ダニエル・ベルヌーイに始まる「期待効用理論」(expected utility theory)である。いま、任意の行為 a_i がもたらす利得の期待効用水準を次のように書こう。

$$EU_i = \sum_j p_j U(x_{ij}) = p_1 U(x_{i1}) + \cdots + p_j U(x_{ij}) + \cdots + p_n U(x_{in})$$

すると、「期待効用基準」とは、「これら$EU_1, \cdots, EU_i, \cdots, EU_m$の中の最大値に対応する行為、つまり次式に対応する行為を選択せよ」という基準である。

$$Max_i\, EU_i = Max_i \sum_j p_j U(x_{ij})$$

そして、かかる基準に基づいて構築されるリスク決定理論が期待効用理論なのである。

さて、今回の大震災・原発事故は「想定外の事象」であり、原発関係者の人知をはるかに超える「天災」であったと言う。もしこれが真実であるならば、「マグニチュード9・0」級の巨大地震が三陸海岸沖に発生することとは、状態のベクトル$(s_1, \cdots\cdots, s_i, \cdots\cdots, s_n)$の中に含まれていないということなのだろうか。また、原発のメルトダウンという最悪事象も、人知の想定を超える「最悪事象」であるのだろうか。

表7-2 リスクと利得行列

リスク		状態				
		s_1	…	s_j	…	s_n
行為	a_1	x_{11}	…	x_{1j}	…	x_{1n}
	⋮	⋮		⋮		⋮
	a_i	x_{i1}	…	x_{ij}	…	x_{in}
	⋮	⋮		⋮		⋮
	a_m	x_{m1}	…	x_{mj}	…	x_{mn}
確率		p_1	…	p_j	…	p_n

（出所）筆者が作成。

実は皮肉な話だが、この種の設問自体が、リスク研究者を自負する筆者にとって想定外のことなのである。というのは、すべからくリスク研究に際しては、「考えられうる全ての事象」を網羅的に、しかも事前に想定して然るべきリスク評価を行い、適切なリスク対策をとっておくのが至極当然の話だからである。いわゆる「想定外の事象」を想定しておくことは、リスク研究者にとって自殺行為に等しいことだと言える。

思うに、原発事故を想定外の事象という時、そこには当然のように前提されていた事柄がある。その事柄とは、「原発は絶対安全である、一〇〇%安全である」という「安全神話」なのである。さらには、「原発は最も安上がりの発電方式である」という「安上がり神話」も醸成されていたようだ。このようないくつかの神話は、原子力の平和利用を推進する「楽観派」の人々によって宣伝されていた。そして、平和利用という名前は、一般の人々にも快く響く美名であり、原発に関する楽観主義の空気が学界やマスコミ界に流れていたと言えよう。

他方において、安全神話を信じず、「原発のウソ」を一貫して告発してきた一部の研究者たちもいた。ただ、正直なところ、こういう「慎重派」の人々の声は小さく、マスコミによって無視ないし軽視されてきたことも、悲しき事実である(9)。

表7-3 資産選択問題
——現金か債券か株式か

リスク		状態	
		好況	不況
資産保有	現金	3	3
	債券	4	2
	株式	5	1
確率		1/2	1/2

(出所) 筆者が作成。

本章の主題は原発のリスク経済分析である。ここでは学問的公平性の立場から、楽観派と慎重派という二つの考え方を理論化し、両者間の対立点をできるだけ鮮明にしたいと考える。そのことを通じて、従来のリスク分析において主流を形成する期待効用理論の限界が明らかになるだろう。さらには、期待効用理論の更なる一般化の試みや、リスクを超える「不確実性からのアプローチ」の有用性についても言及する予定である。

ただ、本題に入る前に、話の順序として、従来の理論的枠組みが最も有効だと思われる「資産選択問題」について、一応の総括をしておくことが必要であるように思われる。その後で初めて、資産選択の枠組みを無批判的に原発に適用する場合、どのような難点が発生するかを明らかにできるだろうと信じる。要するに、全てのことは、時と場合によりけりなのだ。原発の問題はそれ自体興味ある問題であるだけに、既存の分析の機械的適用だけで満足するわけにいかない。原発のことは、原発をして語らしめよ。

資産選択問題――安全資産か危険資産か

リスクの経済分析において標準的な問題が、いくつか存在する。そのような問題の一つが、トービンやマーコヴィッツ等によって発展させられた「資産選択問題」である。その基本的な枠組みは、表7－3、図7－1のようである。

ある人が手持ちの資産を色々な形態に分散保有しようと意図している。ここでは、表7－3が示すように、「現金」、「債券」及び「株式」の三形態のみが想定されている。世界の状態としては「好況」と「不況」の二つがあり、各状態の生起可能性が五〇％－五〇％であるとしよう。

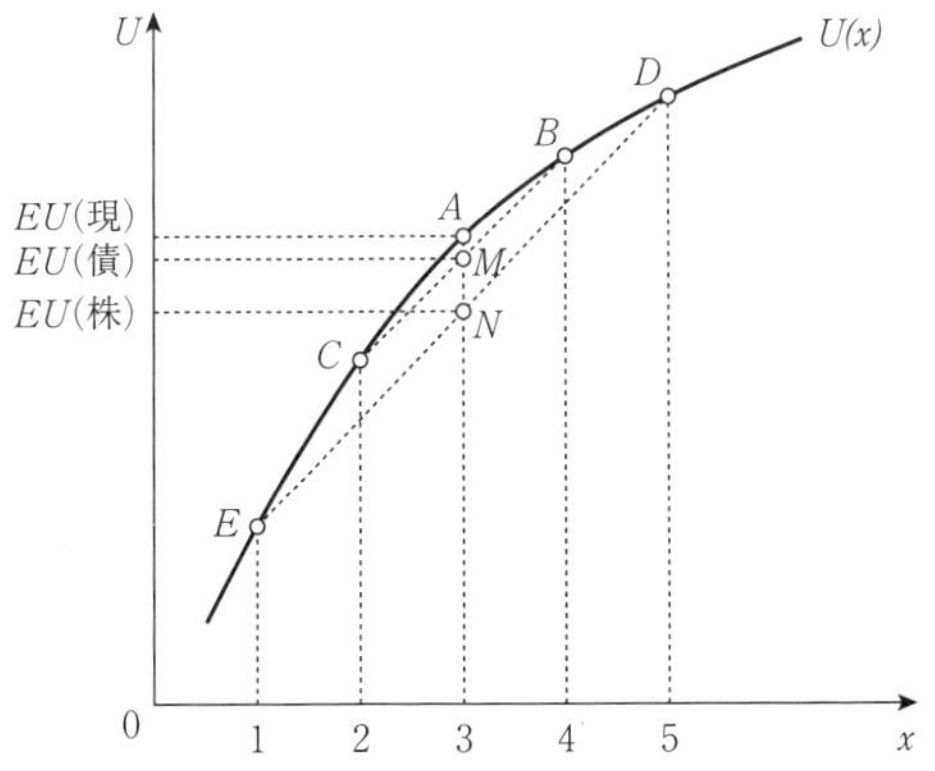

図7－1　資産選択とリスク回避
――リスク回避と凹曲線

（出所）筆者が作成。

これら三つの資産の中で、現金が最も安全な資産であり、好不況にかかわらず常に三単位の利得を保証する（ここで単位は一万円でも、一〇万円でも、一〇〇万円でもよい）。他の二つの資産の利得の平均値は現金と同じく三単位であるが、利得のばらつきがお互いに異なる。債券はやや危険な資産であり、好況ならば四単位、不況ならば二単位の利得をもたらす。株式は最も危険な資産であり、好況時には五単位の利得を生むが、不況時には一単位の利得しか生まない。

当該個人がリスク回避者であれば、その効用曲線は――図7－1によって表せられるように――下に凹なる曲線となる。同じ垂直線上にある三点A、M及びNについては、一番上に点Aがあり、その下に順次MとNが来る。このこ

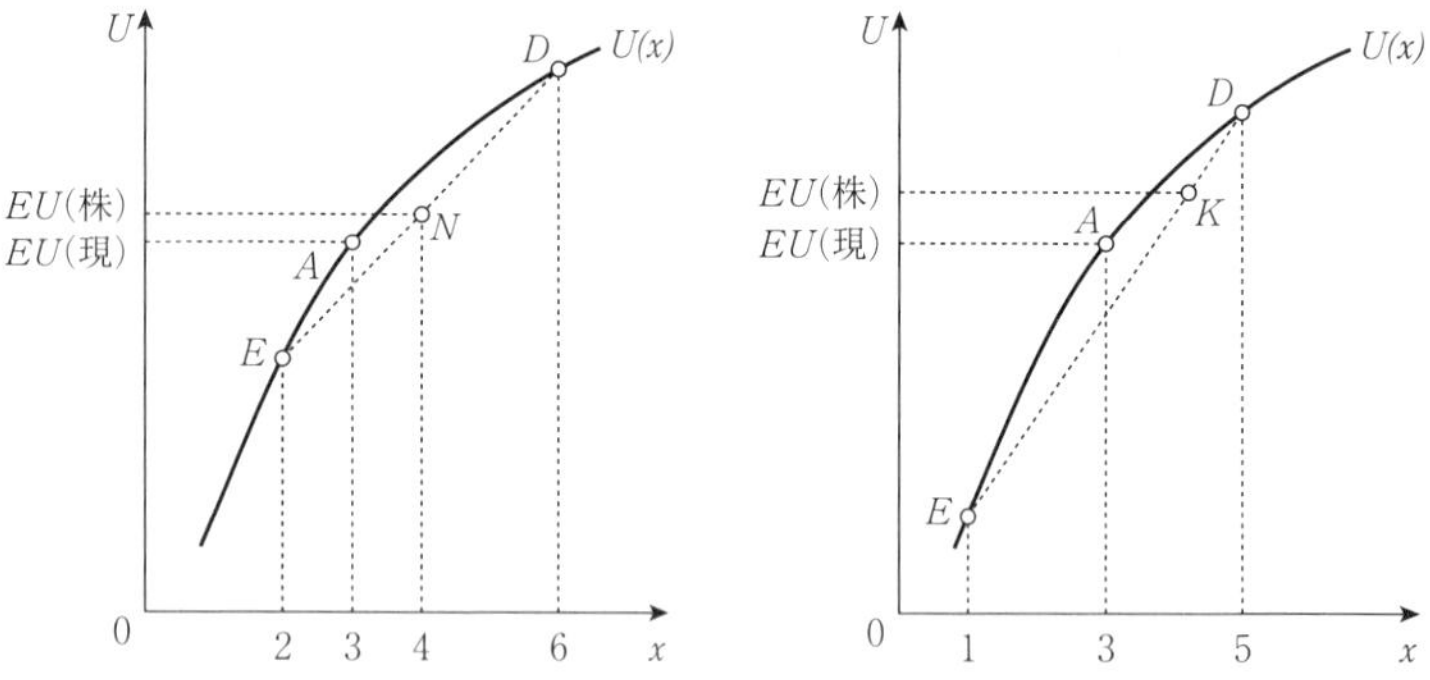

Ⓐ利益は大きく，損失は小さく　　Ⓑプラスの確率はより大きく

図７－２　株式保有への誘因

（出所）筆者が作成。

とより、次の大小関係の成立は明らかであろう。

$$EU(現)>EU(債)>EU(株)$$

ただし、右式において、EU(現)、EU(債)、EU(株)とはそれぞれ現金、債券、株式の保有が約束する期待利得レベルを表示する。

当然の話であるが、「もし期待値が同じであり、各状態の生起確率が同じである」という前提条件があれば、ばらつきの小さい現金が最も選好される。したがって、危険資産の株式が安全資産の現金より選好されるためには、前提条件の少なくとも一つが破られることが必要となる。

株式保有への誘因を考える

簡単化のために、「現金か、それとも株式か」という二者択一問題を考察する。もし平均値が同じであれば、現金のほうが断然有利となるので、あえて株式保有を促す二つの誘因を導入しよう。第一の誘因は、得失のバランスをプラスの方に大きく、マイナスの方に小さく傾けることによって提供される。表７－３が示すように、株式保有は好況時にはプラス三単位で計六単位の大利得を生み出すが、不況時にはマイナス一単位で計二単位の小損失しかもたらさないと仮定する。もし当該個人の効用曲線が図7-2のパネルⒶのようであれば、点Nが点Aの上方に位置し、EU(株)の値はEU(現)の値を上回る。したがって、株式保有は現金より大きな期待効用をもたらすことになる。

第二の誘因は、好不況の確率を五分五分とせずに、好況確率を大きく、不況確率を小さく振ることによって与えられる。パネルⒷにおいては、プラスの場合の確率を八〇%、マイナスの場合の確率を二〇%と大きく傾斜させてある。したがって、線分DE上において、点Kは点Dに非常に近い位置にある（正確には、線分DKの長さは線分KEの長さの四分の一である）。図から明らかなように、点Kは点Aより上方にあり、株式は現金より選好されることになる。

以上に見たように、リスク資産である株式が安全資産より選好されるためには、株式保有が持つ「特別の誘因」が存在しなければならない。その誘因の第一がプラスの利益量へのバイアスであり、第二がプラスの確率へのバイアスである。その種の株式は優良株と言われ、一般の人気が高い。もちろん、全ての株式が優良であるという保証はなく、「素人が手を出して火傷をする」というような劣悪株が数多く存在するのだ。要するに、「株はみずもの」であり、現金に比してリスクの大きい買い物である。

4　原発の分析と枠組みの拡大——ケインズ＝ナイトの心理ファクター

原発は安全で安上がりか——二つの見解

ここで、本章の主題、つまり原発のリスク経済分析に戻ろう。問題の核心は、資産選択問題の分析のために有効であった期待効用理論が、原発問題の解明のためにもなお有効であり続けるのかどうか、換言すれば、理論的枠組みをいまや拡大する必要性があるのかどうかである。

表7‐4 発電コスト――火力と原子力

（単位は円／kWh）

発電所		電気事業連合会（楽観派）	大島堅一（慎重派）
火力	石　炭	5.7	9.8
	ＬＮＧ	6.2	
	石　油	10.7	
原子力		5.3	10.7

（出所）電気事業連合会（2003）や大島堅一（2010）をベースに，筆者が表として作成。

まず、従来の期待効用理論を無批判的に借用する場合から始めよう。この理論の出発点となるのは、前記の表7‐2によって示されるような利得行列である。簡単化のために、ある地域に発電所を建設するとして、火力発電所と原発のいずれが妥当であるかが問われているとしよう。すぐに分かるように、利得行列の特定化自体が、原発の場合には大問題となっているのだ。

よく知られているように、原発の経済性と安全性に関して、二つの対立する見解がある。その一つは「原発は安上がりで一〇〇%安全な設備だ」という「楽観派」の見解である。もう一つは「原発は安価でもなく絶対安全でもない」という「慎重派」の見解である。以下においては、科学的議論を進めるために、これら両派の見解を定式化し、慎重に比較検討していきたいと思う。

両派の比較検討作業の出発点として、発電コストの計算結果の相違を取り上げたい。去る二〇〇三年一二月、電気事業連合会は「モデル試算による各電源の発電コスト比較」を公表した。これが楽観派の公式見解であり、以後繰り返し各電力会社や政府当局によって引用され、学界やマスコミ界においても支配的な考え方であった。それを筆者なりに書き直すと、表7‐4の中の左半分のようになる。そこでは、一時間一キロワットの電力を得るために何円の費用が要るか、というコストが綿密に計算されている。石炭火力では五・七円、ＬＮＧ火力では六・二円、石油火力では一〇・七円であり、これら三つが火力発電の発電コストを構成する。これに対して、原子力の発電コストは五・三円と非常に低価格であり、経済的に最も有利な発電方式である。

表7-5　原発の心理ファクター——楽観派と慎重派

Ⓐ楽観派

発　電	利得（確率） 無事故	事　故	心理ファクター
火　力	2 (1−p)	−1 (p)	なし
原子力	4 (1−q)	−2 (q)	安全神話 (q はゼロ)

Ⓑ慎重派

発　電	利得（確率） 無事故	事　故	心理ファクター
火　力	2 (1−p)	−1 (p)	なし
原子力	2 (1−q)	−(4+α) (q)	未知で怖い

（出所）筆者が作成。

このような公式見解は一見強靭であるが、それに反旗を掲げる「慎重派」の学者の計算結果も存在するのだ。その代表格は、立命館大学教授・大島堅一氏の研究書『再生可能エネルギーの政治経済学』（2010）であり、そのエッセンスが表7－4の右半分によって示される。大島氏によると、石炭・LNG（液化天然ガス）・石油の全てを含めた火力の発電コストが九・八円であるのに対して、原子力の発電コストは何と一〇・七円の高価さである。つまり、電気事業連合会の公式見解に比してほぼ二倍のコストが必要だという。大島氏は一九七〇年から二〇〇七年までの直接的な発電費用の上に、原発開発を推進するための地方交付金や、使用済み核燃料の再処理費用などの間接的コストも加えて計算してある。

ただし、この大島氏の計算結果の中にも、今回のような実際の事故時の補償費用などの天文学的なコストは計算されていないことに留意する必要がある。このようなことを斟酌すると、原発の発電コストの全貌はいまだ藪の中であり、今後の綿密な研究が大いに待たれる所である。

心理的ファクターの影響——ケインズやナイトが注目

火力か原発かの選択を行う場合には、資産選択のケースとは異なり、単なる損得勘定や確率計算だけでは非常に不十分のようである。当局による損得のデータの開示が不透明であるし、サイコロ転がしのごとき客観的確率が確立されているわけではないのだ。人々の心理因子や信頼感といった「非経済的ファクター」の介在が無視できない。既に述べたように、かかる心理的・文化的ファクターからの影響は、特にJ・M・ケインズやフランク・ナイトによって注目されてきたところである。それをケインズは「アニマル・スピリッツ」(animal spirits)と命名し、ナイトは「計測不能な不確実性」(non-measurable uncertainty)と呼称していた。

そこで、楽観派と慎重派という二つの立場に立って、心理ファクターの効果を考慮しつつ、当面の発電選択問題をモデル化すると、表7-5のようになる。

左のパネルⒶは楽観派の見解をモデル化している。火力発電の利得レベルは、もし無事故であれば二単位、もし事故が起こればマイナス一単位の利得(つまり一単位の損失)が出てくると想定されている。火力の場合には、事故発生確率がpであると仮定し、そこでは特別の心理ファクターは作用しないものと考える。

楽観派によれば、原発は「安価で安全な設備」である。経済的に有利な発電方式は、火力に比して倍増の四単位の利得を保証する。確かに、事故発生時にはマイナス二単位の利得(つまり二単位の損失)をもたらすだろうが、こういう事故自体が発生する確率は限りなくゼロに近い。否それどころか、心理ファクターとしての「絶対安全神話」が人々の心を支配する限り、原発の事故率qはゼロとみなすことが許されよう。

これに対して、慎重派の見解はどうであろうか。気を付けなければならないことは、慎重派の人々の意見にも一定の幅があり、いわゆる「原発即時廃止論」から「原発暫時縮小論」まで色々包含するということだ。ここでは「反原発」か「脱原発」かというイデオロギー上の争いを避けて、原発に慎重な態度をとる人々の拠って立つ「共通土壌」らしいものを提示することにする。

表7-5の右のパネルⒷを眺めよう。火力の利得レベルは、慎重派においても左のⒶの場合と全く変わりがない。つまり、(2, −1)という利得ベクトルは前と同じであるし、事故率pも変わらず、特別の心理ファクターも存在していない。だが、原発の損得計算や事故率の取り扱いになると、この慎重派は前の楽観派と

は見方が異なる。第一に、慎重派の意見によると、原発が必ずしも安価な代物とは言えず、火力発電よりむしろ高価である可能性すらある。ここでは図示の便宜上、無事故の場合の原発の利得が二単位で、火力の場合と同じであると想定する（もしそれが二単位以下であれば、以下の議論はますます強化されるだろう）。第二に、もし事故が発生した場合の被害額は尋常のものでなく、想像を絶するほどの巨額に上るかもしれない。分析の便宜上、ここでは事故時の原発の被害額が四単位をはるかに超える金額であるとして、比喩的に「$-(4+\alpha)$」という数値を当てておこう（ギリシャ文字 α の使用には、単純な計量が困難な「謎の値」という思いが込められている）。さらに、原発に随伴する心理ファクターとは、慎重派の人々の心の中では、「未知で、かつ怖いリスク」に対処する時に発生する独特のものである。

上記のように、原発の心理ファクターは、楽観派と慎重派の人々の間では大きく異なる。なるほど、これまでの期待効用理論は、資産選択のごとき標準的問題に対しては有効に適用できた。ところが、原発の場合には、データの不透明性、事故被害の測定困難難性、「臭いものには蓋をする」という独自の心理ファクターの存在など、独自の事情が山積しているのだ。この結果、単なる期待効用理論の枠組みを超える何ものか、少なくとも期待効用理論の一般化ということが、我々の重要な研究課題として浮かび上がってくる。

期待効用理論の一般化――ケインズ＝ナイト理論の応用

原発問題の見解には、大きく分けて楽観派と慎重派の二つがある。両派の相違を生む根本原因は、他ならぬ心理ファクターの存在である。安全神話を素直に信じるかどうか、それとも未知で怖いリスクを相当に考慮するかどうか。以下では、我々の分析を一歩進めるために、期待効用理論の拡張工事に取り掛かろう。

一般化理論においては、効用関数 U は一変数 x だけの関数ではなく、変数 x 及びシフトパラメ－タ β の関数とみなされる。したがって、$U=U(x;\beta)$ と書ける。人間の抱く恐怖感（あるいは高揚感）は、効用曲線 U

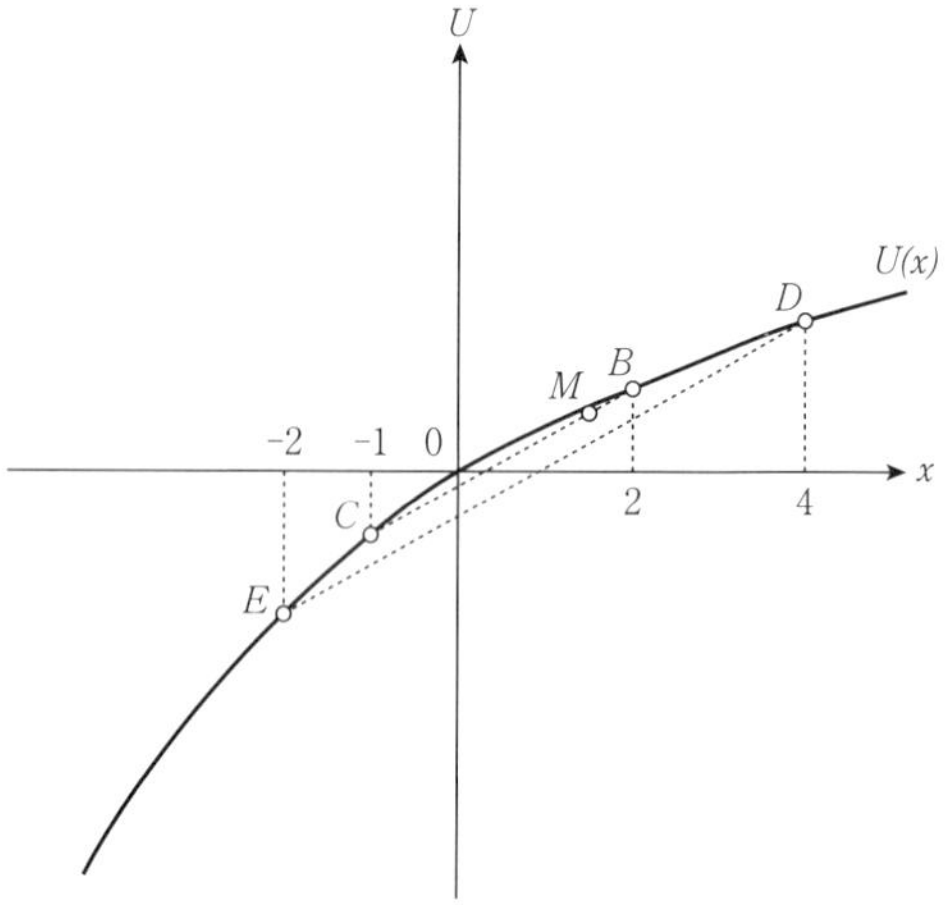

図 7－3　楽観派の考え方

（出所）筆者が作成。

を下方（あるいは上方）にシフトさせるだろう。さらに、リスクの頻度評価にあたっては、客観的確率pそのものではなく、何らかのフィルターを通じた主観的加重値$\omega(p)$の方がむしろ問題となる。例えば、未知で怖い原発リスクの場合には、住民たちは当局の公式見解の事故率を鵜呑みにしないから、加重値$\omega(p)$が単なるpの値より高くなる傾向があるだろう。他方、絶対安全神話が成立するかぎり、事故率pはゼロに限りなく近いもの、否ゼロそのものだと信じがちであろう。

　このような一般化された期待効用理論は、カーネマン＝トベルスキー（1979）の「プロスペクト理論」（prospect theory）よりもさらに一般的になっていることに注意されたい。というのは、彼らにあっては「確率のフィルター加重」の導入に留まっていたに過ぎないが、筆者にあっては「効用曲線のシフト」までも広く考慮に入れているからである[10]。

　さて、新しい一般化理論によれば、火力発電及び原発に対する楽観派の「加重評価」（weighted value）のレベルは、それぞれ次のようになる。

$$WV(\text{火力}) = \omega(1-p)U(2;\beta)+\omega(p)U(-1;\beta)$$

$$WV(\text{原発}) = \omega^*(1-q)U(4;\beta^*)+\omega^*(q)U(-2;\beta^*)$$

図７－３は、前の表７－５のパネルⒶに見られる「楽観派」の見解を図示する。このような図示が可能となるためには、一般化された期待効用理論がもちろん前提とされている。一方において、火力の事故率pは、図示の便宜上多めにとって二〇％として、評価のフィルターを経ても二〇％のままであると想定している。他方において、楽観派は原発の絶対神話を信じるから、原発の事故率qのフィルター値はゼロ、つまり$\omega(q)=0$と考えてもよい。

さらに、楽観派の立場においては、火力においても原発においても、効用関数に関しては、心理ファクターの作用が特別に働かないとする。このことから、楽観派の場合には、線分BC上の中点Mが火力発電の加重評価値。線分DEの端点Dが原発の加重評価値を示す。明らかにこのことは、端点Dが中点Mより上方に位置するから、原発は火力発電に比して安上がりで効率的であることを示す。かくして、楽観派によると、原発は「安全で安価なお買い得品」として評価されることになる。

次に、慎重派の見解を一般化理論に基づいて定式化すると、次のようである。

$$WV(\text{火力}) = \omega(1-p)U(2;\beta)+\omega(p)U(-1;\omega)$$

$$WV(\text{原発}) = \omega^*(1-q)U(2;\beta^*)+\omega^*(q)U(-(4+\alpha);\beta^*)$$

図７－４は、（前の表７－５のパネルⒷに示された）「慎重派」の考え方を図示する。この図７－４は直前の図７－３より複雑であり、楽観派より物事を深く慎重に考えることを教える。ただし、火力発電に関しては、慎重派にあっても楽観派の見解とほぼ同じと考えてよかろう。火力発電の事故率は評価フィルターを通じても維持され、効用関数も心理的に動揺することなく、おおむね安定的であるとみなされる。ここまでは、慎重派の考え方にユニークなものがあるわけではない。したがって、慎重派による火力発電の加重評価値は、

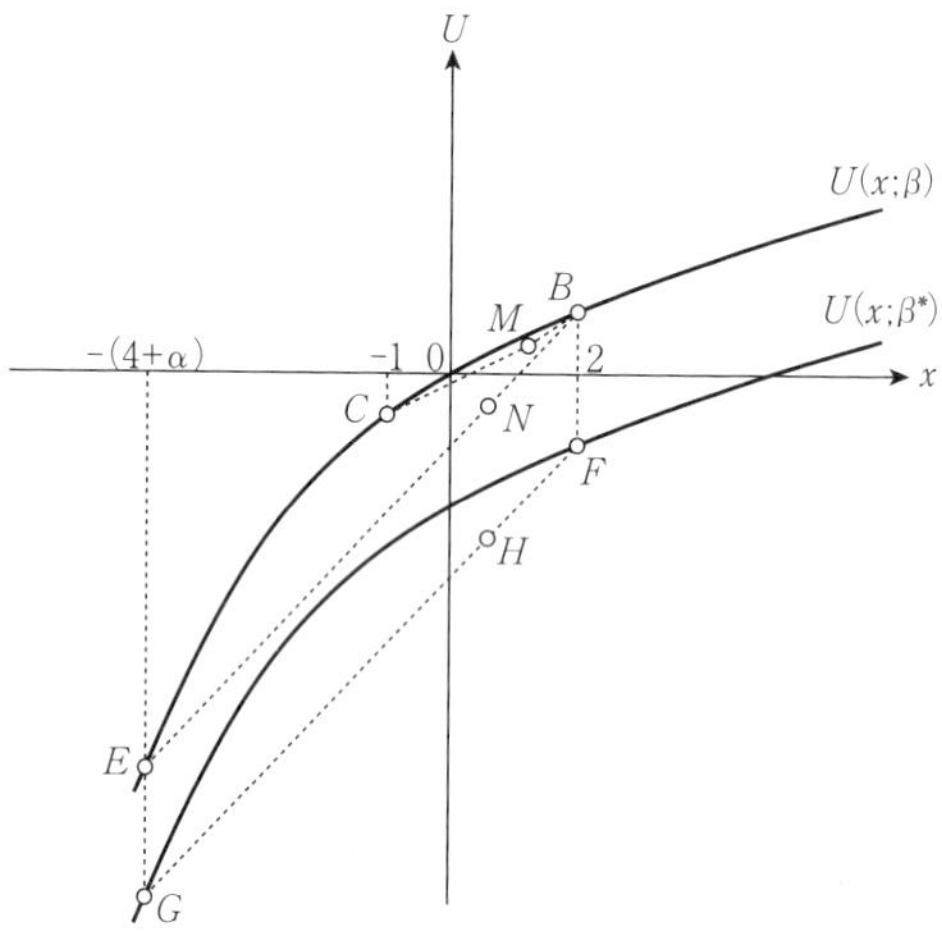

図 7-4　慎重派の考え方

（出所）筆者が作成。

効用曲線 $U(x;\beta)$ の線分 BC の上の点 M によって示される。

慎重派の見解のユニークさが顕示されるのは、原発をどう評価するかという点においてである。原発の加重評価値は、無事故の時は火力の時と同じく点 B であるとしても、事故発生時の被害額は甚大なものとなり——たとえ効用曲線が安定的であるとしても——線分 BE 上の点 N によって表示されよう。安全神話がもはや成り立たないので、事故率 q は以前のようにゼロに近い値ではなく、火力発電の事故率 p を上回る可能性すらあるのだ。しかも、もし慎重派の人々の原発への恐怖心は並大抵のものでなく、安定性を失った効用曲線が $U(x;\beta^*)$ の位置まで下方シフトするならば、その場合には加重評価値はもはや点Nではなく、もっと下方の点 H によって示されよう。点 N と点 H はいずれも第四次象限にあるので、WV（原発）のレベルはマイナスである。つまり、原発導入の価値がマイナスとなる可能性がこれによって示されている。

要するに、原発のリスク経済分析は、原理的に困難なものを含んでいる。まず、人々の原発への態度は、楽観派と慎重派によって決定的に異なる。次に、効用関数のシフト可能性があり、公式見解の効率性や事故率の信頼性の問題も忘れてはならないのである。

確率に頼らない発電プロジェクトの選定――不確実性下の意思決定

最後に残された課題として、確率に頼らない発電プロジェクトの選定問題、つまり不確実性下の発電選定問題に少し言及しておきたいと思う。これは、「計測不能な不確実性下の意思決定の問題」(decision making under non-measurable uncertainty) であり、ケインズやナイトが古くから注目していた重要問題である。

本書では何度か言及してきたが、リスクの「量」と「質」の区別という難題がある。従来のリスク経済研究のほとんどは、リスクの量的側面のみを取り扱ってきた。例えば、利得の多寡、効用の大小、確率の計算、リスクの回避度などの技術的な議論は、リスクの大小が測定できることを前提していた。ところが、原発の問題に関しては、そのリスクの多くは未知であり、しかも怖いものである。

まず、発電単価についてすらも、未知で不透明な部分が多く、情報が国民の間で均等に配分されているとは言えない。また、原発事故が発生した場合、その被害総額が将来にわたって一体どれだけに上るのか、いつ収束するのか、次世代や他地域に及ぼす影響はどうなのか、などについて不確定なことが余りにも多すぎる。

安全神話がいまや崩壊した以上、事故率がゼロという想定はもはや許されない。リスクの「質」ということが問題になるかぎり、我々は時には「確率に頼らない発電プロジェクトの選定」の問題を真剣に取り組まなければならない。これは、ナイト流に解釈するならば、リスクとは区別された意味での「不確実性下の意思決定」の問題に関わるだろう。

当該のリスクと利得行列に対しては、通例の確率計算ができず、伝統的な期待効用理論もそのままでは適用できないだろう。例えば、前の表7－2においては、最下段の確率ベクトル $(p_1, \cdots, p_i, \cdots, p_n)$ からの援用が原理的に土台無理なのである。

現時点で利用可能な基準の一つは、「各行為について最悪の事態を想定し、その最悪事態のできるだけの底上げを図るような行為を選定せよ」という「マクシミン基準」（maxmin rule）である。これは平たく言うと、「最悪の中で最もましなものを選ぶ」という慎重な見方に立脚している。[11]

前の表7－2において、次式に示すように、各行為 a_i について最悪の利得を N_1 としよう。

$$N_i = Min_j (x_{i1}, \cdots, x_{ij}, \cdots, x_{in})$$

すると、次のような最大値（$Max_i N_i$）に対応するような行為が「不確実性下のベストの行為」として選定されるわけである。

$$Max_i N_i = Max_i Min_j x_{ij}$$

もっと具体的に議論するために、前の表7－5の二つの具体例に戻ろう。ここでは、発電所方式として、火力がよいか、それとも原発がよいか、という選定が俎上に載っている。不確実性下の意思決定ということだから、付随する各確率は全く問題にされない。

左の「楽観派」の見解によれば、火力の利得は事故時に最悪となって（マイナス1）であり、原発の利得も同じく事故時で（マイナス2）である。これら（マイナス1）と（マイナス2）はともにマイナス値であるが、（マイナス1）のほうが「よりましな数値」である。したがって、マクシミン基準によれば、火力のほうが原発よりベターな方式である。同様な推論は、右の「慎重派」の見解にももちろん妥当するはずだ。実際のところ、火力については事故時の利得（マイナス1）が最悪であり、原発についても事故時の利得（$-(4+\alpha)$）がはるかに最悪である。二つの数値の中では（マイナス1）のほうが「はるかにましな数値」であるので、火力は原発より優れた方式であるということになる。

以上の推論の正しさは、マクシミン基準の妥当性に全面的に依存している。人によっては、これは余りにも防御的で、いわば「石橋を叩いて渡る」というような基準だ、と言うかもしれない。ただし、原子力や放射能の問題になると、そのリスクの次元が自動車や飛行機の類ではないことも確かである。

確率に頼らない発電プロジェクトの選定問題は、人間生活の根本的なあり方に関わる重大問題である。ある地域の電力需要を満たすために、他の地域に原発を作ることの合理性はどこまで保証されているのだろうか。また、現在世代の生活水準の向上のために、将来世代への負担移転することの合理性はどこまで許容可能なのだろうか。

原発の問題は、やはり未知で怖いリスクという難題を内包している。これは現段階の研究レベルをいささか超えており、将来の重大課題として残っている。その課題が解決されるまでは、「君子、危うきに近寄らず」という態度をとるのが、先人からの英知なのであろう。

5　安全神話や想定外を乗り越えて

辿りきて未だ山麓――升田名人の言葉

「新手一生」を標榜し実践してきた稀代の将棋名人・升田幸三（一九一八〜一九九一年）の言葉に、次のようなものがある。

「辿りきて未だ山麓」

私はこの世に生を授かってから古希の年齢に至るまで、世の中のことや自然環境のことを色々思案してきた。経済学の研究は五〇年、リスク研究に限っても四〇年以上の歳月が流れた。でも、今回の東日本大震災を経験して、私自身、恥じ入ることしきりである。というのは、リスク研究の現在のレベルは、形式的には過去より進歩しているように見えるかもしれないが、内容的には「辿りきて未だ山麓」にしか過ぎないように感じられるからである。このような感慨が心の奥から出てくる以上、リスク経済研究の現状は相当に深刻であると言わざるをえないと思う。

このような感情は、何も私だけに限ることはなさそうだ。否、それはリスク研究者の間でかなり浸透しているようである。私が敬愛してやまないリスク研究者の一人に、池田三郎氏がおられる。同氏と私とは、不思議な縁で結ばれているのだ。同じ年齢で、ともに大阪の府立高校出身で、関西の国立大学へと進学した。卒業後はしばらく別々の人生を歩んでいたが、新構想の筑波学園都市で再会を果たし、同じ大学で同じリスク研究を行い、前後して日本リスク学会会長職を務めた。この畏友・池田氏が最近の学会誌（二〇一一年春号）の中で、「想定外はリスク分析の枠外か」というタイトルの巻頭言を執筆された。その中で、次の一文が私の眼を引き付けたのである。

「それぞれの専門領域で部分的な知見が少なからずあったに関わらず、何故「想定外」であったのか。事実が明らかになった後のいわゆる後付けの説明は提供されてはいるが、何故それが無視され続けてきたのか、当該の学問領域を超えて、特に、社会・人文科学的側面からの考察は、今後の重要な検証の課題となろう」

（池田三郎〔2011〕「『想定外』は『リスク分析』の枠外なのか？」より）

私も、池田氏の意見に基本的に賛成である。何故に原発の「安全神話」が生まれ信じられてきたのか、何故に原発事故が「想定外」の事象として軽く処理されようとしてきたのか。本章は、社会・人文領域的側面からの一考察であるが、十分満足できるレベルだとは到底思われない。

池田氏は私と同年齢だから、ともに古希を迎えている。だが、大震災を経験した今日、「いまや定年で引退生活だ！」という風にのんびり安閑とした気持ちにはなれない。かのファーブルの名著『昆虫記』の最後の文章は、我々に対して次のように教えている[12]。

「我ら働かんかな！」(Laboremus!)

注

(1) 寺田寅彦は、科学者としての冷静な頭脳と、人間としての温かい心情とを併せ持つ稀代の文筆家であった。寅彦自身は文字通り「天災は忘れたころにやって来る」と述べていないらしいが、それに近い言葉として次のようなものがある。「文明が進むほど天災による損害の程度も累進する傾向があるという事実を十分に自覚して、そして平生からそれに対する防禦策を講じなければならないはずであるのに、それが一向にできていないのはどういうわけであるか。その主たる原因は、畢竟そういう天災がきわめてまれにしか起こらないで、ちょうど人間が前者の転覆を忘れたころにそろそろ後者を引き出すようになるからであろう」(「天災と国防」〔1934〕)。

(2) 原発リスクを早くから警告していた少数派の学者としては、高木仁三郎（1981, 2000）と小出裕章（2011）の二名を特記しておきたい。

(3) 従来のリスク研究については、一連の拙著、酒井泰弘（1982, 1991, 1996, 2006, 2010）を参照されたい。特に、近著（2010）の中で、ナイトの「不確実性」やケインズの「アニマル・スピリッツ」が詳しく議論されている。

(4) 日本の官僚の凄さと影響力については、最近のベストセラー・古賀茂明（2011）を読めば一目瞭然であろう。戦後の日本政治は、議院内閣制というより官僚内閣制に近いものだったと言える。

（5）筆者は一九六〇年代後半から七〇年代前半まで長らく、アメリカの大学で大学院生となり、続けて教師の職をも務めてきた。この間に残念ながら、内外の主流の理論経済学の学界においては、原発問題への言及がほとんどなかった。ただ、その問題が、日本の環境経済学の分野において室田武（1981）や大島堅一（2010）など、一部の優秀な研究者たちによって、綿密に議論されてきたことは特筆に値する。

（6）リスクの定義の詳細な議論については、酒井泰弘（2006, 2010）を参照して欲しい。

（7）ナイトやケインズの所説に関しては、酒井泰弘（2010）第六章を参照されたい。

（8）リスクの心理分析については、日本リスク研究学会編（2006）が大いに参考になる。

（9）これら一部の慎重派の中には、高木仁三郎氏（1981, 1986, 2000）、小出裕章氏（2011）等がおられたが、最近に至るまで決して大きな声とはならなかった。二〇一一年のフクシマ原発事故以来、慎重派の声量が一見大きくなった感がするが、底流にある楽観派の地声をいまだ圧倒するまでに至っていないようである。

（10）私自身による「一般化された期待効用理論」（generalized expected theory）は、既に酒井泰弘（2003）の中で本章の形で展開しており、Regional Science Association International、Society for Risk Analysis、日本地域学会、日本リスク研究学会、生活経済学会、進化経済学会、ケインズ学会など、内外の色々な研究会やワークショップにおいて論議を重ねてきた。だが、精緻化や実証化の作業はまだ道半ばに過ぎず、今後の一層の発展が待望されるところである。

（11）マクシミン基準やその他の基準を含む、不確実性下の意思決定の諸問題については、酒井泰弘（2003）が綿密な議論を展開している。

（12）この有名な言葉は、ファーブル『昆虫記』の中にある。それはノーベル化学賞受賞者の福井謙一先生（京都大学名誉教授）によって非常に愛用された。私がロチェスター大学留学中に大変お世話になった諸熊奎治先生（当時の日本人会会長）は、福井先生の愛弟子であり、「我ら働かんかな」を大学キャンパス内で実践しておられた。当時の私は大学アパートの一室内に、「驀進」という文字の書いた額を掲げていたが、その精神は諸熊先生とほぼ同様であったものと自負している。

参考文献

電気事業連合会（2003）「モデル試算による各電源の発電コスト比較」原子力発電四季報、第二六号、二〇〇四年に掲載。

Gale, R.P. and Hauser, T.（1988）*FINAL WARNING ; The Legacy of Chernobyl*, Warner Books.（ゲイル、ハウザー〔1988〕『チェルノブイリ――アメリカ人医師の体験』〔吉本晋一郎訳〕上・下、岩波新書。）

広瀬隆（2011）『原発震災の真実』朝日新書。

飯島宗一・豊田利幸・牧二郎編著（1984）『核廃絶は可能か』岩波新書。

池田三郎（2011）「『想定外』は『リスク分析』の枠外か？――極低頻度・巨大複合災害へのリスク分析の展開にむけて」『日本リスク研究学会誌』二一巻一号、巻頭言。

池田三郎・酒井泰弘・多和田眞編著（2004）『リスク、環境および経済』勁草書房。

石橋克彦編（2011）『原発を終わらせる』岩波新書。

伊東光晴（2011）「経済学からみた原子力発電」『世界』八月号、岩波書店。

Kahneman, D. and Tversky, A.（1979）"Prospect Theory : An Analysis of Decision under Risk," *Econometrica*, Vol. 47.

古賀茂明（2011）『日本中枢の崩壊』講談社。

小出裕章（2011）『原発のウソ』扶桑社新書。

小宮豊隆編（1947, 改版1963）『寺田寅彦随筆集』全五巻、岩波文庫。

室田武（1981）『原子力の経済学――くらしと水土を考える』日本評論社。

日本リスク研究学会編（2006）『増補改訂版　リスク学事典』阪急コミュニケーションズ。

大島堅一（2010）『再生可能エネルギーの政治経済学』東洋経済新報社。

酒井泰弘（1982）『不確実性の経済学』有斐閣。

酒井泰弘（1991）『リスクと情報――新しい経済学』勁草書房。

酒井泰弘（1996）『リスクの経済学――情報と社会風土』有斐閣。

酒井泰弘（2003）「環境リスクマネジメント」吉田文和・北畠能房編『環境の評価とマネジメント』（岩波講座、環境経済・政策学第8巻）岩波書店、第八章として所収。
酒井泰弘（2006）『リスク社会を見る目』岩波書店。
酒井泰弘（2010）『リスクの経済思想』ミネルヴァ書房。
Shackle, G.L.S.（1949）*Expectations in Economics*, Gibson Press.
Slovic, P.（1987）"Perception of Risk," *Science*, Vol. 236.
橘木俊詔・長谷部恭男・今田高俊・益永茂樹編（2007）『リスク学とは何か』岩波書店。
高木仁三郎（1981）『プルトニウムの悲劇』岩波新書。
高木仁三郎（1986）『原発事故──日本では？』岩波ブックレット。
高木仁三郎（2000）『原発事故はなぜくりかえすのか』岩波新書。
武谷三男編（1976）『原子力発電』岩波新書。
田中三彦（1990）『原発はなぜ危険か──元設計技師の証言』岩波新書。
寺田寅彦（1934）「天災と国防」『経済往来』。後に、科学随筆全集第1巻、『物理学者の心』、学生社、一九六一年に再所収。
The Japan Times, April 2, 2011.
TIME, March 14, 2011.
The Economist, March 18th–25th, 2011.
'Too much trauma : Another massive earthquake shook Japan last week. How much can one nation take?', Newsweek, April 18, 2011.
『日経ビジネス』二〇一一年四月四日号。
『週刊現代』二〇一一年四月二三日号、五月七日・一四日合併号、五月二一日号。
『サンデー毎日』二〇一一年四月二四日号、五月二二日号。
『朝日ジャーナル』臨時増刊号（二〇一一年六月五日号）。

『週刊東洋経済』二〇一一年六月一一日号。
『世界』二〇一一年四月〜九月号。

第8章　同時代人たちを超えて――不確実性の時代を生きる

1　世界恐慌は繰り返す――一九三〇年代と二〇〇〇年代

一九三〇年代の世界恐慌

「歴史は繰り返す」という格言がある。ここ一〇年間ほど、我々はグローバル経済の危機的状況の中にいる。グリーンスパン前連邦準備銀行（ＦＲＢ）総裁は、近作『波乱の時代――新しい世界への冒険』（2007）の中で、次のように述べている。

「我々はいま、一〇〇年か五〇年かに一度の世界大不況に直面している」

（Greenspan〔2007〕『波乱の時代』より）

前回の世界的規模での大不況は、かの一九二九年に始まった「世界大恐慌」（Great Depression）である。アメリカでは、人々は四人に一人の割合で失業し、国の将来は暗澹たるものだった。ドイツでは絶望感の中からヒットラーが台頭し、やがてファシズムの嵐と世界大戦への序曲が進行していった。

この間、本書の二人の主人公の様子はどうだったろうか。ケインズは革命的だが難解な著作『一般理論』（1936）を世に問うたが、その効果は当時やや限定的で、斬新な「ケインズ経済学」の全面的開花は遅れて第二次世界大戦後へと持ち越された。ナイトは同じ時期に、晦渋な文章で書かれた論文集『競争の倫理』（1935）を公表していたが、内容は「牧師のお説教」的で、その影響力はやや狭いサークル内に限られていた。ナイトの真価がむしろ世の中に認められるのは、もっと後になってソ連式社会主義が崩壊し（一九九一年）、アメリカ式資本主義がいわゆる「強欲資本主義の権化」として世界の中を闊歩するようになってからである。また近年、地震・津波など「想定外」の出来事が人々の生活を脅かすようになってからは、「想定外の経済学」のパイオニアとしてのナイトの名声はかつてないほどの高まりを見せてきている。

さて、一九三〇年代以降、早くも八〇年間の星霜が流れて、二度目の「世界大不況」（Great Deflation）を迎えている。まさに、過ちはリピートするということなのだろうか。一回目一九三〇年代の経済大後退は「大恐慌」と表現されたが、二回目二〇〇八年以降のそれはやや控えめに「大不況」と形容されている。私の見るところ、確かに二回目の大後退は一回目より規模はやや小さいが、その暗い影はより長く、より広く伸ばしているようだ。

グリーンスパンはアメリカの中央銀行のトップであり、大不況を引き起こした責任者の一人であるはずだ。だが、彼が上述のようにまるで他人事のような言葉を発していたのは、まことに不可思議千万だったと言わねばなるまい。このように、経済のトップが責任回避を図ろうとすること自体が、恐らく世界大不況の深さと長さをともに物語るものであろう。これもある意味で「歴史の必然」なのであろうか。

これに対して、私と同世代でノーベル賞受賞者であるポール・クルーグマン教授（2008）は、リベラルの学者らしく明快に述べている。

「これは第二次世界恐慌（Second Great Depression）の始まりのようだ」

（Krugman〔2008〕『不況の経済学の復権と二〇〇八年の恐慌』より）

人間は愚かしい存在であり、歴史を学ぶことなく、間違いを繰り返しがちである。したがって、恐慌は何度でも繰り返され、世界規模の戦争も再発するのであろうか。その問題に解答を見つけるためにも、我々は一九三〇年代の世界恐慌の進行を繰り返し再吟味しなければならない。

一九二九年と言えば、日本の暦で昭和四年であり、私の義父・岩佐芳次郎が地元の高等教育機関から巣立った年である。いわゆる「天下の彦根高商」を意気揚々と卒業した義父を待ち構えていたものは、皮肉なことに、その出鼻を挫く「天下の世界不況」だったのだ。史料によれば、同年の一〇月二四日の木曜日、アメリカの株価は大暴落を記録し、これが瞬く間に日本を含めた世界の各国に波及した。これは別名「暗黒の木曜日」（Black Thursday）と呼ばれている[1]。

悪い出来事は、波状的に何度も何度も繰り返す。五日後の一〇月二九日は、「暗黒」よりさらに酷い「悲劇の火曜日」（Tragedy Tuesday）となり、株価の再度の大暴落という悲劇が到来した。以来、一九三〇年代において、株価暴落・工場閉鎖・大量失業というような、経済不況の大嵐は国境を越えて、世界各国にくまなく波及した。ここに歴史に悪名高い世界恐慌の到来、ならびにその後の世界大戦の勃発という「人類史上の大悲劇」の幕開けとなった。

一九三〇年代の世界恐慌の推移を略述すれば、次のようになる。まず、一九三一年九月一一日に、イングランド銀行が金本位制を停止した。同銀行は、七つの海を支配する大英帝国の金融中心地であったから、基軸通貨ポンドから純金への兌換の停止措置は、事実上、金本位制の崩壊を意味するものであった。一九三六年には、多忙な鬼才ケインズが論争的著作『雇用、利子および貨幣の一般理論』を出版することによって、いわゆる政府の財政金融政策の出動の必要性を説く「不況の経済学」の基盤構築に一応成功した。だが、この著作は経済学の専門家あてに性急に執筆された「札付きの悪書」なのであって、それが二〇世紀の経済学界を席巻するようになるには暫くの時間経過を必要としたのである。

ところがである。いわゆる積極的な「ケインズ政策」はその画期的性格にかかわらず、三〇年代の経済大不況に対する「処方箋」として劇的な即効性を有するものではなかった。それはむしろ大不況の底割れをなんとか凌ぐ程度の効果しか持たず、はっきりした効果を示すのは戦後の経済復興を通じてであったことは、歴史上の皮肉であろう。

第一次世界大戦に敗れたドイツの経済荒廃は余りにも酷いうえに、フランスによるドイツへの賠償金請求額の要求は——ケインズによる猛烈な異論にかかわらず——余りにも膨大であった。その結果、敗戦国ドイツの国家財政が再建どころか、全面的破綻を惹き起こすことになったばかりではない。悪いことに、「一発逆転」に賭けようとする絶望的な雰囲気が、ドイツ国民の間に醸成されてしまったのだ。そのことはドイツ・ナチズムの台頭及び隣国ポーランドへの侵攻を惹起し、ついには一九三九年九月三日、イギリスとフランスの両国がファッショ・ドイツへの宣戦を布告した。ここに世界大戦の悪夢が再現されることになった。歴史はやはり繰り返されるわけである。

一九三九年から一九四五年の足かけ七年間、アメリカ、日本、オランダ、中国なども巻き込んだ形で、きな臭い硝煙の戦火が世界中を燎原の火のように拡大していった。そして、第二次世界大戦は、一九四五年における日本の降伏をもって漸く終結した。私自身は一九四〇年、大阪市内の生まれであるから、B29戦略爆撃機による三五回に及ぶ焼夷弾投下の嵐の中で、その凄惨な幼年時代を過ごした。「焼夷弾投下の絨毯爆撃、すなわち家族全員の緊急避難、すなわち空腹絶望の地獄状態」というのが、当時の私の偽らざる心境であった。

問題の核心は、人々がこういう悲劇をいかに終結させ、普通の生活をどのように復活させるかである。世界恐慌が世界大戦を呼び込んだ以上、まず前者を再発させないことが最重要課題となるはずであった。ところが、人間は過ちを何度でも繰り返す悲しき存在である。実際の所、かの一九三〇年代の大不況から八〇年後には、グローバル経済危機が再び世界の国々に激しく襲いかかることになるのである。

二〇〇〇年代の世界不況と危機的状況

現代の歴史を語る時、「二〇〇一年九月一一日」は永久に忘れらない日付となるだろう。二〇〇一年という年は、確かに新しいミレニアムが始まる「区切りの良い」時点ではある。だが、思うに、二〇〇一年はそういう単なる物理的時点というよりも、恐らく「アメリカ一極支配の終焉」の開始年として人々の心に記憶されるのではなかろうか。それほど、かの「9・11」の歴史的重みは大きいのである。[2]

実に、新世紀の最初の年の九月一一日、超大国アメリカの中枢部にて「同時多発テロ」が発生した。ニューヨークのマンハッタン島の南端に聳え立つ二つの「ツインタワー」(Twin Towers)が、テロリストたちにハイジャックされた二機の大型旅客機による自爆突入を喰らって、脆くも完全瓦解してしまった。私はその時土浦の自宅にて通常のテレビ番組を見ていたのだが、画面の上部に全くの突然、次のようなテロップが走るのを見て、大変驚愕したことをいまでも鮮明に覚えている。

「臨時ニュース。ニューヨークのツインタワーの上部から噴煙発生」

私はわが眼を疑って再びテロップを読み返した。「おお、間違いないぞ！　これはビックリ仰天だ！」と直観した。そこでテレビのチャネルを国内放送からCNN放送のほうに切り替えた。確かに、テロップの言う通り、ツインタワーの上部のほうから不気味な噴煙がモクモクと出ていた。アメリカのアナウンサーすらも、事態の把握が十分正確にできていなかったらしく、早口でヒステリックにこう絶叫する有様だった。

「大変です！大変です！信じられない事が起こっています！　ツインタワーの一つに火事が発生しています！」

ところが、事態はこれだけに留まらなかった。ややあって数分後、もう一機の飛行機が飛来接近し、急旋回のあとでもう一つのツインタワーを目がけて突入したのだ。それから、新たな噴煙と新たな絶叫――この段階に至って漸く、アナウンサーも私もツインタワーに何が発生したのかを理解することができた。ツインタワーは現代アメリカの富と権力の象徴である。まさに、奢れるものは久からず。驚いたことには（あるいは当然のことかもしれないが）、一見強靭なツインタワーは、聖書の有名なバベルの塔のごとく儚く脆かったのだ。

それから一〇年も経たないうちに、ソ連崩壊後の唯一の超大国アメリカの屋台骨を揺るがす、経済上の一大事件のオンパレードが輩出した。すなわち、二〇〇七年八月より、アメリカの住宅バブルが次々と崩壊した。いわゆる「サブプライム・ローン問題」の発生と激化である。「サブプライム・ローン」（sub-prime loan）というのは「言葉のあや」に過ぎず、通常の審査基準では返済能力がないとされる（したがって、プライム prime 以下の sub-prime の）低所得者に対する、銀行・信用機関からの積極的な（無謀とも言える）住宅資金貸付のことを意味する。もちろん、「もし仮に」アメリカ経済が順調に進行し、土地・家屋などの不動産価格が不断に上昇する限りにおいては、こうした住宅貸付の回収作業が無事進み、万事が全て上手く進行するはずである。だが、「もし仮に」の前提条件が満たされなかった場合には、万事がことごとく裏目に出て、全て悪い方向に進行するだろう。これは自明の理であるが、人間が欲にはまると、際限がないらしい。ある日、ある所で、いったんローンが焦げ付くや、負債と破綻の連鎖がまるで「燎原の火」のような激しい勢いでアメリカ全土に波及し始めた。

そしてついに、運命の二〇〇八年九月一五日、大手証券会社の一角であるリーマンブラザーズが倒産した。私のアメリカ留学時代の旧友で、倒産の一報を聞いた証券マンの偽らざる反応の言葉は、次のように衝撃的なものであった。

「あの不死身のリーマンブラザーズが倒産だって！　おったまげたよ！　君、冗談もいい加減にしたまえ！」

二〇〇八年九月二九日には、ニューヨークのダウ平均株価が史上最大七七七ドル減の大暴落を記録した。以後、ヘッジファンドや投資ビークルなど、いわゆる「影の銀行システム」（shadow banking system）が雪崩を打って瓦解していった。巷間では、「ウォール街の自爆」とか、「強欲資本主義の成れの果て」とか、「火事場経済の自浄過程」とか、いろいろ刺激的な表現が用いられたのも、このころのことである。しかも、単なる金融システムの機能不全だけでなく、肝心要の実体経済システム自体が悪化し始めたのである。

「GMに良いことは、アメリカに良いことだ」（What is good for GM is good for America.）

世界の自動車王と言われたGM会長は、上のように豪語したことがある。このGM（ゼネラル・モーターズ、General Motors）は、フォード（Ford）やクライスラー（Chrysler）とともに、かつてアメリカ御自慢の「ビッグ・スリー」(Big Three)を形成したのだが、それこそ「ビックリ・スリー」と揶揄される位に営業成績が悪化し、破産ないし公費投入を余儀なくされる所にまで追い込まれたことがある。

既に述べたように、グリーンスパン前FRB議長は「一〇〇年に一度の世界大不況」と形容したことがある。グリーンスパンはこの時の世界大不況の「重大責任者」のはずであるが、まるで他人事のような言葉で涼しい顔をしていた。これに対して、私と同世代の旗手で、ノーベル経済学賞受賞のクルーグマンは、事態をもっと深刻に捉えて、「第二次世界恐慌」(a Second Great Depression)と形容するとともに、経済学界の現状に対して激しい批判の言葉を発していた。

「過去三〇年間にわたるマクロ経済学の大半は、よく言って無用の長物であり、悪く言って有害な代物である」

(クルーグマン〔2008〕『不況経済学の復権と二〇〇八年の恐慌』より)

クルーグマンの言葉を私なりに真摯に解釈すれば、かの二人の巨人(ケインズとナイト)以降、幾多の歳月が流れているものの、有用な経済学者(特に有力なマクロ経済学者)がほとんど出ていない、ということだ。幾多のノーベル賞学者が輩出しているのにである! 私が「温故知新」よろしく、本書において両巨人の復活を図り、さらには乗り越えていこう、と号砲を打つ理由はまさにこの点にある。

かの一九三〇年代の大恐慌以来、我々は十分学習したはずだった。実際のところ、技術的側面から見るかぎり、この間の経済学の発達は目覚ましいものがあり、自他ともに「社会科学の女王」の地位を築いたような感があった。しかし、グリーンスパンやクルーグマンの言葉を聞いてみると、我々の学習はあくまで皮相的・形式的なものに過ぎず、内容的・実体的に十分だったわけではないのだ。私はかの寺田寅彦氏の名言「天災は忘れた頃にやって来る」をもじって、次のような警鐘を鳴らしておきたいと思う。

「恐慌は忘れない前にやって来る」

恐慌や大不況は繰り返すのである。それも強固に頑固に繰り返しつづけるのだ。一九三〇年代の恐慌の発生は――直接的にせよ間接的にせよ――第二次世界大戦の勃発と惨禍をもたらしたと言われている。喫緊の大問題は、今回の恐慌を契機として、世界規模の戦争が再び繰り返されるかどうかであろう。

このような「経済過熱→恐慌→戦争→復興→過熱→恐慌→……」の連鎖は、それなりの因果関係を有しているだろう。だが、私は決して一面的な運命論者ではない。もっと多様な価値観の持ち主として、歴史とは必然と偶然との間で揺れ動く「揺らぎのプロセス」であろうと信じている。

なるほど、欧米社会によく見られる「過度に合理主義的」な思考と行動様式においては、上述の「悪魔の連鎖」は、ある程度の必然性を有するかもしれない。だが、穏やかな伝統と確かな倫理に育まれた日本社会においては、ごく目先の金銭計算よりも、もっと長期の信頼関係の醸成が重要視される。

さて、西洋にはない日本独自の価値観ないし行動指針としては、次のようなものが存在している。

「負けるが勝ち、損して得とれ」

これは英語にはなかなか訳しにくい表現である。イギリスの友人に適訳を頼んでみたところ、このような答えが戻ってきた。

「これは愚の骨頂だ。《負けるは負け、損は損》というのが、西欧社会の常識だ。常識に反する英語訳など、考えること自体が無意味なのではないだろうか?」

これは「一理ある回答」なので、日本人の私は無謀な英語訳を試みることは断念した。だが、「負けるが勝ち」とか、「損して得とれ」というのは、経営の神様である松下幸之助氏が愛した言葉であると聞いている。要するに、「短期的なマイナスがむしろ長期的なプラスを生む」可能性すらあるのだ。

要するに、上記の「悪魔の連鎖」を断ち切るためには、我々は二一世紀に相応しい「新しい価値観と生活スタイル」を模索する必要がある。だが、有限な人間の有限な頭脳から「突拍子もない不可思議な価値観」を創出することは、土台不可能というものであろう。そこで、「温故知新」よろしく、いまでは忘れがちな伝統的な価値観と生活スタイルをこの新しい時代に生かすのが、賢明妥当な方策だと信じる。思うに、現代に生かすべき伝統的なものの一つが、近江商人の「三方よし」の生き方である。この点については、後にもう少し詳しく論じることにしよう。

2 「アニマル・スピリッツ」を論じる――新しい社会科学への道

アカロフ＝シラーの新著を入手して

本書の執筆に少し疲れを覚えたある日、私は馴染みの老舗書店にぶらりと立ち寄ってみた。その時、私の眼中に真っ先に飛び込んできた一冊の英文新著（二〇〇九年）があった。そのアカロフとシラーによる書物には、実に単刀直入なタイトルと、もっと説明的なサブタイトルとが付与されていた。

『アニマル・スピリッツ――人間心理が経済をどう動かすのか、またそれがグローバル資本主義に何故重要なのか』（*Animal Spirits : How Human Psychology Drives the Economy, and Why It Matters for Global Capitalism*）

アカロフ（Akerlof）はスティグリッツ（Stiglitz）やスペンス（Spence）とともに、一九七〇年代から始まるリスク経済学の大展開期の若き旗手であった。これら三人のイニシアルがいずれも「*A*」か「*S*」であるので、この大展開期を称して「アスの時代」と洒落ることもある。同じく「*S*」のイニシアルを偶々有する私（Sakai）としては、才人アカロフまでもがついに「アニマル・スピリッツ」に着目するようになったのか、という感慨を抱かざるをえない。それと同時に、アニマル・スピリッツという表現は、決して新規なものではなく、むしろ古いものへの「原点復帰」を示すものではないだろうか、とも冷静に受け止めている。

私がこのように考えを巡らせていると、上記の書物にある何とも奇抜な類人猿の挿絵が、別の意味で非常に奇妙奇天烈に見えてくるから不思議なものだ。思うに、「昔来た道の復活劇」かもしれない「古風な新著」には、何故にかくも派手な宣伝活動が必要だったのだろうか。それはともあれ、「古くて新しい内容の書物」の出現は、閉塞状況に喘いでいるわが経済学界に対して「活を入れる」意味で重要な役割を有するのだろう。本章では、専ら近江商人との関係に絞って、その触りの部分を吟味しながら、新しい社会科学の進むべき道筋や方向性について私見を開陳したいと願うものである。

アニマル・スピリッツと経済活動

アカロフとシラーの新著の序文には、次のような注目すべき言葉がある。

「かの大不況は、前世紀の悲劇であった。一九三〇年代には、失業が全世界に蔓延した。そしてさらには、大不況の苦しみだけでは不十分であったかのように、それによるパワー・バランスの崩壊は第二次世界大戦へと導いた。実に五〇〇〇万人以上の人々が不慮の死を遂げたのだ。

いまや、大不況は繰り返される可能性がある。その理由は、経済学者や政府や一般大衆の全てが、近時において、驕慢に近い自己満足状態に陥ってしまっているからだ。全ての者が一九三〇年代の教訓を忘れてしまっている」

（Akerlof and Shiller〔2009〕『アニマル・スピリッツ』より）

アカロフとシラーはアメリカ人らしく「一九三〇年代の教訓」（the lessons of the 1930's）と述べている。だが、日本人の私はむしろ「近江商人からの教訓」（the lessons from the *Ohmi* merchant）という言葉を使用したいと思う。二〇〇〇年代における大不況の再来は、アメリカ社会や経済学界の人々の自信を完全に消失させたかのようである。それどころか、「世界大戦の復活劇」もあながち空想ではないかもしれないぞ、という「悪魔のシナリオ」が囁かれ始めているようだ。

新著の最終第一四章の「結論」部分を読むと、次のような興味ある文章に遭遇するのだ。

「今回の大不況は予見されていなかった。大不況は現在に至るも、一般大衆によって十分理解されているとは到底言えない。さらに、同様な無知さ加減は、（学者や政府などの）意思決定の中枢メンバーの多くによっても共有されているのだ。その理由は、従来の伝統的経済理論においては、アニマル・スピリッツの議論や原理が全く存在しなかったからである。つまり、人々の思考方式や経営パターンに変化が生まれ、やがては恐慌へと繋がる可能性が全く度外視されていた。人々の間の信頼や確信の欠如の可能性が無視されていたのだ」

（Akerlof and Shiller〔2009〕『アニマル・スピリッツ』より）

そして、新著の最後は、高らかな宣言文でもって誇らしげに終了するのである。

「何よりも、本書が読者に伝えたいことがある。そのこととはすなわち、アニマル・スピリッツの考え方と対策が十分重視される場合においてのみ、現在の経済問題解決への道筋が見つかるのだ、ということである」（Akerlof and Shiller〔2009〕『アニマル・スピリッツ』より）

私見によると、《経済学の第二の危機》は既に一九七〇年代、真正ケインジアンの「長女」たるジョーン・ロビンソン（1971）によって声高に叫ばれていた。そして、このロビンソンこそが、ケインズ『一般理論』（1936）における「アニマル・スピリッツ」の重要性と、マーシャル経済学の伝統への復帰を一途な思いで主張していたのだ。だが、哀れなるかな。ロビンソンの絶叫は、まるで「月に吠える一匹狼」のごとく寂しく悲しく響き、そしてついには（特にアメリカ経済学界において）「ウルトラ期待形成学派の嵐」の中に呑み込まれ、ほとんど消失寸前の状態に追い込まれてしまったのだ。(3)

アカロフとシラーの新著を見ると、残念ながら、ロビンソン女史の孤高な奮戦の歴史が正当に言及されていないようである。この二人はロビンソンの業績を意図的に無視したというより、むしろ無意識的に忘却していたのだろうか。私自身の留学経験によると、アメリカの大学や学界においては、英人ロビンソンの学問的貢献を徒に矮小化して、（米人チェンバリンとの共同貢献たる）「不完全競争の理論」の展開だけに不当に限定してしまう傾向があるようだ。この新著の出版を遡ること既に四〇年ほど前から、ケインズ体系における「アニマル・スピリッツ」の重要な位置が、ケインズの高弟ロビンソンによって強調されていたことを忘れるべきではない。この点は非常に肝心な所なので、私は声を大きくして強調しておきたい。例えば、ロビンソンが名著『異端の経済学』（1971）の中で述べている次の文章は、現時点に至るも傾聴に値するものだと信じている。

「いずれにせよ、資本蓄積は、利潤に対する予想だけから説明することは不可能である。いま投資家が自らの投資資金から最善の収穫を見出すことに腐心しているとしよう。その場合には、余り成功していない企業は、自らに投資することを潔く止めて、その資金をもっと成功している他企業の株式購入へと転用することを図るであろう。ケインズも述べているように、「企業がその設立趣意書に基づく活動をするというのは――たとえその建て前がどのように率直かつ誠実であったにせよ――自らに対するお化粧直しに過ぎないのだ」。資本主義的発展において最重要な要素は「アニマル・スピリッツ」の状態である。アニマル・スピリッツは、企業の集団から発するエネルギーならびに企業競争状態に専ら関わるものである。ただし（気を付けて欲しいことだが、）最も精力的な企業こそが社会全体に対して最も有益な結果をもたらす、というような（短絡的な）必然性など存在しないのだ」（Robinson〔1971〕『異端の経済学』より）

アカロフはやはり、学史や思想史を軽んじるアメリカ経済学界の「申し子」なのだろうか。「日本生まれ、アメリカ育ち、そしていま日本在住」の私自身としては、この明快な新著において、経済学の危機と再生にかけるロビンソンの熱情に言及して貰いたかった気持ちで一杯である。いわゆる「欠席裁判」に終わるといけないので、私がアカロフとお会いする次の機会に、この点を是非確かめたいと考えている。

近江商人の開発力とアニマル・スピリッツ

近江商人は古くから時代を先取りして、旺盛な開発力と近代的な経営方式を採用していた。徳川時代の幕藩体制という制約下において、近江地方の商人たちが、東山道（中山道の別名）・北陸街道・奥州街道などを経由して関八州・陸奥地方にまで、さらには「北前船《きたまえぶね》」に乗って日本海沿いにはるか蝦夷地にまで交易していた。これはまさに目を見張る一大壮挙でなくて何であろうか。

このことはもちろん、近江商人たちが大いなるアニマル・スピリッツの保持者であったことを雄弁に物語っている。だが、彼らの活躍と奮闘ぶりを、単なるアニマル・スピリッツ論の一事例とみなすだけでは、歴史的事実を不当に矮小化するリスクがあると私は主張したい。

私見によると、単なるグローバル（global）な視点だけでなく、歴史・伝統・文化というようなローカル（local）な観点をも加味した、まさに「グローカル（glocal）な視角」から近江商人の現代的意義と課題を論じていかなければならない。そのことから、二一世紀に相応しい「新しい社会科学」の樹立の方向性が出てくるものと堅く信じている。

図8－1　近江商人と天秤棒――勤勉とバランス感覚

（出所）小倉栄一郎氏の表紙絵を参考に，筆者が独自に手書き作成。

「論より証拠」である。近江商人の優れた進取性と高潔な倫理観は、次のような家訓・金言によって如実に示されている。

「世間の有無相通じることが商人の天職」
「陰徳善行」
「薄利多売」
「売手よし、買手よし、世間よし」（小倉教授による要約文）
「治水・治山も人の道なり」（塚本商店の家訓）
「利真於勤」（利は勤めるに於いて真なり）
「星と天秤棒」（松井家の家訓）

私は特に、最後に言及した家訓「星と天秤棒」に注目したい。図8－1が如実に示すように、近江商人は笠を被り、合羽を羽織り、さらには天秤棒を担いで、広く遠く諸国行脚をした。「星」とは、勤勉・忍耐を象徴的に表すロゴである。実際、商人たちは日の出前に、星が夜空にまだ輝いているうちに旅に出る。そして日没後、再び星月を仰ぎ見る時刻に目的地に到達するのだ。現代において、自ら汗をかくのを忘れ、安易なマネーゲームに走っているウォール街の投機者たちには、近江商人の愛した「星」の意味を深く噛みしめて貰いたいものだ。

さらに、近江商人たちには、その前後に長く伸びた「天秤棒」がよく似合っている。天秤棒はバランス感覚の重要性を体現するものだ。現代では、色々な意味でのバランス感覚が必要になってきている。伝統的な経済学の分野では、「モノとモノとの間のバランス」「カネとカネとの間のバランス」「モノとカネとの間のバランス」を保つことが求められている。もしそうでないと、売れ残り、失業、豊作貧乏、インフレ、通貨危機など、色々の諸問題が輩出するだろう。

リスクと情報の経済学が教えるところによると、「情報の流れ」が円滑に進み、いわゆる「情報強者」や「情報弱者」との間の「情報格差」が生まれないようにすることが重要である。そうでない場合には、欠陥品が市場に横行するような「レモンの原理」や「逆選択」、怠慢や手抜きというような「モラル・リスク」など、非対称情報の世界に特有な変則自体が輩出する可能性が生まれるのだ。

私がここで唱道する「近江商人の経済学」においては、短期的な金銭利益と長期的な信頼関係とのバランス、つまり「カネとモラルとの間のバランス」をとることも求められている。さらには、治山・治水や環境保持に見られるように、「人間と自然との間のバランス」を図ることも喫緊の課題である。(4)

このように考えると、伝統的な経済学の狭い視野だけでは、新世紀の諸々の広範囲の課題に十分答えることは、それこそ「ミッション・インポシブル」であろう。従来の守備範囲をはるかに拡大した、時には文系・理系の枠をも超越するような「新しい総合的な社会科学」の誕生が切に待たれるところである。来るべき新学問の創造のためには、「星と天秤棒」を肝に銘じつつ、「先見と挑戦の道」を不断に歩まなければならない。

ポーターの「共有価値の創造」――「三方よし」の現代アメリカ版か

私は本書において、「三方よし」や「星と天秤棒」を掲げる近江商人道の先見性とチャレンジ精神を強調しておいた。ところが、読者の中には、「いまさら近江商人とは古いよ、果たして現代の世界で通用するのかね」と訝る向きもあるかもしれない。そこで、私はさらに再反論し、次の点を繰り返し主張したいと思う。

「諸君は、《温故知新》という金言を知らないのだろうか。近江商人の精神は日本のみならず、世界においても十分通用する考え方なのである」

以下では、そのための一つの「証拠」をここに提供したい。マイケル・ポーター（1947-）と言えば、三五歳の若さでハーバード大学経営学大学院にて正教授になった俊英である。ポーターは一橋大学の竹内弘高教授とも親しく、「競争戦略論」の世界的権威として有名である。この英傑のポーター教授が同僚のマーク・クラマー教授と連名で、権威ある雑誌『ハーバード・ビジネス・レヴュー』（*Harvard Business Review*）の近刊（二〇一一年一月〜二月合併号）において、非常に興味ある一文を共同執筆し、世界的な反響を呼び起こしているのだ。その論稿のタイトルを紹介すると、次のようなものである。

「共有価値の創造――資本主義の再定義ならびに社会における企業の役割」（Creating Shared Value : Redefining Capitalism and the Role of the Corporation in Society）

このタイトル自体が当世のアメリカらしくない。私にはなぜか、「売手よし、買手よし、世間よし」、つまり「三方よし」の近江商人道に通じるものを感じるのだ。実際、上記の論考の中で、ポーターは次のように述べている。

「共有価値の創造の背後にある中心命題とは、一企業の競争力と、それを取り囲む世間の厚生状態とは、持ちつ持たれつの相互依存関係にあるということだ。こういう社会と経済進歩との間の強い絆を認識実行していくことによって、世界規模の成長の新たな波を引き起こし、資本主義を再定義するパワーを獲得するのである」

（Porter and Kramer〔2011〕「共有価値の創造」より）

琵琶湖湖畔にて近江商人道に慣れ親しんできた筆者には、「何をいまさら」という感情がまず最初に来たことは確かだ。だが、理性的によく考えてみると、アメリカ経営学界の大立者が、社会と経済との間の強い絆を認識し、企業と世間との間の相互依存関係を再強調する意義は決して小さくないだろうと信じる。

短期的に自己利益のためにドシドシ行こう、というような「ビジネスのアメリカ・モデル」が、アメリカの中心地ハーバード・ビジネス・スクールでも揺らいでいるのだ。もっともっと長期的視野に立ち、金銭的利益よりも人間的信頼関係を重視する「近江商人道」の考え方が、日本の狭い枠を超えて、世界的に見直される好機にあると思う。要するに、三方よしの精神は、時代や地域を超える普遍的価値を持っているのである。(5)

3　経済学者は何をしているか――原発と現代経済学

禁欲に名を借りた怠惰のあらわれ――若き岩田規久男氏の見解

一九八〇年代、いまから三〇年以上も前のことである。私と同世代の有能な経済学者である岩田規久男氏は一般の社会運動家から、次のような質問をしばしば受けたという。

「近代経済学者は、原発をどう考えているのですか。彼らは、一体、何をしているのですか」

（岩田規久男〔1981〕「近代経済学者は何をしているか」より）

これに対して、岩田氏はしばし熟考したところ、「原子力発電問題を経済学的に研究している近代経済学者は、一橋大学の室田武助教授しかいない」という結論に落ちついた。当時の若き岩田氏は、次のような正直な告白を読者に漏らしていた。(6)

「近代経済学者は、問を発すること自体を断念した。道徳的価値――自由とか人権とか公正といった価値――の問題を、もう一度視野におさめる方向を、今、模索していくべきである、と私は考える。……近代経済学者で原子力発電問題を分析する者が少ないという状況は、よくいえば、思想的基盤の脆弱さを自覚した彼らの禁欲のあらわれであり、より正確にいえば、禁欲に名を借りた怠惰のあらわれである、といえよう」

（岩田規久男〔1981〕「近代経済学者は何をしているか」より）

原発の問題は、リスクや不確実性に直結する世紀の大問題である。ところが、経済学者の中で、原発問題を分析する者が少なかった、ということは一体どういうことだろうか。私見によれば、このような「禁欲的態度」は、何も日本だけに限られることではないのだ。どうやらドイツは例外のようであるが、経済学の最先進国アメリカの学界においても、原発問題は一種の「タブー」であるらしい。実際、私はアローやアカロフ、スティグリッツ、スペンスなどの著作を渉猟してみても、原発問題に言及する論稿がほとんどないのだ。

これは若き岩田氏が告白されたように、経済学者の「禁欲」と「怠惰」以外の何物でもないだろう。ところが、現実世界において、ウクライナのチェルノブイリや、アメリカのスリーマイル島で深刻な原発事故が発生し、わが日本においても「大地震、大津波、原発事故」という最悪トリアーデの最大級の事故が発生したのである。このことは、蓋然性や不確実性を積極的に取り扱う「想定外の経済学」を早急に樹立することの必要性を如実に示している。原発は決してタブーではない。それは経済学者が直視すべき喫緊の問題である。ケインズやナイトという大学者は、かつて蓋然性や不確実性、さらにはアニマル・スピリッツの問題を真正面から取り扱ったことを忘れてはならない。「第二のケインズや第三のナイトは、いまいずこにいるのだろうか」と私は問いかけたい。

シューマッハーとベック――ドイツのからの良心と正義の声

ドイツは日本と同じく第二次世界大戦の敗戦国である。両国は戦争によって壊滅的な打撃を受けたが、ともに「戦後の復興と経済の奇跡」を実現し、再び世界において「経済大国」の地位を築きあげることに成功した。

ここまではドイツと日本はよく似ている。ところが、こと原発の問題になると、両国の立場は相当に隔たっていると言わざるをえない。以下で簡単に紹介するように、ドイツにはシューマッハーやベックというように、早くから原発リスクに注目し、「原発なき経済社会」を目指した影響力ある学者の集団が存在したし、いまなお「反原発、脱原発、卒原発」の社会風潮が強いのである。ドイツの現首相のメルケル自身が理系出身で原子力科学に強い、異色の女性政治家である。メルケルはかつては原発推進派であったが、チェルノブイリや福島の原発事故を契機にして、原発に対する態度を一八〇度転換し、いまや原発反対の姿勢を鮮明にしてきている。

これに対して、わが日本では、フクシマ原発事故の以前と以後とにかかわらず、「原発問題」を真正面から論じる学者は（以前より少し増えたとはいえ）なお少数派に甘んじている。私の見るところ、日本社会は基本的に「上から目線の官僚社会」であり、「原子力村」の利害が相変わらず根強いようである。この点では、日本の人々は——メルケルのドイツとは違って——いまだ敗戦のショックから十分立ち直れず、（独立国としての）「アメリカ離れ」が十分でないのだろうか。

ここでは、ドイツからの「良心と正義の声」として、シューマッハーとベックの思想を手短に紹介しておきたい。まず、シューマッハー（Schumacher, E.F.: 1911-1977）は戦前から活躍した経済学者であり、かの天才ケインズとも親交が深い。一九七三年に出版された彼の名著は、そのタイトルからして大変魅力的であり、かつ示唆的でもある。

『小さいは美しい——人間重視の経済学』（*Small is Beautiful : Economics as if People Mattered*）

シューマッハーによれば、従来の主流派経済学の中心には、「大きいは素晴らしい」という信仰があった。そこでは、人間の良心や正義感が徒に無視され、いわば「成長一辺倒の神話」が経済社会の空気を支配していた。「人間の心」を重視したケインズやナイトなどのマーシャル派学者は、学界の片隅に追いやられた。

そして、人間の心のない、機械的・力学的な新古典派や合理的期待の信奉者たちが、経済学界の舞台でいわば「センター」の位置を占めていた。私見によれば、シューマッハーはこの書物の上梓によって、「本来の人間重視の経済学の復権」、もっと具体的には「ケインズやナイトの復活」を意図していたとも解釈できよう。

シューマッハーの書物が、はるか一九七三年、我々がスリーマイル島の原発爆発（一九七九年）の恐怖を経験する以前に出版されていたことに注目して欲しい。この本の第二部第四章には、次のような刺激的なタイトルが付与されていた。

「核エネルギー――救済か断罪か」（Nuclear Energy : Salvation or Damnation?）

原発の是非に関するシューマッハーの見解は、極めて明快であり、贅言を要しないほどだ。

「私はいまから六年前に（つまり一九六七年に）、以下のような管見を開陳したことがある。

人間は母なる自然に対して多くの変化を持ち込んできた。その中で最も危険で最も影響力の大きい変化を持ち込んだものが、大規模な核分裂であることは疑いようがない。その結果として、電離放射線が環境汚染を引き起こす最大因子となり、かくして地球上の人類生存を脅かす最大要因となって来ている。素人の考えからすれば、原爆が人々の注意を一心に集めてきたことは当然であるが、原爆再使用の可能性はまずないだろう。それよりも可能性がはるかに大きいのは、いわゆる核エネルギーの平和利用が人類生存に及ぼす危険なのである。まさにこの点にこそ、現時点の経済学専制支配の最たるものがあろう。……実に、核分裂そのものが人間生活に対して、激烈で比較不可能かつユニークな危険因子であり人間の計算能力をはるかに超えた問題なのであるが、この点は従来言及されたことがないのだ」

（Schumacher〔1973〕『小さいは美しい』より）

私は現時点において、このように先見性に富む、明快な文章を読むと感激で体が震える位である。シューマッハーが実際に上述の文章を執筆したのが一九六七年、私がロチェスター大学大学院に留学した年の一年前のことであるのだ。それから一〇年以上後の一九七九年に、スリーマイル島で史上最初の深刻な原発事故が発生している。思うに、シューマッハーは恐らく時代や地域の制約を超えた学者であり、彼の名声はますます上昇していくだろう。リスク経済学の専門家である私は、彼の学問的業績について、「原発リスクの経済学」を取り扱った恐らく世界最初の経済学者として位置付けたい気持ちで一杯である。

さてここで、ドイツ生まれのもう一人の学者ウルリッヒ・ベック（Beck, U.: 1944-2015）の学説や思想のほうに、視点を移したいと思う。ベックは私より歳が少し若く、リスク社会論の第一人者として本年（二〇一五年）の初めに亡くなるまで大活躍してきた社会学者である。ベックの名前を世界的に有名にしたのは、一九八六年のチェルノブイリ原発事故と同じ年に出版されたドイツ語著作である。

『リスク社会——新しい近代への道』

（*Risikogesellschaft : Auf dem Weg in einer andere Moderne*〔*Risk Society : Towards a New Modernity*〕）

ベックのリスク社会論は世界的な反響を呼び、英語・日本語など、多くの言語に翻訳された。これは私見によれば、アダム・スミス以来長い歴史を持ちながら、リスク経済論をほとんど無視ないし軽視してきた経済学の「悪しき伝統」と全く対照的であろう。

ベックは基本的に社会学者であるので、経済学の文献への言及が少ないのが残念でならない。だが、ベックの著作を読むと、ナイト流に計測可能なリスクとそうでないリスクに峻別しているところは、さすがと唸るほかない。例えば、ベックは原発リスクに関して、次のように鋭い分析をしている。

「原子力発電所は、個人的なレベルで保険可能な対象ではない。原発事故は、《事故》という言葉の限定された意味での）単発的な《事故》ではない。その影響は何世代にも及ぶのだ。原発事故によって影響を受けるのは、事故発生の時間と場所に生存していなかった人々をも含むのであり、将来の幾世代後に誕生する人間にも関係するのである。

このことが意味するところは、科学者や法的機関によって従来提示されてきた《リスクの計算》そのものが全面崩壊してしまう、ということである」

（Beck〔1986〕『リスク社会』より）

このようにベックによれば、通常の確率計算によるリスクの定義は無意味である。少なくとも、原発事故を取り扱うためには、保険数理的でない「新しいリスク・アプローチ」が絶対必要である、という。この点に関しては、私は全面的に同意するものである。ベックは別の箇所で、次のごとく興味ある文章を残している（ただし、原文はやや難解であるので、ここでは少し意訳を試みている）。

「核エネルギーとは――錯誤なき技術発展の観点からみれば――高度に危険なゲームなのである。核エネルギーは、いわば諸々の客観的制約の中からいくつかの客観的制約を解き放つものである。そのことはほとんど変更不可能な出来事であり、学習の効果がほとんど期待できない代物である。それは幾世代にわたって人々の生活を拘束する（例えば、核廃棄物の貯蔵や処分を考えてみるのがよい）」

（Beck〔1986〕『リスク社会』より）

ベックは時代に敏感な社会科学者である。彼はチェルノブイリや福島の原発事故が起こる以前に、技術的に高度に危険なゲームとしての核エネルギーの問題や、核廃棄物の貯蔵処分問題の深刻さを十分認識している。問題の核心は、わが日本の学界が、ベックのごとき真面目な態度でもって原発問題を十分に論じてきたかどうかである。高木仁三郎氏や室田武氏のような例外的学者がいたことは事実であるが、彼らの影響力はごく限定的であったと言わざるをえないだろう。ドイツからの正義と良心の声と比べてみて、わが日本からの発信力は――世界唯一の被爆国であるにもかかわらず――これまで実に「お粗末なもの」であったわけである。

原発の問題は、一方において、リスクの問題であり、蓋然性の問題であり、不確実性の問題である。本書で主役の二人の巨人――ケインズとナイト――は、この方面を早くより注目した稀有の経済学者である。ケインズは二〇世紀を代表するほどの大物であるが、第二の主著『雇用、利子および貨幣の一般理論』（1936）だけが集中的に取り上げられるだけで、第一の主著『蓋然性論』（1921）にスポットが当てられることがほとんどなかった。このような論じられ方は、是非とも是正されなければならない。

他方において、原発の問題は、正義や公平の問題であり、人間倫理の問題でもある。従来の主流派経済学では、経済主体の極大化・極小化行動、資源の最適配分および合理的期待形成の問題が専ら中心問題になり、効率至上主義やGDP神話によって毒されていることが多かった。ところが、ケインズは師マーシャルの教えを受けて、（効率化を離れて）失業者救済と格差是正を最大の政策目標にしていたのである。ナイトは「倫理なき強欲資本主義」を激しく糾弾し、鬼弟子のフリードマンの行き過ぎを叱ることもあった。ナイトほど、経済と倫理の関係を正面から取り上げた経済学者は、（特にアメリカにおいて）希少であると思う。

要するに、従来の経済書においては、「ケインズ対ナイト」の比較分析を本格的に取り上げることは非常に少なかったと言える。ケインズと言えば、マルクスとの対比や、シュンペーターとの対比が専ら問題にされることが多すぎたわけである。

書店に行くと、「ケインズ対マルクス」「ケインズ対シュンペーター」「ケインズ対フリードマン」を主題にした経済書が少なくないが、我々はもうそろそろこれから脱皮すべきであろう。「ケインズ対ナイト」を取り扱う本書が、従来からのアンバランスを是正するための一助になることを願うものである。

4　交響楽的社会科学への道

二人のK先生と二人のM先生

私はいまから一〇年ほど前、大阪出張のある日に、地域名産品の並ぶ梅田地下街の何とも言えない空気を満喫していた。私の足は我知らず、その一角に鎮座する古書店（屋号は古風にも萬字屋書店と言う）に向かっていた。背の高い書棚の一角にある古びた装丁の書物が、いきなり眼中に飛んできた。著者は中谷治宇二郎氏、かの雪博士・故中谷宇吉郎教授の実弟である。書名は『校定日本石器時代提要』と言う。およそ経済学とは無縁な大部の書物であるが、その体裁や内容のことなどは私にとって二の次のことだった。

私の脳裏にはたちまち、「中谷治宇二郎」と言う珍しく懐かしい名前が、鮮明に瞬き拡散したのだ。というのは、（私が書物を通じて知っているに過ぎないのだが）パリ留学時代における夢多き考古学者・中谷治宇二郎氏と若き数学者・岡潔氏との親交の様子が、不思議なほど生き生きと蘇ってきたからであった。岡潔氏は、名著『春宵十話』（1963）の中で、次のような印象に残る文章を書き残している。

「フランスでの私の最大の体験は、中谷宇吉郎さんの弟の中谷治宇二郎さんと知り合ったことだ。治宇二郎さんは当時シベリア経由で留学に来ていた若い考古学者で、東北地方を歩き回って縄文土器を集め、長い論文を書いたあとだった。……何よりも才気の人で、識見もあった。ともに学問に対して理想、情熱を持っており、それを語り合って飽きることがなかった。……私たちは音叉が共鳴し合うように語りあった」

（岡潔〔1963〕『春宵十話』より）

文中の長い論文とは恐らく、私が古書店で見つけた書物（一九三八年出版）の基礎となった（校訂以前の）原論文「日本石器時代提要」（1928）のことであろう。翌年の一九二九年は、世界大恐慌が勃発する年であり、私の義父が彦根高商を卒業する年であった。その時期はまた、既に一九二一年に英米で同時出版されたケインズの『蓋然性論』やナイトの『リスク、不確実性および利潤』が、大量失業の発生と資本主義の失速との絡みにおいて、ますます学界の注目を高めつつある時期でもあった。

その注目の一九二九年において、はるかかなた芸術の都・パリにて、中谷治宇二郎と岡潔の両名は互いに知り合い、音叉が共鳴し合うように毎日毎晩語り合ったという。共鳴し合うような親友は、できれば多感な青年時代に持つものである。個人的なことになるが、私自身もロチェスター留学時代（一九六八〜一九七一年）に、竹を割ったような性格の「真の男」廣田正義氏と出会い、まるで音叉が共鳴し合うように人生を論じ、世界を論じ、経済学を語り合ったことがある。

「酒井さん、阪大社研（大阪大学社会科学研究所のこと）は、日本を超えて世界の経済学界をリードしています。森嶋通夫先生は特に物凄い世界的学者であり、ロチェスターのマッケンジー教授をも凌ぐほどの存在感がありますよ。日本人としては、アメリカの経済学界、それほど恐れるに足らず、と考えたいですね」

当時の若きサカイは、サムライ廣田氏からの学問上の強靭な白刃を受けて、形容しがたいほどの衝撃を受けたものだった。私は「経済学の最先進国」と通常みなされるアメリカの大学に留学し、数理経済学や一般均衡理論を日夜懸命に勉強していた。ところが、サムライ廣田氏によると、阪大社研は既に対等以上の存在だ。何も恐れることはないのだ。アメリカから単にただ学ぶというよりも、彼らを出し抜くような研究を大いに進めようではないか。

何度も繰り返し述べてきたように、本書の主題は「二人のK先生」——ケインズ（Keynes）とナイト（Knight）——による（蓋然性・不確実性に関する）業績を比較検討することである。そのことを通じて、何が「いまなお生き残っている成果であるのか」が見えてきたはずだ。もしそこに限界があるならば、「将来どのような方向で発展させるべきであるのか」、その方向性を見定めることも可能となるだろう。

ところが、この二人のK先生のことに突き進む以前に、是非解決しておかなければならぬ問題がある。その問題とは、私の学問形成に大きな影響を与えた「二人のM先生」——マッケンジー先生（McKenzie）と森嶋通夫（Morishima）先生——と私自身との間の関係をどのように「決着」させればよいのだろうか、ということだ。

私がアメリカに滞在した一九六〇年代から七〇年代にかけては、二人のM先生からの影響力は絶大であった。マッケンジーはアローやデブリューとともに「一般均衡理論の帝王」とも称せる存在であった。次の一九八〇年代には、シカゴ大学に陣取る「超合理学派」が急速に学界を席巻し、マクロ経済学の主流の座を真正ケインズ学派から奪ってしまった。それに呼応するかのように、一般均衡理論の研究者の「影」は非常に薄いものになってしまった。そしてシカゴの「超合理主義」が、ゲーム理論と妙な形で「結婚」し、「動学的マクロ・ゲーム」が「ガラパゴス的」に発展したのは、まことに「歴史の皮肉」と言うべきものだろう。だが、一九九〇年代に入って社会主義国・ソ連の崩壊とともに、経済学の「学問的冷戦構造」も変革せざるをえなくなったのである。アメリカは表面的には、資本主義国の盟主としての地位を依然保持しているようにに見えるかもしれない。だが、我々は『平家物語』の冒頭の文章を決して忘れてはならない。

「祇園精舎の鐘の声、諸行無常の響きあり。
沙羅双樹の花の色、盛者必衰の理をあらわす。
奢れる人も久しからず、ただ春の夜の夢のごとし」

社会主義の衰退の後には、資本主義の衰退が必ずあるだろう。人によっては、二〇〇八年のリーマン・ショック後に、世界経済が少し持ち直しつつあることを見て、資本主義の衰退を信じないかもしれない。しかし、一時的なアップ・ダウンがあるにせよ、資本主義は衰退の傾向にあることは歴史の教えるところだろう。まさに、「奢れる人も久しからず、ただ春の夜の夢の如し」である。

清水幾太郎『倫理学ノート』(1972)によれば、思想と呼ばれるものは、敵との関係においてのみ、生命力を持つことができる。敵が強い時には、こちらも同様に強くなる。敵が弱くなれば、こちらも同様に弱くなり、輝きを失ってしまうだろう。これはまことに鋭い指摘であり、平家物語のテーマとも通暁するものである。

「源平の闘い」について見れば、平家の滅亡は源氏の衰退を招くことになった。かの「東西冷戦」において、資本主義が強かったのは、ライバルの社会主義が同様に強かったためである。一九八九年にソ連が崩壊し、強力な社会主義国が世界に存在しなくなったことの意味は深長である。ソ連式社会主義が弱くなれば、アメリカ式資本主義も弱くなり、早晩その輝きを失ってしまうだろう。

最近評判の書物の一つは、水野和夫氏の話題作『資本主義の終焉と歴史の危機』（2014）であろう。水野氏によれば、利子率のゼロへの低下は利潤率のゼロへと連なり、それはまた資本主義の死の象徴である。思い起こせば、ケインズ自身も金利の余りの低下は「金利生活者の死」を招き、資本主義経済のワーキングを危うくすると警告していたのである。この欠陥多き現代資本主義から大きく距離をおき、むしろ「ゆたかな生活者」の視点から、そして近江商人の「三方よし」の精神に基づいて、「新しい経済システム」の構築することが、いまほど求められている時は他にないであろう。

「交響楽的社会科学」への道

私が近著『リスクの経済思想』（2010）を尊敬する能勢哲也先生（元神戸商科大学学長）にお送りしたところ、光栄にも次のような言葉が返ってきた。

「森嶋さんのシンフォニーのような御本ですね」

その時私は、不覚にも暫し忘れていた事実を、脳裏の奥底から瞬時に取り出すことができたのだ。確かにそうだ！　能勢先生がご指摘されたように、森嶋通夫先生——私にとって掛け替えのないM先生——がその後半生において、知的交響曲としての壮大なる総合学問を目指しておられた。例えば、森嶋通夫（1999）『なぜ日本は没落するか』の最後の「付記」の所を見られたい。すると、森嶋先生が「交響楽的社会科学」と呼んだ学問、すなわち経済学、社会学、教育学、歴史学などを取り混ぜた社会科学領域での一種の学際的総合研究の構築に向かって、いかに全力を傾注しておられたのかがよく分かるだろう。

森嶋先生の先生であるJ・R・ヒックス教授もかねてより、名著『経済史の理論』（1969）の中で、経済史の理解のためには、視野の狭い経済的アプローチだけでは不十分であり、経済的ファクターと「非経済的ファクター」との間の相互作用の分析が必要不可欠であると力説されていた。

私自身は、東京電力の福島原発のメルトダウンと、その後の遅々と進まない復興状況を目撃するにつけ、単なる経済合理的な費用便益分析だけでは到底太刀打ちできないことを痛感している。本書が、森嶋先生流の交響楽的社会科学の構築を目指すうえで、ささやかな一歩の役割を果たすことを期待している。

さて、奈良の興福寺は、あおによし天平文化を代表する古刹の一つである。創建以来一三〇〇年の間、幾度もの大火と焼失を経験してきている。だが、その度重なる試練の中で、興福寺はめげることなく、再建と復活を繰り返してきた。そのような復活劇の象徴的存在が、私の好きな阿修羅像である。

阿修羅像は、ほぼ等身大の仏像であるが、異様とも言える姿をした仏像である。その顔面は一つではなく、実に三つ存在する。これら三つの顔の表情は多様であり、真剣な表情から、もっと鋭い表情、さらには怒りを含んだ表情まであるのだ。さらに、その仏像の手は左右一対ではなく、左右に三対、合わせて六本もある。これら六本の手の位置や角度もさまざまであり、静的な祈りから動的な動きに至るまで、人間の多様な行動を象徴しているかのようである。

考えてみると、わが経済学もアダム・スミス以来、何回かの思想間の対立抗争と、全般的な危機状態を経験していた。流通業者を重視する「商業主義」か、それとも生産業者を重視する「工業主義」か。モノの流れを重んじるハードな「財貨主義」か、カネの流れを重んじる名目的な「貨幣主義」か、それとも知的情報の流れを重んじるソフトな「情報主義」か。需要イコール供給というような市場均衡を注視する「均衡主義」か、それとも失業や売れ残りなどの不均衡を注視する「不均衡主義」か。各経済主体の行動から全てを説明しようとする「ミクロ主義」か、それとも経済総量の動きがむしろ各主体の動きを縛ると考える「マクロ主義」か。リスクなしの経済ワーキングを考える「確実性主義」か、それとも蓋然性や不確実性からの影響を考える「不確実性主義」か。

本書を流れる全体のメッセージは、ある意味で明快である。興福寺の阿修羅像には、三つの顔と六本の手がある。ケインズやナイトが取り扱ったリスク・蓋然性・不確実性の問題解明のためには、いわば「阿修羅的アプローチ」が最もふさわしいのだ。森嶋通夫先生流に言えば、それは学際的総合研究としての「交響楽的社会科学」的アプローチとも称されよう。そして、リスク研究の専門家としての私の立場から言えば、次のような標語によって表現されるアプローチが望ましいのである。

「リスクいろいろ、人間いろいろ、文化いろいろ、経済いろいろ」

私は自分の物理的年齢のことを暫し忘れて、「一生青春、一生勉強」の道をひたすら精進する覚悟である。幸運の女神からの微笑みを密かに信じて……。

注

（1）一九二九年の歴史的な「大崩壊」(Great Crash) と、それに続く一九三〇年代の「大恐慌」(Great Depression) の状況については、碩学ガルブレイス (1990) が実に透徹した分析を行っている。本書でも、大いに参考にさせて頂いた。

（2）二〇〇七年以降の世界恐慌と大不況に関しては、多数の著作がそれぞれ興味深い論点を提供している。本書の執筆に当たっては、Greenspan (2007)、神谷秀樹 (2008)、金子勝・デウィット (2008)、Krugman (2008)、中谷巌 (2008)、丹羽宇一郎 (2009)、Reich (2008)、榊原英資 (2009)、Soros (2008)、中野剛志・柴山圭太 (2011)、水野和夫（2014）などが参考になった。

（3）私はかつて拙著（1998）の中で――アカロフやシラーの新著（2009）に先立つこと一〇年以上も前に――ナイト、ケインズ及びロビンソンのアニマル・スピリッツ論を詳しく比較分析したことがある。「アメリカの学者たちも漸く、計算合理性とは異なるアニマル・スピリッツの役割に注目し始めたなあ」というのが、私の最近の感慨である。

（4）私の妻の祖父（岩佐鐵次郎）は、塚本定次が創設した「塚本商店」に就職し、東京勤務を長く務めたことがある。したがって、氷川清話に出てくる「近江商人道」のことは、（義祖父ゆかりの旧家に居住する）私には決して他人事のように感じられないのである。

（5）滋賀大学経済学部は、旧制彦根高商を受け継いで九〇年の伝統を誇っている。私は過日、近江商人論の第一人者であるU教授にマイケル・ポーターの「共通価値創出論」のことをお尋ねしたところ、次のような返事が返ってきた。「ああ、アメリカの経営論は遅れていますね。いまごろになってやっと共有価値の創造ですか。近江商人の《三方よし》のことは全然知らないのでしょうかね」。私は同僚のU教授に全面的に賛成である。

（6）岩田規久男氏が指摘されていたように、室田武氏は当時既に原発問題を分析した数少ない経済学者の一人であった。室田武（1979, 1981）を参照されたい。なお、室田氏と私とは同時期にアメリカ留学をした「学問的戦友」であり（室田氏はミネソタ大学へ、私はロチェスター大学へ）、かの廣田正義氏が二人の共通の友人でもあることを誇りに思っている。

なお、高木仁三郎氏は、専門の物理学者として最も早くから「原発と放射能汚染」の問題に言及し、「良心と正義」の声を上げておられたことを記録しておきたい。この点については、高木仁三郎（1981, 1986, 2014）を参照されたい。

参考文献

Akerlof, G.A. and Shiller, J. (2009) *Animal Spirits : How Human Psychology Drives the Economy, and Why It*

Matters for Global Capitalism, Princeton University Press.

Beck, U.（1986）*Risikogesellschaft : Auf dem Weg in eine andere Moderne*, Surbkamp Verlab, Frankfurt.（Translated by Lash, S. & Wynne, B.〔1992〕*Risk Society : Towards a New Modernity*, SAGE publisher. ベック〔1998〕『危険社会――新しい近代への道』〔東廉・伊藤美登里訳〕法政大学出版局。）

Doyle, A.C.（1891）*The Adventures of Sherlock Holmes.*（ドイル〔1989〕『シャーロック・ホームズの冒険』改版〔延原謙訳〕新潮社。）

藤本義一（2006）『お金で買えない商人道』ＮＨＫブックス。

Galbraith, John K.（1990）*A Short History of Financial Euphoria*, Whittle Direct Books.（ガルブレイス〔1991〕『バブルの物語――暴落の前に天才がいる』〔鈴木哲太郎訳〕ダイヤモンド社。）

Greenspan, A.（2007）*The Age of Turbulence : Adventures in a New World*, Penguin Press.（グリーンスパン〔2007〕『波乱の時代』〔山岡洋一・高遠裕子訳〕日本経済新聞社。）

Hicks, J.R.（1969）*A Theory of Economic History*, Oxford University Press.（ヒックス〔1970〕『経済史の理論』〔新保博訳〕日本経済新聞社。

Hicks, J.R.（1974）*The Crisis in Keynesian Economics*, Basic Books.

広瀬隆（1981）『東京に原発を！――新宿一号炉建設計画』ＪＩＣＣ出版局。

井野瀬久美恵（2007）『大英帝国という経験』講談社。

井上政共編述（1890）『近江商人』松桂堂。

岩田規久男（1981）「近代経済学者は何をしているか――原発と近代経済学」『思想の科学』第10巻、臨時増刊号。

神谷秀樹（2008）『強欲資本主義――ウォール街の自爆』文藝春秋。

金子勝・ヒューイット（2008）『世界金融大恐慌』岩波書店。

勝海舟談話、江藤淳・松浦玲編（2000）『氷川清話』講談社学術文庫。

Keynes, J.M.（1936）*The General Theory of Employment, Interest and Money*, Macmillan.（ケインズ〔1995〕『雇用、利子および貨幣の一般理論』〔塩野谷裕一訳〕東洋経済新報社、間宮陽介訳〔2008〕上・下、岩波文庫。）

ケインズ学会編・平井俊顕監修（2011）『危機の中で〈ケインズ〉から学ぶ――資本主義とヴィジョンの再生を目指して』作品社。

ケインズ学会編・平井俊顕監修（2014）『ケインズは、《今》、なぜ必要か？――グローバルな視点からの現在的意義』作品社。

Krugman, P.（2007）*The Conscience of a Liberal*, Norton.

Krugman, P.（2008）*The Return of Repression Economics and the Crisis of 2008*, Penguin Books.

Marshall, A.（1890）*Principles of Economics*, Macmillan.（マーシャル〔1928〕『経済学原理』〔大塚金之助訳〕改造社。）

水島一也編著（1995）『保険文化――リスクと日本人』千倉書房。

水野和夫（2014）『資本主義の終焉と歴史の危機』集英社新書。

室田武（1979）『エネルギーとエントロピーの経済学』東洋経済新報社。

室田武（1981）『原子力の経済学――くらしと水土を考える』日本評論社。

森嶋通夫（1984）『なぜ日本は「成功」したか？――先進技術と日本的心情』ＴＢＳブリタニカ。

森嶋通夫（1994）『思想としての近代経済学』岩波新書。

森嶋通夫（1999）『なぜ日本は没落するか』岩波書店。

森嶋通夫著、村田安雄・森嶋瑤子訳（2004）『何故日本は生き詰まったか』岩波書店。

中野剛志・柴山圭太（2011）『グローバル恐慌の真相』中公新書。

中谷巌（2008）『資本主義はなぜ自爆したのか』集英社インターナショナル。

中山智香子（2013）『経済ジェノサイド――フリードマンと世界経済の半世紀』平凡社新書。

西部邁（2009）『焚書坑儒のすすめ――エコノミストの恣意を思惟して』ミネルヴァ書房。

丹羽宇一郎（2009）『金融無極化時代を乗り切れ』文藝春秋。

小倉栄一郎（1980）『近江商人の系譜』日本経済新聞社。

小倉栄一郎（1988）『金持商人一代記』言叢社。

小倉栄一郎（1989）『近江商人の開発力』中央経済社。

小倉栄一郎（1991）『近江商人の理念』サンライズ出版。

岡潔（1963）『春宵十話』毎日新聞社出版局。

Porter, M. and Kramer, R.（2011）"Creating Shared Value : Redefining Capitalism and the Role of the Corporation in Society", *Harvard Business Review*, Jan/Feb2011, Vol. 89, Issue1/2.

Posner, Richard A.（2009）*A Failure of Capitalism*, Harvard University Press.

Reich, R.B.（2008）*Supercapitalism : The Transformation of Business, Democracy, and Everyday Life*, Vintage Books.

Robinson. Joan（1971）*Economic Heresies : Some Old-fashioned Questions in Economic Theory*, Basic Books.

Robinson, Joan（1972）"The Second Crisis of Economic Theory," *American Economic Review*, Vol. 62, No. 2.

酒井泰弘（1982）『不確実性の経済学』有斐閣。

酒井泰弘（1989）「学会ルポ　新しい経済学への始動——理論・計量経済学会一九八九年度大会（筑波大学）」『経済セミナー』一九八九年一二月号、日本経済評論社。

酒井泰弘（1991）『リスクと情報——新しい経済学』勁草書房。

酒井泰弘（1996）『リスクの経済学——情報と社会風土』有斐閣。

酒井泰弘（1998）「リスク、不確実性およびアニマル・スピリッツ——新しいパラダイムを求めて」駒井洋編著『社会科学の日本的パラダイム』筑波大学大学院社会科学研究科。

酒井泰弘（2001）「経済は効率ではなく正義だった——多くのM先生から人生観を学ぶ」『経済セミナー』リレーエッセー、一月一〇日号。

酒井泰弘（2006）『リスク社会を見る目』岩波書店。

酒井泰弘（2010）『リスクの経済思想』ミネルヴァ書房。

酒井泰弘（2010）「グローバル経済危機と社会科学——近江商人に学ぶ」『彦根論叢』第三八二号。

榊原英資（2009）『メルトダウン——二一世紀型「金融恐慌」の深層』朝日新聞社出版。

Samuelson, P.A.（1967）*Economics, 7th edition*, Macmillan.（サミュエルソン〔1968〕『経済学 第七版〔上下二冊〕』〔都留重人訳〕岩波書店。）

Schumacher, E.F.（1973）*Small is Beautiful : Economics as if People Mattered*, Blond & Briggs.（シューマッハー〔1986〕『スモール イズ ビューティフル――人間中心の経済学』〔小島慶三・酒井懋訳〕講談社。）

清水幾太郎（1972）『倫理学ノート』岩波全書。

ソ連邦科学院経済学研究所・経済学教科書刊行委員会訳（1960）『経済学教科書』改訂第三版合同出版社。

Soros, G.（2002）*George Soros on Globalization*, Public Affairs.

Soros, G.（2008）*The Crash of 2008 and What it Means*, Public Affairs.

Stiglitz, J.（2002）*Globalization and its Discontents*, Norton.

末永國紀（2000）『近江商人――現代を生き抜くビジネスの指針』中央公論新社。

高木仁三郎（1981）『プルトニウムの悲劇』岩波新書。

高木仁三郎（1986）『原発事故――日本では？』岩波ブックレット。

高木仁三郎（2014）『市民の科学』講談社学術文庫。

橘木俊詔ほか（2007）『リスク学とは何か』リスク学入門シリーズ1、岩波書店。

田村祐一郎・高尾厚・岡田大志（2008）『保険制度の新潮流』千倉書房。

『朝日新聞』二〇一四（平成二六）年五月二一日付。

あとがき

時の流れと人の営みとは、やはり不確実なものであり、当てにならないものである。実は、私が本書冒頭の「はしがき」の草稿を書いてから、はや三カ月以上の月日が経過してしまった。その理由は、校正改訂作業などに意外なほど手間取ったためである。

「私たちは今日を限りに大学を卒業しますが、恐らく生涯忘れられない本と出会い、大きな感動を覚えました。その本とは、フランスの経済学者トマ・ピケティさんの大著『21世紀の資本』(*Capital in the 21st Century*) なのです。生意気を言うようですが、《経済学はやっぱり大したものだ》と本当に思いました」

二〇一五年三月下旬、私は関西の某大学卒業式に来賓として招待され、大きな檀上の左片隅にいた。その時、卒業生総代による答辞の一節が、右のようだったのである。私は経済学研究者として、本当に久方ぶりに大いなる感動を覚えた。既に「はしがき」のところで述べたように、「経済学の危機」が話題になって久しい。だが、学生の答辞を聞いていて、「いや待てよ、いまこそ経済学の混迷状態を脱する好機かもしれない」と私は深く感じるところがあった。

しからば、ピケティの新著がかくまで話題をさらった理由は何であろうか。その背後には、第一に、バブル崩壊と景気低迷、及び原発事故に伴うエネルギー危機によって象徴される世界社会経済の危機的状況がある。第二に、それにもかかわらず、かかる危機に対してまともな解答を用意しようとしない経済学者たちの「逃げの姿勢」である。そこに、一定の正義感と倫理観を持ったフランスの経済学者が、マスコミの世界に颯爽と現れたのである。

私がインターネットを開いて、「ピケティ」関連の記事を拾い読みすると、ある記事では「ピケティはケインズの後継者」と持ち上げている。また、別の記事では「新しいケインズの出現」とまでも言い切っている。確かに、ピケティの大著の「索引」を見ると、ケインズは何回も引用されているし、「二一世紀は格差拡大の世紀である。そのための是正策は、地球規模の資本課税、特に相続財産への重税政策だ」という彼の主張は、元祖ケインズの考え方の延長線上にあると言えよう。

ただ、ピケティの意欲作の中には、二〇世紀のもう一人の巨人たるフランク・ナイトへの言及がないのは残念である。何しろフランス語の原著で七〇〇頁、英語訳でも六〇〇頁を超える大作であるだけに、「ナイト抜きの議論」の異様さが私には大変気にかかるところではある。しかし、その理由は案外簡単で、著者自身がナイトをご存じないということなのだろう。実際、ピケティの主張の裏には何よりも、「不当な格差を解消したい」という正義感が充満している。さらに、アメリカ流の「強欲資本主義システム」と、それを理論的に支える「人間を軽視した機械論的経済学」の流行に対する猛烈な批判的精神がある。これはいわゆる「複眼思考」を唱導し、「究極のリベラル」を任じたナイトの思想に通じるものがある。もしピケティに今後お会いできるチャンスが到来するならば、「フクシマ原発事故」についても是非お聞きしたい気持ちで一杯である。

「雑学六〇年、経済学教育五〇年、リスク研究四〇年」——これが私のこれまでの半生を総括する言葉である。私とケインズとの最初の出会いは非常に古く、一九五〇年代の後半、角帽の大学生になった時代にまで遡ることができる。ただその当時、大学キャンパスは「安保騒動」と「大学紛争」に明け暮れており、過激な革命を目指すマルクス主義のほうが、穏健な改良志向のケインズ主義よりも威勢がはるかに良かった。私がかの難解な『一般理論』の原書を英語で読んだのは、一九六〇年代の初めごろ、学部の三年生から四年生にかけてのことだったが、そのことを他人に口外するのを躊躇する気持ちになったものである。やがてアメリカの大学院に留学してからも、人々の間では、便利だが浅薄な「*IS-LM* 分析」が話題になるだけだった。そこには、ケインズの原典にまでたちかえって、蓋然性や不確実性の奥義を究めるという探究心はさらさらなかった。

これに対して、私とナイトとの接触ははるかに遅れた。たしか、一九六〇年代の後半、留学先のロチェスター大学では、シカゴ大学出身の教師がナイトの名前に言及したものの、その講義内容はナイトの奥深い思想とは程遠く、皮相的で「倫理抜きの市場原理主義」（むしろフリードマン主義に近い）ものだった。私がナイトを本格的に勉強し始めたのは、一体何時のころだろうか。それは一九七〇年代の始め頃、就職先のピッツバーグ大学にて、一般均衡理論の講義の合間を利用し「リスクと不確実性の経済学」の研究に夢中して以来のことである。

そうこうするうちに私は一九七〇年代の中頃、日本に戻ることになり、初めての専門書『不確実性の経済学』（1982）を出版した。この本は当時、日本において類書が他にほとんどない著作だという評価を受けることができた。だが、現時点で冷静に再評価してみると、そのタイトルの付け方に問題が残る書物であったと思う。ナイトによれば、何らかの確率分布によって測定可能な「リスク」と、かかる測定が不可能な「（真の）不確実性」とを峻別する必要がある。この点に照らしてみれば、私の処女作はむしろ「リスクの経済学」を命名すべきだったろう。そのうえ、ケインズ流のヤル気やアニマル・スピリッツの問題がほとんど言及されていなかったのである。

そういうことを反省材料として、私は以後の著作において、「リスク」の言葉を専ら愛用するように努めた。その一応の到達点が、処女作の続編ともみなされうる研究書『リスクの経済思想』(2010)であった。

今回の新著出版に際しては、私は自分の研究の「原点回帰」の気持ちで一杯である。というのは、そのタイトルは『ケインズ対フランク・ナイト――経済学の巨人は「不確実性の時代」をどう捉えたのか』であり、私は「不確実性」という用語を久しぶりに復活させたからである。

二一世紀は「不確実性と混迷の時代」である。「新世紀に相応しい新経済学」とは、一体どういうものだろうか。ピケティによってその端緒が見え始めたとはいえ、それは膨大なデータ分析以上のものではない。それは決して理論的完成品とまでは言えないのだ。思うに、まだまだ前途遼遠の感があり、これから歩むべき道は恐ろしく長く厳しいだろう。本書がその道程を歩むべき「一歩」として役立つならば、それこそ私として望外の幸せなのである。

なお本書の成るについては、多くの方々から色々な御支援を頂戴している。まず、平成一五〜一七年度科学研究費補助金(基盤研究(c)課題番号 25512010)から、部分的に資金援助を受けていることを記しておきたい。いつものことながら、ミネルヴァ書房編集部の堀川健太郎氏には、本書の企画・編集のことで大変お世話になった。また、滋賀大学経済学研究科の田島正士氏やリスク研究センターの方々には、事務・作図のことで御支援をお願いした。全て感謝、感謝あるのみである。

本書を構成する各章の草稿は、色々な学会、研究会、シンポジウム、ワークショップなどで講演・報告を行うことができ、討論者や出席者の方々から貴重なコメントを頂戴することができた。その中では、ケインズ学会(立正大学)、経済学史学会(滋賀大学)、国際地域学会(メキシコ、アカプルコ)、進化経済学会(中央大学)、日本リスク研究学会(東京大学)、日本保険学会(早稲田大学)、比較経済体制研究会(京都大学)、非線形動学ワークショップ(龍谷大学)、現代経済ワークショップ(関西学院大学)等において、貴重な意見交換の機会を得ることができたことを書き残しておきたい。

本書の執筆中に、「もののあわれ」を私に実感させる出来事が発生した。客観的に見ると「想定内」の事象ではあろうが、主観的にはまるで「想定外」の事象であるかのような衝撃を受けたのである。実は、入院療養中の実弟・酒井史郎が二〇一四年の真夏日、その容態を急変させ不帰の客となってしまった。彼は生涯を通じてドイツ語学を中心に研究を続けてきた孤高の言語学者であった。そこで私事ながら、本書を彼の霊前に捧げることを許して頂きたいと思う。私はこれから、彼の分まで頑張らなければならないだろう。兄貴としての私は、次のような言葉を弟からの「遺言」であると肝に銘じておく次第である。

「一生青春、一生勉強」

二〇一五年春　　古くて新しい城下町にて

酒井泰弘

ケインズ／フランク・ナイト関連年表

西暦	ケインズ	ナイト	世界の出来事
一八四二			マーシャル誕生
一八四七			マルクス＝エンゲルス「共産党宣言」
一八五四			ポアンカレ誕生
一八五九			ダーウィン『種の起源』
一八六四			ウェーバー誕生
一八六七			夏目漱石誕生 マルクス『資本論』
一八六八			明治維新
一八七八			寺田寅彦誕生
一八七九			アインシュタイン誕生
一八八三	**英国ケンブリッジ、エリートの家に誕生**		マルクスが死去 高田保馬誕生

一八八五		米国イリノイ州、農家に誕生、信仰心篤い両親	シュンペーター誕生
一八九〇			マーシャル『経済学原理』
一八九七	イートン・カレッジに入学		
一九〇二	ケンブリッジ大学入学		
一九〇六	インド省役人		アインシュタイン「特殊相対性理論」
一九〇八	改訂論文「蓋然性論」でフェロー資格		ポアンカレ『科学と方法』
一九一〇			ホワイトヘッド＝ラッセル『数学基礎』
一九一一	『エコノミック・ジャーナル』編集者	ミシガン大学卒業	西田幾多郎『善の研究』
一九一三	『インドの通貨と金融』	テネシー大学修士	
一九一四			第一次世界大戦開始
一九一五	大蔵省入省		
一九一六		コーネル大学経済学博士	夏目漱石『明暗』連載中に死去 河上肇『貧乏物語』
一九一七			ロシア革命
一九一八			第一次世界大戦終結

一九一九	パリ講和会議出席（大蔵省主席代表） 『平和の経済的帰結』	アイオワ大学準教授	
一九二〇			ウェーバー「プロテスタンティズムの倫理と資本主義の精神」
一九二一	**『蓋然性論（確率論）』（一九〇八年論文の改訂）**	**『リスク、不確実性および利潤』**	アインシュタインノーベル物理学賞受賞
一九二三	『貨幣改革論』		関東大震災
一九二五	リディア・ロポコヴァと結婚		英、金本位制復帰
一九二六	『自由放任の終焉』		
一九二七		シカゴ大学教授、ウェーバー『一般経済史』を翻訳	
一九二九			大恐慌開始
一九三〇	『貨幣論』	独に一年滞在	
一九三三		『経済組織』	ニューディール政策実施 ヒットラーが政権掌握
一九三五		**『競争の倫理』**	
一九三六	**『雇用、利子および貨幣の一般理論』**		
一九三九			第二次世界大戦開始
一九四四			ブレトン・ウッズ協定

一九四五		『経済秩序と宗教』	フォン・ノイマン＝モルゲンシュテルン『ゲーム理論』 広島・長崎に原爆投下 第二次世界大戦終結
一九四六	**ＩＭＦ、世界銀行の理事、心臓発作で死去**		
一九四七		『自由と改革』	
一九五〇		米国経済学会会長	
一九五五			マッケンジー、アロー＝デブリュー「一般均衡の存在」
一九五六		『経済学の歴史と方法』	
一九六七		『自由放任とその賛否』	
一九七〇			ロビンソン、米学会講演「経済理論の第二の危機」
一九七一	『ケインズ全集』マクミラン社、刊行開始		
一九七二		**四月一五日に死去**	
一九七三			シューマッハー『小さいは美しい』
一九七七			ガルブレイス『不確実性

			の時代』
一九七九			スリーマイル島原発事故
一九八六			チェルノブイリ原発事故
一九八九	『ケインズ全集』マクミラン社、全三〇巻完結		
一九九一			ソ連崩壊、ロシア連邦誕生
一九九五			阪神・淡路大震災
一九九九		『ナイト選集』シカゴ大学出版局、全二巻刊行	
二〇〇三			イラク戦争
二〇〇八			リーマン・ショック
二〇一一			東日本大震災 福島原発事故
二〇一四			クリミア、ウクライナから分離独立

《著者紹介》

酒井泰弘（さかい・やすひろ）

1940年　大阪府生まれ。
1963年　神戸大学経済学部卒業。
1972年　ロチェスター大学 Ph. D.。
現　在　筑波大学名誉教授，滋賀大学名誉教授。
主　著　『不確実性の経済学』有斐閣，1982年。
『リスクと情報――新しい経済学』勁草書房，1991年。
『リスクの経済学』有斐閣，1996年。
『リスク社会を見る目』岩波書店，2006年。
『リスクの経済思想』ミネルヴァ書房，2010年，ほか多数。

ケインズ対フランク・ナイト
――経済学の巨人は「不確実性の時代」をどう捉えたのか――

2015年10月15日　初版第1刷発行　〈検印省略〉

定価はカバーに
表示しています

著　者　酒　井　泰　弘
発行者　杉　田　啓　三
印刷者　中　村　勝　弘

発行所　株式会社　ミネルヴァ書房
607-8494 京都市山科区日ノ岡堤谷町1
電話代表 (075)581-5191
振替口座 01020-0-8076

中村印刷・兼文堂

ISBN978-4-623-07401-3
Printed in Japan

人名索引

あ　行

か　行

さ　行

た　行

な　行

は　行

ま　行

や・ら・わ　行

事項索引

あ　行

か　行

さ　行

た　行

な　行

は　行

ま　行

や・ら・わ　行